林市藏の研究

方面委員制度との関わりを中心として

小笠原慶彰

Yoshiaki Ogasawara

関西学院大学出版会

林市藏の研究

方面委員制度との関わりを中心として

目次

第一部　方面委員制度創設までの林市藏

第二部　方面委員制度と林市藏

第三部　補章・史料・著作一覧・年譜

凡例

一、注、文献、引用の表示法については、原則として『社会福祉学』（日本社会福祉学会機関誌）の執筆要領［引用法］に準じた。
二、ただし、論文の再録については、初出年次が引用する内容に関わって重要な場合等もあるので、文献一覧になるべく初出文献を示した。引用にあたっては、たとえば「（小笠原［一九八〇］二〇〇五：一一三）」のように記し、この例の場合「［一九八〇］」が初出年次である。
三、『救済研究』および『社會事業研究』は『研究』、『大阪府方面委員第一期事業年報』および『大阪府方面委員事業年報』は同じく『年報』とした。引用箇所の表記は、「（研究 一九二六：一四③一一五）」あるいは「（年報一九二一：五五）」のように記した。この場合『研究』の「一四③一一五」は「一四巻三号一一五頁」である。なお『年報』の西暦年数は、内容年次である。また『年報』も『研究』も通しノンブルではなく、項目別に独立したノンブルが付されている場合があるが、引用頁数の表示は、そのままとした。
四、引用に際しては、特に明記しない限り漢字は原則として常用漢字に改めたが、仮名遣いは原文のままとした。ただし、人名、地名、書名、雑誌名等は、原則として旧字体のままとした。翻刻史料については原則として旧漢字のままとした。
五、法令等については、片仮名表記はそのままとしたが、その他の引用については、平仮名表記に改めた。
六、手書き史料の翻刻引用に当っては、原則として原文の改行等は考慮せず、句読点、濁点を補い、段落を区切った場合もある。片仮名は原則としてそのままとしたが、「ニ」は「に」、「ハ」は「は」等、読み易さを考慮して直した場合もある。旧漢字・異体字・仮名遣いは、なるべく原文通りとした。抹消された文字は、記載していない。

七、同じく、不明の文字は□、伏字は〇で示した。また原文が改行されている場合は「／」で示した。

八、文献一覧において著者の明確でないものは、「無署名」とした。

九、公刊されていない史資料に登場する人名は、公人またはそれに準ずる場合以外は、伏せ字とした。林市藏の遺族についても、重光葵および堀田健男（内務官吏）は、氏名を明記したが、他の遺族については、故人であっても掲載の許可されたもののみ明記した。

一〇、人名は、研究書の慣習に従って原則として敬称を省略した。また今日では、公共的、日常的な場で使用しない語彙や表現、差別的ニュアンスのある語彙や表現も歴史叙述という性格上、使用している場合がある。

はじめに

二〇〇七(平成一九)年七月五日に「民生委員制度創設九〇周年記念全国民生委員児童委員大会」が日本武道館で開催された。一九一七(大正六)年五月に時の岡山県知事笠井信一が、済世顧問制度を創設してから九〇周年ということである。その翌年にあたる一九一八(大正七)年一〇月には時の大阪府知事林市藏が、大阪府方面委員規程を公布させ、それが普及して一九三六(昭和一一)年に方面委員令によって全国統一の制度となり、今日の民生委員制度に連続しているとされている。二〇一一(平成二三)年三月現在の全国の民生委員は、委嘱ベースで二二万五二四七人を数える。(1) 社会事業から厚生事業、そして社会福祉という変遷を経てなおその中に一定の位置を占め続けてきただけの意味を持つ存在である。

しかし、方面委員・民生委員制度史において、大阪府方面委員制度の設計者とされる小河滋次郎については、一定の肯定的評価に結びつく研究がなされているものの、林市藏についてはその蔭に隠れるような形で、時々顔を出すという扱いになっている。林市藏は、府方面委員規程公布の翌々年二月には依願免本官となり、官界から去った。それにもかかわらず、その後も一九五二(昭和二七)年二月まで、府方面顧問、全日本方面委員連盟副会長として三〇年以上にわたりそれなりに影響力を持ち、民生委員制度の発足も見届けて、死の直前まで制度の行く末を案じていたことをより評価すべきであろう。

新しい社会制度は、それを創設することに意義がある。しかしそれ以上に、上手く運用されて初めて意味があるのではないか。そうだとすれば、設計者はもとより運用者にも目を向ける必要はないだろうか。たとえば民生委員制度の始原を済世顧問制度に置くということさえ疑義なく受容できるものではないと思うのだが、制度の普及に関しても、小河の設計が良かったためとする解釈だけでは十分ではなかろう。林市藏は、全国に普及する原型としての府方面委員制度創設に関わっただけではなく、制度運用の段階でも明確な足跡を残している。

つまり方面委員・民生委員制度史を研究していくとき、これまで十分に対象とされてこなかった林市藏についての研究は、不可避の課題として我々の眼前に残されていると言わなければならないのだ。そしてこの研究は方面委員・民生委員制度史の研究のみならず社会福祉の歴史研究においても有意義なものと思えるのである。

一　方面委員・民生委員制度史における林市藏

方面委員制度の創設と普及に関して、「方面委員・民生委員制度の年史」（以下、年史）では、前述のように一九一七（大正六）年五月の岡山県済世顧問規程の公布をその始まりとし、翌年六月の東京府慈善協会救済委員設置、一〇月大阪府方面委員規程公布、翌々年七月埼玉県共済会福利委員の設置と続き、一九二八（昭和三）年には全国の道府県各地に普及したとされてきた。(2) たとえば一九八八（昭和六三）年に発行された『民生委員制度七十年史』は、「大正六・七年といえば新しいものと古いものが大きく交代した時である。岡山県に済世顧問制度が公布される以前には、誰もこれに類似した委員制度を提案しなかった。しかし一度済世顧問制度が世に出ると、ほとんど同時に東京府慈善協会の救済委員、大阪府の方面委員が発足し、年を追って次つぎと各県独自の構想による委員制度が設けられた」と記述している（全国民生委員児童委員協議会　一九八八：四）。この記述の原型は、すでに一九四一（昭和一六）年に全日本方面委員連盟から発行された『方面事業二十年史』で活字化されている。この書物は実質的に原泰一の執筆とされるが、同年には原の『方面事業』（社會事業叢書第八巻）も先行して刊行されており、こちらは、済世顧問以降の経緯の説明に多くの頁が割かれているだけではなく、東京府の救済委員についても解説されており、原型としてより明確である。そして、方面事業三十年史に相当する一九五一（昭和二六）年の岸田到『民生委員讀本』でも、原のスタンスが引き継がれていて、以後、先述の七十年史に至るまで、原型が踏襲されている。菅沼隆によれば、この定説の原型は「一九三二年から一九三四年にいたる時期」に作られて普及したとされるが（菅沼 二〇〇五：七四）、『方面事業二十年史』に書かれたことで正当化されたと言えよう。(3)

一方、「方面委員・民生委員制度に関する研究」（以下、研究）では、大阪府方面委員制度に焦点が当てられている。(4)菅沼隆はこの時期、つまり救護法実施以前は「大阪府方面委員制度が有力なモデルであったが、しかし、地方公共団体ごとの多様性が相当程度存在していた」と大阪がモデルだったとしている（菅沼 二〇〇五：七五）。また永岡正己はこの時期の特徴として「方面委員制度というと大阪の制度が代表として語られるが、そのすぐれた点の多くは全国的に普及するまでの時期にあり、それがまた強調されてきた」と大阪の代表性を肯定している（永岡 一九九三：二〇三）。そして、遠藤興一は「制度発祥の地大阪」と断定している（遠藤 一九九七a：一〇）。このように、年史の記述にかかわりなく、研究では大阪府方面委員制度が雛型であったことが前提にされている。

また大阪府方面委員制度創設に関しては、「夕刊売り母子の挿話」が契機だとするのが年史の一般的な説明である。それは、林市藏大阪府知事の着想によって小河滋次郎が制度設計したとするよく知られたストーリーの中で、制度創設に関して一種の定説となっている。その挿話の史実に関しては疑義があるにもかかわらず、それを正面から否定する見解はほとんどないだけでなく、強引な肯定的解釈もあり、研究においても受容されている場合さえ見られる。

たとえば大阪府方面委員制度が全国的普及のモデルであるとするならば、その創設に関して林の役割をどう評価し、小河の立場をどう捉えるかは、引き継がれてきたストーリーとの関連で、実証的かつ妥当な解釈に向けて改めて究明されるべきである。さらにこの点は、年史では、創設物語において林市藏が比較的大きく取り上げられるのに対して、研究においては小河滋次郎の役割を相対的に重視する傾向があることに関連する。

先にあげた菅沼は「大阪府方面委員は、林市蔵知事による認知度が著しく高く、社会的に注目を浴び、また小河滋次郎らによって精緻な制度設計と活動の定式化がなされたこともあり、モデルとして採用しやすい条件を備えていた」としている（菅沼 二〇〇五：六八）。知事の積極さが社会へのアッピールにはなったが、小河が精緻な設計をしたからこそ全国のモデルになり得たというのである。また玉井金五は、『防貧の創造――近代社会政策論研究』の「第Ⅰ部第一章 日本における防貧論の展開――小河滋次郎と方面委員制度」で、小河を中心に論じているが、林の言動にも触れている。それは林が方面委員について「できるだけボランティアの形を採るのが良い」としたと指摘しているが（玉井 一九九二：三二）[5]、これに代表される方面精神は府救護課が前もって用意したのであり、それは小河が主導したという考え方に立っている。

小野修三は『公私協働の発端――大正期社会行政史研究』に、一九九二年初出の「小河滋次郎と救済事業研究会」および一九九三年初出の「方面委員制度の誕生前後」という論考を収めている。そのタイトルが示すように、方面委員制度が「公私協働」として捉えられているのだが、林市藏の役割に関しても、まとまった形で言及している。しかしこの研究では、方面委員制度創設に際して林の思考や行動は、小河のそれに否定的な方向であったとされており、大阪府方面委員制度創設にあたっての林と小河の確執が論じられている。

方面委員制度の創設に言及した他の文献では林市藏の役割について、これら以上の詳しい記述は見られない[6]。

こうしてみると、「林の発想、小河の設計」という年史の通説は、それほど明確な役割分担ではないようだ。研究でも具体的に両者の役割を検討するのではなく、小河という、いわば専門官吏の制度設計を強調することで大阪府方面委員制度が全国のモデルとなったことを合理化しているようである。その結果として、林については、規程公布後の知事としての言動を根拠に、せいぜい制度普及の後押しをしたとする役割を与えられるだけの結果となっている。

こういった点を踏まえると、年史で定説となっているストーリーや研究における見解は、いずれも林や小河を制度の象徴的存在として語る意味は少なくないとしても、そのままの歴史的解釈として無批判に受容できるものだろうかという疑問が生ずる。以下に述べる見解は、筆者の仮説である。

まず大阪府方面委員規程は、林の着想によってごく短期間に、内務省地方局と無関係に検討され、成果として結実したとするのは不自然である。たとえ小河によって岡山県における済世顧問制度を先行事例とすることが可能であり、エルバーフェルト制度を参考にすることがなされたとしても、本省の高等官や嘱託が与り知らぬことではないはずである。小川政亮は、これに関して、当時の内務省地方局長から地方長官あての通知等を根拠にして、大阪府方面委員制度が「中央・地方の行政当局者の注目を引かない筈はなく、……略……内務省また屡々その設置方を勧奨し、かくて大正一五年には、一道三府二九県にこの種の名誉職委員制を見るに至った」としている（小川 一九六〇：一九二）。だがさらに言えば大阪の制度が中央の目を引いたのではなく、もともと中央、つまり社会局に済世顧問や方面委員の類似制度を設置する目論見があった上で、すでに小河による考案が進められていた大阪の制度設計を換骨奪胎して林市藏知事に実験的に施行させたと言えるのではないだろうか。

さて大阪府知事退官後の林市藏は、その直後に実業界の人となっているのだが、大阪府方面顧問として制度の運用に関わり続けた。だが林が依願免本官後も大阪府方面委員制度に関わり続けなければならないという必然性は何もなく、その理由は明確にされなければならない。加えて、当初から内務省地方局のコントロール下に府県の独自制度として展開することが期待された方面委員制度に対して、退官後の林は、必ずしもそれに沿う方向で関わっていないようであることも同じく検討課題である。それは、救護法の制定運動や実施促進運動の過程で方面委員制度の変質への危惧が現実化していったことと関係するように思われる。具体的には救護法における委員が方面委員またはその類似委員を充てるとされたことによって、救護法の補助機関化したことによるものであり、これは方面委員令制定に伴う動きの中でより顕著となった。また戦時下において町内会が行政機関化することによって方面委員制度との齟齬が生じてくるが、その際、方面委員が受持区域においてどういった位置づけを獲得するかが方面委員制度の消長の鍵を握ることとなる。さらに被占領下での方面委員から民生委員への移行過程では、民生委員の側に生活保護制度の補助機関化を歓迎するような動きもあった。林の立場からすればこれはどれも方面精神の形骸化に繋がるものとして受容できるものではなかった。したがって林は、それに対して積極的あるいは消極的に抵抗する動きをしたのだが、その点があまり評価されてきていないようである。

しかし、こうした普及期以降の林市藏の役割については、一九五八（昭和三三）年に大阪府民生部社会課から発行された『大阪府民生委員制度四十年史』が相当詳細に言及して以来、少なくとも大阪府が発行に関わった年史においては肯定的に評価されてきた。一方で、これらは資料を駆使しているものの、大阪府方面委員制度を全国の模範として重視する編集方針の中で記述されたものであり、批判的に読む必要がある。この点に関する研究では、遠藤興一による一連の著作、つまり一九七三（昭和四八）年の「初期方面委員活動における制度と人の問題」、翌年の「方面委員制度史論序説」、さらに翌年、翌々年と続けて発表された「方面委員活動の史論的展開について（上）・（下）」がある。これらはいずれも林市藏の考え方や方面委員制度への影響について触れており、林市藏が普及期以降に果たした役割が注目されている。しかしそれが具体的、実証的に詳しく検討されているわけではない。また被占領期における林の役割については、菅沼隆が検討しており、「新民生委員に対して方面精神を注入する」役割であった、つまり懐古的に鼓舞する役割だったと述べている（菅沼［一九九六］二〇〇五：二二二）。しかし林は民生委員の自主的活動に意義を見出しているようであり、それをいかに評価するかという問題は残る。

このように年史においても研究においても林市藏の役割については、決して確定しているとは言えず、再考の余地が十分に残されている。

二　社会福祉史としての人物史研究

本書では、こうした課題を解明するために、林市藏の人物史研究という手法を採った。[7] もちろん、それは、林の人生を出生から逝去まで描き出す伝記ではない。林がその人生の後半を捧げた方面委員制度の創設から全国的展開、さらに戦時下の困難、被占領期の民生委員制度への移行への過程で、林の果たした役割を検討することによって、方面委員・民生委員制度史を再評価するという目的を持つものである。

ここで西欧史学者の見解をヒントにして社会福祉史としての人物史研究の意義を整理しておきたい。その要点は、第一に、社会事業家の生涯を研究してその生き方から学ぶべきことを明らかにすること、第二に、社会事業家の生涯を研究することによって社会福祉史を描こうとすること、第三に、同じく社会福祉史の描き直しを迫ろうとすること、第四に、書き手にとって興味深い社会事業家への関心を読者と共有すること、といったことになる。もちろんこれらは重層的である。[8] 一般に社会福祉における人物史には、第一および第二の意義が大きいと思う。それに対して、本書では第三の意義をメインにするスタンスを取りたいと考えているのである。つまり林市藏の人物史研究によって社会福祉史の描き直しを試みたいということである。しかし私自身の内発的動機としては、第四の意義も捨て難い。つまりよく知られた大阪府知事以降の林市藏ではなく、それまでの林に関心があり、いかにも林らしい後半生の形成に繋がる前半生を詳細に調べて読者に伝えたいという動機もある。

それに関連して、次に林市藏の人物像について記述のある文献の整理をしておきたい。まず、以下の伝記について触れておく。

・香川亀人（一九五四）『民生委員の父 林市藏先生傳』広島県民生委員連盟。

林市藏の伝記は、これが唯一である。この書物の著者である香川は、昭和戦前期から一九五七（昭和三二）年までほぼ四〇年にわたって広島県呉市で方面委員・民生委員として活躍した。「戦前・戦後のヒロシマ地域の社会事業、社会福祉現場にいて、その発展に大きく貢献した人物が、呉市の香川亀人（一八九七〜一九九三）である」とされている（田代 二〇〇三：四〇）。ちなみに民生委員懸賞論文の第一回入選作品「民生委員の本質的性格に就て」（『民生時報』一一、一九四七年一一月に掲載）も当時広島県民生委員連盟常任理事兼専任主事であった香川によるものだという（菅沼［一九九六］二〇〇五：二二五）。香川には主として郷土の人物に関する著作が多くあり、以下のような評価がなされている。

香川先生のライフワークは主に人物史研究が多く、しかもその研究手法は、綿密な関係者、身内からの聞き取り調査、資料収集である。そのうえ香川先生自身が、その人物本人と深い交友関係ないし、師弟関係にあるケースがほとんどで、かなり個人の心情、文化、私的交流まで含めた内容になっているのが特徴的である。すなわち、その人物の仕事上の業績だけを取上げるのではなく、その人物の素顔の部分にまで分け入って、論述するという「個人史」的研究であり、きわめてユニークな内容のものばかりである。（田代 一九九四：四〇）

この伝記も以上の評価の通りの内容であり、林市藏に心酔していた著者が、生前の交流も含めて家族関係や趣味に至るまで網羅した内容である。しかし、決定的な人物史研究とまでは言えず、また調査的インタビューというよりも林に聞いた談話を裏付けのないまま書いてあるような記述もある。また史料の引用と本文の記述が明確に区別されていないところもある。この書物を資料として利用する場合、そういった点を注意深く読む必要がある。ただこの書物では、本書でほとんど取り扱っていない林市藏の作句という趣味について詳細に触れている。人物史としては、最も人間性の顕れる部分について本書の不足を補ってくれるものとして、林市藏研究にとって第一の基本的資料である。

その他には、まず一九四二（昭和一七）年に厚生省が出した『社會事業功勞者事蹟：紀元二千六百年』に短い記述がある。昭和戦後期では、大阪の郷土史関係の文献で、朝日新聞社編（一九六三）『いまに生きる　なにわの人びと』や大阪府青少年育成府民会議（一九六八）『郷土史にかがやく人々』の中に「林市蔵」の項目があるが、伝記の記述を簡略にまとめたものという域を出ていない。郷里の熊本関係では、荒木精之（一九五九）『熊本県人物誌』、内田守（一九六五）『熊本縣社會事業史稿』、同じく（一九六九）『九州社会福祉事業史』、熊本県教育委員会編（一九八一）『熊本県近代文化功労者』（荒木精之が執筆）等で言及されているが、いずれも伝記の記述を超えるものではない。最近でも加来耕三（二〇〇二）『成せば、成る。――知られざる「成功者」たちの再起と逆転のドラマ』に「〝民生委員制度〞を作った福祉知事　林市蔵」があるが、これも民生委員制度の年史にある創設物語の焼き直しである。これらはどれも短い読み物と言ってよく、林の人物像を垣間見られるが、先行研究と評価できる内容とは言えない。いずれにしても林市藏の人物史を実証的にまとめたものは見当たらない。

さて、本書のうち、第一部第一章と第二章、すなわち地方官から三重県知事、そして東洋拓殖会社理事となって朝鮮に赴任、さらに山口県知事として官界に復帰するまでの部分は、先の第四の意義に主眼を置いた内容となっている。また第二部は、本書さわりの部分となり、第三の意義、すなわち社会福祉史の描き直しに主眼を置いている。それは林市藏に関連した新たな史料の発掘、すでにある史料の読み直し、そしてそれに基づく推論と検証によって可能となるはずである。もちろん林市藏が内務官吏となるために近代的学校教育を受け、文官高等試験に合格して高等官の経歴を積み重ねた結果、大阪府知事になるのであるということを踏まえれば、第一部と第二部、つまり大阪府方面委員制度創設の前後で切り離せるわけではない。ただウェイトの置き方が異なるので、二部に分けた。最後に、第三部は、すでに存在を知られていたが、検討が十分でなかった史料の翻刻、再検討と林市藏の著作、年譜とした。

繰り返すが、本書は社会福祉史としての林市藏に関する人物史研究である。したがって、当然だが主人公は林市藏である。その林市藏の生涯を辿りながら、方面委員・民生委員制度に対して林市藏が果たした役割について従来の見解から提起される疑問への解答を可能な限り提示したい。それによって林市藏や方面委員・民生委員に関する従来の評価や解釈が変化することを願っている。また同時に民生委員という無給で社会福祉サービスを担う人たちの存在を考察することで現在の専門職化しつつある社会福祉職の倫理的基盤に何かが加えられ、社会福祉現場の向上にわずかな貢献ができることを期待したい。

なお本書は、既発表論文を中心に構成されている。次に初出および受給研究費を掲げておく。再録を許可された日本社会福祉学会、日本地域福祉学会、社会事業史学会、日本生命済生会、京都光華女子大学に感謝する。なお本書収載にあたって、加筆・訂正しているので初出誌掲載時のままでないことは言うまでもない。

初出及び受給研究費

第一部　方面委員制度創設までの林市藏

第一章　出生から内務省高等官（警察監獄学校教授）まで

（二〇〇五）「林市藏の実像に関する研究（一）――生い立ちから帝大卒業まで」『京都光華女子大学研究紀要』四三、七一－九三。（京都光華女子大学特別研究費）

（二〇〇六）「林市藏の履歴に関する研究（二）――帝大卒業から警察監獄学校教授まで」『京都光華女子大学研究紀要』四四、一〇七－一二七。（京都光華女子大学特別研究費）

第二章　山口県書記官から東洋拓殖理事まで
（二〇〇七）「林市藏の履歴に関する研究（三）――山口県書記官から東拓理事まで」『京都光華女子大学研究紀要』四五、二一五－四九。（京都光華女子大学特別研究費）

第二部　方面委員制度と林市藏

第三章　大阪府知事林市藏の二年二ヶ月
（二〇〇九）「大阪府知事林市藏の二年二ヶ月――大阪府方面委員制度創設をめぐって」『日本の地域福祉』二二、三三－四五。（日本学術振興会科学研究費基盤研究（C））

第四章　大阪府方面顧問林市藏の思想的基盤――大阪府知事退官後の林市藏
（二〇一〇）「大阪府知事退官後の林市藏と大阪府方面委員制度――大阪府方面顧問林市藏の思想的基盤」『地域福祉研究』三八、一三四－四四。（日本学術振興会科学研究費基盤研究（C））

第五章　大阪府方面委員制度創設期における林市藏
（二〇一一）「大阪府方面委員制度創設期における林市藏の位置――方面理事・沼田嘉一郎との関係を中心として」『社会福祉学』五二（一）、三－一五。（日本学術振興会科学研究費基盤研究（C））

第六章　全日本方面委員連盟副会長たる林市藏の思想と行動
（二〇一二）「全日本方面委員連盟副会長・林市藏の思想と行動――救護法施行から戦時下までの方面委員制度との関連を中心として」『社会事業史研究』四一、七－二一。（日本学術振興会科学研究費基盤研究（C））

第七章　被占領期における林市藏の思想と行動
（二〇一二）「被占領期における林市藏の思考と行動――方面委員制度から民生委員制度への移行期を中心として」『社会福祉学』五三（一）、九一－一〇三。（日本学術振興会科学研究費基盤研究（C））

第八章　「夕刊売り母子の挿話」についての再検討

（二〇一二）「方面委員制度創設に関する『夕刊売り母子の挿話』をめぐって――天皇制慈恵主義と方面委員民生委員制度」『日本の地域福祉』二五、一一一三。（日本学術振興会科学研究費基盤研究（C））

第三部　補章・資料・著作一覧・年譜

補　章　山口県知事たる林市藏宛て山縣有朋書簡の歴史的意義

（二〇〇八）「林市藏宛山縣有朋書簡について」『京都光華女子大学研究紀要』四六、六一―七七。（日本学術振興会科学研究費基盤研究（C））

注

（1）ここで委嘱ベースとしたのは、定員に対する欠員があるからである。特に沖縄における民生委員の欠員の問題については、水野良也が「沖縄県における民生委員の定数割れが示す民生委員制度の問題点」として、沖縄だけではなく、民生委員制度における構造的問題として論じている（水野　一九九五：二二一―五〇）。水野の指摘にもかかわらず、課題は残されたままであると思う。

（2）本書で「方面委員・民生委員制度の年史」とは、『民生委員制度四十年史』『民生委員制度五十年史』『民生委員制度七十年史』『大阪府民生委員制度四十年史』『大阪府方面委員民生委員制度五十年史』『大阪府方面委員民生委員制度六十年史』『大阪府方面委員民生委員制度七十年史』『大阪市方面委員民生委員制度五十年史』『大阪市方面委員民生委員制度七十年史』を言う。

（3）これは、「方面委員の権原を『皇室の御聖慮』におくという、シンボル転換」のために岡山県の済世顧問制度が始原とされていったことに関しての見解であるが（菅沼 二〇〇五：七三）、方面委員制度の創設に関する説明としても同様であろう。ちなみに大阪府方面委員制度十年史と位置づけて良い『善き隣人』は、一九二九（昭和四）年の発行であるが、済世顧問制度については何ら言及されていないのであり、「夕刊売り母子の挿話」が創設物語として位置づけられている（村嶋 一九二九ａ：一－一〇）。

（4）本書で「方面委員・民生委員制度に関する研究」とは、主として学術書や学術雑誌に発表された研究成果を言う。

（5）この見解は林のいわゆる「無報酬の報酬」を根拠にしているのだろうが、それだけで「ボランティア」と言えるかどうかは疑問である。

（6）岩本によれば、方面委員を主題とした先行研究は、制度の歴史、制度創設時の社会的背景、活動動機、活動内容、防貧論とのかかわり等七つのカテゴリーに整理できるとされる（岩本 二〇〇七：九一－一二）。そのうち、制度の創設事情に触れた研究としては、制度の歴史と創設時の社会的背景のカテゴリーに分類される研究が中心になるだろう。

まず昭和戦前期の資料的価値のある文献を見ておこう。その最も早いものは小河滋次郎（一九一八）「方面委員なる新施設に就いて」であろう。小河（一九二〇）「方面委員事業報告」もあるが、これは一九二〇（大正九）年一一月の大阪府方面委員二周年記念会での講演記録であり、後に小河（一九二四）『社會事業と方面委員制度』に再録されている。これらには、考案者として林市藏の名前が出てくるが、制度発足間もない時点での小河による記述であり、当時の小河は林の部下であったことを考慮すれば当然であろう。昭和戦前期のものでは村嶋歸之（一九二九ａ）『善き隣人――方面委員の足跡』、その普及版である村嶋（一九二九ｂ）および村嶋（一九三二）、村嶋（一九三八）の三部作がある。ただしこれらは研究書とは言えず、むしろ年史の立場に近いものだが、林の美談を前面に出した創設物語の流布に貢献したと言えよう。たとえば堀田健男（一九四〇）『救護事業』（社会事業叢書第三巻）や先述の原泰一『方面事業』も、林と方面委員制度の関係については、村嶋の創設物語を下敷きにしている。

次に昭和戦後期初期における方面委員制度の創設事情に関する萌芽的研究である。日本社会事業大学編（一九六〇）『日本の救貧制度』で小川政亮が「第三編　産業資本確立期の救貧体制」において米騒動との関係を意識しつつ言及している。

そこでは済世顧問制度から非連続であることを指摘して、小河が制度設計をし、林がバックアップしたとなっている（小川一九六〇：一八七－九）。同年に吉田久一（一九六〇）『日本社会事業の歴史』は、「第一二章第四節　社会事業の組織化」で取り上げ、組織化の指標という点から触れているが、林市蔵の名は出てくるものの具体的役割への言及はない（吉田一九六〇：二六一）。また柴田善守（一九六四）『小河滋次郎の社会事業思想』の「第二章第三節　方面委員制度」や田代不二男・斉藤吉雄編著（一九七一）『社会福祉と社会変動』の田代国次郎による「第一編第二章第二節　日本社会福祉活動の歴史――日本の方面事業の歴史」は、当時の民生委員史等の見解と異なっていない。池田敬正（一九八六）『日本社会福祉史』でも「Ⅳ第三節三　方面委員制度の成立」でエルバーフェルト方式の導入として触れられている。これらは研究書の一部であるので、いわゆる創設物語よりも客観的に分析しているが、そこにおいては林市蔵への言及は少なく、林市蔵の果たした具体的な役割について論じられていない。

それらと並行するが、論文では以下のようである。まず、大森実（一九八二）「都市社会事業成立期における中間層と民本主義――大阪府方面委員制度の成立をめぐって」では、林市蔵のいくつかの著作から方面委員制度についての考え方を分析している。富田好久（一九八四）「大阪府方面委員と福祉活動（上）――各方面救護取扱を中心に」は、創設当時の大阪社会事業の状況に詳しく触れているが、方面委員制度の創設事情については、香川亀人（一九五四）による林市蔵の伝記を肯定的に引用していて、実証的でない。清水教恵（一九九五）「米騒動と大阪府方面委員制度」は、創設当時の社会状況を詳しく論じているが、林の役割については、方面委員の年史と同様の見解である。柴田紀子（一九九五）「都市社会事業の成立期における社会事業サービスの領域設定とその認識――大阪府方面委員制度を事例として」は、やはり玉井の指摘した林の講演内容に触れている程度である。金栄俊（一九九八）「方面委員制度の成立過程」は、成立過程を相当分析しているものの、林市蔵については無視している。最近では、沼尻晃伸（二〇〇八）「戦間期・戦時期日本における方面委員論に関する一考察――都市社会事業と『公』・『公共』」では、内務省行政組織改組との関連と小河の方面委員論が論じられているが、林は登場しない。北場勉（二〇〇九）「大正期における方面委員制度誕生の社会的背景と意味に関する一考察」は、東京の実態分析は詳しいが、大阪府方面委員制度の創設については、これまでの方面委員・民生委員史の見解を踏襲している。大山朝子（二〇〇五）「方面委員制度の成立と普及」も同様である。さらに今井小の実（二〇〇九）「方面委員制度とストラスブルク制度――なぜエルバーフェルトだったのか」では、小河がエルバーフェルトを選択した理由に言及しており、林については漏救が制度設置の理由と考えていたとしている。

（7）「人物史」と似た内容を持つ用語に「個人史」がある。この二つの区別については、個人史は自分史のことだとする区別もあるようだが、明確な見解は無い。社会事業史においては、社会事業史学会の発行する『社会事業史研究』が「人物史」「人物史研究」という用語を使用している。第十二号（一九八四年）における吉田久一および第二一号（一九九三年）における長谷川匡俊の「巻頭言」である。本書では、この用例にしたがって「人物史研究」という用語を使用する。

（8）浜林正夫は、歴史記述は個人史、つまり個人の事績の記録から始まり、社会全体の流れをつかまえようとする集団史が主要な対象になってきているとする。そして個人史と集団史の関係、あるいは集団史のなかでの個人史研究の意味について、①個人自体への関心、②歴史の担い手としての個人、③個人史から歴史の見直しの三タイプを挙げた上で、④以上のいずれにも属さない個人史研究という類型をあげている。以上は歴史研究一般における個人史の類型化である（浜林一九九五）。ここで述べた人物史研究の意義は、この浜林の類型化にヒントを得て整理したものである。

序章　社会事業行政と林市蔵

はじめに

現在では社会福祉に関する事項を管掌する中央省庁は、厚生労働省であり、二〇〇一（平成一三）年一月の中央省庁再編までは、厚生省であった。しかし林市蔵が生きた大半の時代には、今は存在しない内務省が管掌する事項であった。副田義也によれば、その内務省は、内閣あるいは政権の性格、内務省の組織、財政、政策によって次の六期に分けられる。すなわち第一期が、一八六七（慶應三）年一二月九日に「王政復古の沙汰書」が出された日から、一八七三（明治六）年一一月九日の太政官のもとに内務省が設立される前日までの内務省前史である。第二期は、それから内閣制度に切り換わる一八八五（明治一八）年一二月二二日までの内務省創出期である。第三期は、内務省の確立期で、一九〇一（明治三四）年六月二日に第四次伊藤内閣が倒れるまでである。第四期は、三一年間に及ぶ内務省の発展期で前期、後期に分けられる。発展期前期は一九一八（大正七）年九月二九日に政党内閣の開始を意味するポスト桂園時代終了まで、発展期後期は一九三二（昭和七）年五月二六日に五・一五事件後の臨時首相代理たる高橋是清の任期が終わるまでである。第五期は凋落期で、一九四五（昭和二〇）年九月二日の降伏文書調印式までであり、第六期の解体期は一九四七（昭和二二）年一二月三一日に内務省が無くなる日までである（副田 二〇〇七：二〇－六）。この区分に従えば、内務省凋落期にあたる一九三八（昭和一三）年一月に内務省の外局たる社会局と衛生局は、厚生省に移管された。以降、社会事業行政は内務省ではなく、厚生省によって管掌されることになったのである。

ここで「社会事業行政」という用語について明確にしておこう。植松忠博によれば「貧民救済行政は内務省の役人が『進歩的、民主的牧民官』だったことを証明しやすい行政事項だった」とされている（植松 一九九六：一五）。ここで言う貧民救済行政とは、恤救規則から救護法に至る一連の社会行政のことであろう。本書ではそれを「社会事業行政」という用語で統一している。

『内務省史』によれば「内務省の社会行政は、明治初期の賑恤救済から始まる。それが漸次発展し、組織化され、花開いたのは、外局としての社会局が設置された時期（大正十一年～昭和十二年）である。そこで、外局としての社会局の行政を大まかに分類してみると、狭義の社会行政・労働行政・社会保険行政の三者になる」のであり（大霞会 一九七一b：三三七）、「社会局設置以前はまず狭義の社会行政だけが内務行政でとりあげられ、ついで労働問題が対象とされるようになるが、それらは必ずしも十分に組織化され、体系化されたものではなかった」のである（大霞会 一九七一b：三三七）。ここでいう狭義の社会行政は「当時の用語では社会事業と呼ばれるもの」であり（副田 二〇〇七：四六四）、救貧制度と失業対策であった。本書ではその中でも林市藏が大阪府知事時代に創設したとされる方面委員制度に言及する部分が多い。それは時に方面事業と呼称されたりするが、社会事業のカテゴリーに位置づけられている。方面委員制度は「昭和のはじめになると、自他ともに社会事業の中枢機関とみられるようにな」ったのである（大霞会 一九七一b：三六七）。したがってそれは狭義の社会行政の一部に位置することになるが、本書では方面事業を含めて社会事業行政と表現することにした。

さて林市藏は、一八九六（明治二九）年に判任官二等・拓殖務属から出発し、翌年内務属に転じた後、警察監獄学校教授・地方官・東洋拓殖会社理事・地方長官等を務め、一九二〇（大正九）年に高等官一等（従四位、勲三等）で依願免本官となった。内務省確立期最末期に属となり、発展期前期の終結と時を同じくして退官となっているので、ほぼ内務省発展期前期を通じて内務官吏として過ごしたことになる。この時期の内務省の主要政策は、特別高等警察の設置、軍事救護法の制定、検疫制度の整備、港湾・治水行政の推進等であった。社会事業行政、労働行政、社会保険行政等、後に独立した厚生省が管掌することになる事項は、むしろ林が官を去った後の内務省発展期後期になって、急速に拡充し、厚生省の新設に繋がっていくわけである。

ところで、林市藏と同時期に内務官吏であった相田良雄という人物がいる。相田は、一八九八（明治三一）年に内務属となって衛生局に勤務し、二年後に地方局に異動となり、そのまま勤務し続けて一九一三（大正二）年に判任官一等（従七位、勲七等）で退官した。以後は地方局（後、社会局）嘱託となって、一九三二（昭和七）年に解嘱となった[1]。つまり相田も林と同様の時期を内務官吏として過ごしている。ここで林と相田を比較しつつ、林の置かれた位置を考えてみよう。

林と相田の経歴は、当時の官吏登用制度に由来して出世の度合いが相違している。だが経歴を比較して重要な点は、相田が内務省奉職以来、ほとんど社会事業行政の第一線に位置し、退官後も救護法施行期まで社会局内部からその展開を見続けてきたことである。相田について第三代社会局長時代の田子一民が「最も永く内務省の感化、救済、社会事業に従事し、強記博識、親切丁寧、この事業に従う者と否とに拘わらず、導き教えて倦まず。隠れたる社会事業功労者として忘れるべからざる人也」とする所以である（田子　一九二二：余韻五）。

もちろん相田の地位は属・嘱託であるが、長年中央にあって社会事業行政の実務に精通し蓄積を有するエキスパートであった。したがって、相田の立場では歴代の高等官や社会事業に関する嘱託等とともに社会事業行政に関わる新制度を具体化していくことが求められただろう。大正期以降のこととして「事務官は法令案などの制度の企画立案に当たり、日常の許可・認可などの事務には属が当たるのが例であった」とされているが（大霞会 一九七一a：七八六）、「それ以前は、属で長くその課につとめている者がすべてを牛耳るという格好であった」のであり（大霞会 一九七一a：七八七）、相田の立場は後者に近いものであっただろう。それに対して林は高等官で、地方官官制による勅任官たる官吏、すなわち知事まで務めたが、社会事業行政に専念していたわけではない。つまり、そのエキスパートであったとは言えそうにない。そして現在では、相田が社会福祉史の研究者以外にはほとんど忘れられた存在になっているのに対して、林は方面委員制度創設者として一般にも名を残す結果となっている。それにもかかわらず林が下野後も三〇年以上に亘って方面事業に関わり続けたことについてはそれほど注目されてこなかった。

したがって、林が方面事業にどう関わってきたか、なぜ長期間尽力したかという理由は、よくわかっていない。しかし方面委員制度創設者としてのみ、その存在をクローズアップするのではなく、むしろその後の人生後半にわたる長い関わりについてこそ一層踏み込んで考察すべき点であるのではないだろうか。逝去に至るまで長期にわたる方面委員制度・民生委員制度への貢献の実態は、明確化すべき価値があると思える。

さてここからしばらく、林市藏が内務官吏であった時期から退官して以降の在野期、それは戦時下、占領期を含むのだが、その社会情勢の変化に伴う内務（厚生）省の社会事業行政の展開をやや詳しく振り返っておきたい。なぜなら、第一に、内務（厚生）行政、特に社会事業行政の変遷と公的救済のあり方を把握しておくこと、第二に、方面委員制度創設以降の制度展開と社会事業行政の関係を明確にすること、第三に、その中で林市藏が果たした役割に対する従来の説明について疑問点を提起することが本書の展開にとって重要だからである。先行研究に関して言及したように、この第三の点に対する見解を示すことこそ本書の中核になる部分である。

第一節　創出期・確立期の内務省

一　創出期・確立期の救貧対策

明治初期から中期、すなわち内務省の創出期から確立期にかけては、内務省庶務局（後、県治局から地方局）は、地方三新法に象徴されるように近世の郷村を行政的合理性から再編成し、それによって国民国家的統合を促進させようとした。この流れは「明治政府による『地方自治』制度の確立は、中央における外見的立憲制の導入および政党運動のこの制度への吸収とまさに照応して、自由民権運動の地方的基盤を奪い、村落共同体秩序を官僚制的支配の末端に組み込む過程をなすものであった」と評価されている（石田 一九九八：二七）。しかし依然として共同体成員の紐帯を前提とした秩序維持も失われたわけではなく、旧来の相互扶助的結合が全く機能していなかったのではなかったために、隣保相扶を救貧の基本とすることが名目的にも意味を持ったのであろう。だが、そのため隣保相扶が公的救済に対して抑制的に機能した面もあったはずだ。しかもそれは「個人の自立を認めない前近代的な抑圧構造の下での集権的な国家の地域機能にもとづくものであって、もはやそれは自然発生的な地域相扶ではなかった」のである（池田 一九九九：八二）。つまり、すでに近世以前の相互扶助機能は、生活困窮に対する有効な対応策となり得ない状況に追い込まれたにもかかわらず、その擬似的機能としての隣保相扶を前提にしつつ、わずかな公的救済をその補完としていた。そしてもちろん近代的な個人の自立を担保していたわけではない。

一方で明治初年以来昭和初期まで生活困窮に対する公的救済は、ほぼ「恤救規則」が用意されているだけであった。恤救規則については、昭和戦後期の厚生省における生活保護行政の第一人者が「その根本観念は隣保相扶をもって救済の基本原則とする立場に立ち、その救済者の範囲、救済の範囲、救済の程度及び方法等極めて限定されている点の如きは、大宝律令における戸令の再現を思わせるものがある」としており（小山 一九五一：七）、これが被占領期における記述であることを考慮してもなおその性格が窺えよう。

この立場は、軍事救護関係でも同様であった。開国後の日本は、富国強兵を国是とし、軍事力の強化を最優先政策の一つとしていたし、国内戦争から日清、日露戦におよぶ対外戦を実際に経験していた。とすれば血税とも言われ、出征や戦死が相応の社会的評価をともなうものであった徴兵制のもとでは、軍事救護は出征兵士家族、遺家族、傷痍軍人などの権利として保障されてもよいようなものである。しかし、「下士兵卒家族救助令」に始まる公的救済は「隣保相扶を基調とし、先進国のように国家に献げた犠牲の代償として、当然これを受ける権利があると見なかったのは、隣保相扶的『淳風美俗』の護持を図ったからでもあるが、また財政的理由からでもあった」とされる性格のものであった（吉田 一九九〇：五二）。軍事優先の社会に必要であった良民、健民の確保とその見返りとしての援護、救済の実態は、隣保相扶を醇風美俗であるとして教化された意識と結びつくことによって、権利としての公的扶助という考え方に繋がらなかったのだ。

まして、恤救規則において、公的救済を隣保相扶に優先させることなどあり得ないことになる。さらに「救貧政策の実施の現場では、恤救規則の不備の一部を行旅病人及行旅死亡人取扱法が補完している現実があった。……略……恤救規則の規定があまりに限定主義的で、実情にそぐわなかったためである」とされるような現実さえあった（副田 二〇〇七：三五七）。概して言えば「公共的救済は絶対的最小限の救恤的・慈善的救護に限定した。その結果、社会的・公共的負担はできるだけ軽くしながら、一般的困窮をむしろ個人的・倫理的諸問題として還元し、矯風・矯正などの倫理主義的感化や社会教化を強調することに傾斜した」のである（中垣 二〇〇〇：一一）。

二　創出期・確立期の内務省と林市藏

林市藏は、一八六七（慶應三）年一一月に生まれ、それが内務省前史の始年にあたることは偶然であろう。そして進路を変更しつつも、振り返って見れば官途に繋がる第五高等中学校の開設を待っていた結果になる模索期がほぼ内務省創出期にあたる。だが内務省確立期に、開設したばかりのその高等中学校に仮入学したのも、相当期間をかけて卒業したのも、さらに帝国大学へと進学したのも、選択の結果である。林市藏は、確かに苦学して帝国大学を卒業し、官途に就いたのである。父の早世によって苦労して林を育てた母を失ったのは、この時期である。

そして卒業時に拓殖務省を就職先にしたのも選択の結果である。すなわち中央省庁の官制がほぼ落ち着き「内務官僚は、大蔵官僚と並んで官僚の中の官僚」といった雰囲気がすでにあったはずなのに（副田 二〇〇七：三）、なぜ内務省や大蔵省を目指さなかったのかという疑問が湧く。そして結果的には、僅か一年で拓殖務省が廃止されて、内務属となったために内務官吏の途を歩くことになった。文官高等試験に合格し高等官となったのも、警察監獄学校教授という異色の経歴を持つことになったのも、内務官吏としてであった。そして自身が家庭を持ったのもまた、この時期であった。

内務省創出期・確立期は、林市藏にとっては学歴を形成し、官途に就いて文官高等試験に合格し、家庭生活を始めるという、ある意味では維新期没落士族の典型的な回復物語を形成する時期でもあった。従前の見解では、いわば人格形成の基礎となるこの時期について、林の母子関係に焦点を当てて、方面委員制度創設の精神的契機とする主張ばかりが目立つ。しかし家庭教育だけではなく、学校教育が人格形成に及ぼす影響は、少なくなかったはずであり、それが後に林市藏の考え方や行動にも関係しているのではないだろうか。

この時期における内務省の救貧対策は、林市藏と同様の境遇にあった人たちにとっては、いわば縁遠い社会資源であるに過ぎず、したがって直接的には、その恩恵を被っていない場合が多い。というよりもむしろ失われた社会的、経済的地位の回復に向けて厳しい環境条件下で努力していくしかない現実があり、それ故に自助の精神を支えにしただろうという意味で、救貧制度は反面教師的なものであったと思える。しかし実際には、林市藏が成功し得たのはそれなりの好条件に恵まれたためであり、たゆまぬ努力の結果だとするような精神論のみによって説明できるものではないはずだ。つまりそれなりの努力を積み重ねれば万人に自立が保障される設計の社会的システムが存在したわけではなかったはずだからである。そしてそのようなこともまた林の思考の根底に何らかの痕を残したのではないだろうか。

こういった点を検討したのが、本書第一部第一章である。

第二節　発展期前期の内務省

一　発展期前期の救貧対策

さて、内務省による公的救済策が機能しなかった結果として、実際にはそれが必要であるのに得られない困窮農民を中心に生活手段を求めて都市への移住が行われた。「伝統的共同体の一定程度の解体が明確化する三〇年代後半の農民にとっての課題は、『通俗道徳』の実践によっては、もはや、生活を支え切れない」状態であったのだ（田中［一九七八］二〇〇〇：一七）。明治初期には有業人口の多くが農業従事者であったものが、大正中期にはその半数程度になっていたとされる背景には、日本の産業革命による構造的変化によってもたらされた、こうした状況があった。このような農民の生活困窮状況は日露戦争後にそれ以前に増して悪化した。その大部分は都市に移動して低所得階層や生活困窮者層となった。つまり都市の人口増加は、最下層の生活困窮者である、いわゆる「細民層」の形成を促す結果となった。そうした状況を受けて社会主義運動が活発化するとともに、象徴的には米騒動に至る階級的な対立が激化しつつあった。その後も恐慌や関東大震災、労働争議や小作争議が相次ぎ、社会不安が増大していった。

ちょうどこの頃にいわゆる都市下層社会に関するルポルタージュ等の出版が相次いでいる。鈴木梅四郎『大阪名護町貧民窟視察記』（一八八八）、桜田文吾『貧天地饑寒窟探検記』（一八九三）、松原岩五郎『最暗黒之東京』（一八九三）、横山源之助『日本の下層社会』（一八九九）などは比較的早く、以後大正初期に至るまでの主なものを上げてみると、原田東風『貧民窟』（一九〇二）、川上蛾山『魔窟の東京』（一九〇二）、石川天涯『東京学』（一九〇九）、村上助三郎『東京闇黒記』（一九一二）、山室軍平『社会廓清論』（一九一四）、賀川豊彦『貧民心理の研究』（一九一五）、河上肇『貧乏物語』（一九一七）、村嶋帰之『ドン底生活』（一九一八）と続く。これらの書物は、その執筆動機や社会的影響はともかくとして、「細民層」の実態を知らしめるものであり、公的救済への社会的関心を喚起した。

さて、これらの書物に登場する細民の多くは不安定就労者層からの転層によるものである。その不安定就労者層は、下層農民や窮乏化した職人層から流入した人たちであるが、零細小作農がその多くを占めていた。そのためこうした農村の救済策として「地方改良運動」が実施された。しかしこれは「村落共同体を破壊しつつ、また地域社会の形成原理を喪失させつつ、それにかわって、その組織基準・価値基準をすべて国家に淵源させたところの行政町村を『国家のための共同体』として作り出そうとした」運動であった（宮地　一九七三：一二六）。この地方改良運動を「国民全体の動きにまで発展させるために、意図的に出された」のが一九〇八（明治四一）年の「戊申詔書」である（池本　一九九九：三〇）。またこの運動は内務省主導で進められたが「内務官僚の実質的な中心者は、井上友一であり、彼の救済事業観が強く反映しているものと考えられる」とされる（高林　一九八五：五五）。もちろん「必ずしも地方改良運動＝井上友一の図式は正しいとはいえない」としたり（右田 一九九四：一四）、井上を「社会事業の本質を理想や動機にもとめなかったところに、本質理解への着実な出発をあたえるものであった」としたりする評価もある（孝橋 一九六二：一二二）。ただ井上が強力な運動推進者の一人であることは間違いない。その井上が「風化行政をとなえた背景には報徳思想があった」と言うのである（大橋［一九七四］一九七八：二六〇）。したがって、当時内務省地方局にあって府県課長を務めていた井上が、内務官吏をして報徳運動を地方改良運動に変質させしめたと言えよう。つまり「中央報徳会」を中心として地方にまで至る報徳会は、地方改良運動の一端を担っていたのであり、(2)「建前は民間団体であるが、地方改良行政から著しく期待され、行政をサポートした集団」だったのだ（吉田 二〇〇四：二一二）。報徳運動の本質は、二宮尊徳の報徳の理念である「推譲」の思想によって社会の調和を計ろうとしたものであるとされる。しかし、結論的に言えば、地方改良運動の目指すところは「国の監督指導のもとで奨励、表彰、調査、講習等を通じて、『国家のための共同体』としての自治自営の機能を向上させることにあった」のである（池本 一九九九：三二）。

もちろんこのような高等官による支配に対するものとして、当時内務省嘱託であった留岡幸助の考え方は異なっていたとする指摘もある。留岡は「法律に『魂』を吹き込むのは、単に上からの、天皇――官僚の主観性（＝慈恵）のみではなく、媒介者としての地方の『篤志家』が、官僚指導の行政過程に積極的に関与することに求められている」としているとするものである（田中［一九七八］二〇〇〇：四三）。この「媒介者」は、地方改良運動を下支えする地方名望家であったが、留岡はそれにユニークな立場を持たせようとしたというのだ。だがここではその議論に立ち入るのではなく、名望家を媒介者として機能させようとしている点が公私協働の一形式ではないかと指摘しておくに止めよう。

しかし、このような運動の背後では社会事業行政の拡大に向けて滑走は進められていた。ただし、それはまず民間救済事業を奨励する方向であった。たとえば一九〇八（明治四一）年には、恤救規則の抑制による削減金をもとに内務省主催で第一回の感化救済事業講習会が開催されている。同年には一九〇〇（明治三三）年に制定された感化法が改正されていたが、「感化法実施の急を要すると共に、救済事業に関する思想の普及発達を要望する為」に開かれた講習会であった（相田 一九五〇：一二〇）。だが「感化」とは、もと非行少年の矯正教育の意である。その感化を救済と結びつけた感化救済事業という呼称は「矯正教育を原型にして国民の育成から地域社会の振興までをかんがえるとは、国家官僚の民衆蔑視、度しがたいパタナリズムのグロテスクな表現」と酷評されている（副田 二〇〇七：三五八）。とにかく「このように戊申詔書に掲げられた『忠良なる臣民の協翼』をめざす国民の道徳心の醸成、すなわち『感化』に、国家がのりだすということは、国民の間に広がりつつある旧秩序からの離反を新たな統合によって吸収し、旧来の隣保相扶の機能を国家主義的に再編成することを意味」していたのである（池本 一九九九：三三二）。

つまりこの講習会を契機として、官吏によって統制された「中央慈善協会」設立へとつながっていったことは、感化救済事業の性質をよく示しており、報徳会と同じく牧民官意識の政策実施レベルでの実現なのである。「明治末年における日本の救済事業行政は、地方行政の枠の中で認識されたもの」ではあったが（木村 一九八三：一五〇）、井上友一は「内務官僚として、中央慈善協会を国策上の路線にのせていく立場にあった」のである（土井 一九八四：一七）。そしてその中央慈善協会は、「半官半民（実態は完全に官主導）団体」だった（土井 一九八四：二一）。つまり「床次を頂点とする内務官僚の人脈と、その保守する行政思想（＝牧民思想）がまずあり、それを具体的な政策実施のレベルにおろしていくと、一方に報徳会、他方に中央慈善協会がある」とされる構造だったのである（遠藤 一九八四：二三）。

二　天皇制慈恵システムの登場

感化救済事業には「天皇制にもとづく中央集権体制の強固な基盤を確立するために、桂内閣は家族制度、隣保制度の護持をはかり、封建的共同体の再発掘、再編成の道を歩みはじめた」とされる背景があった（土井 一九八四：二〇）。

だがそれだけではなく「感化救済事業の主旨は、天皇の慈恵を地域社会での共同のあり方が依拠すべき模範としつつ、国民が共同で社会防衛に努め、国家利益に叶うように自営の道を講ずること」だったのである（池本 一九九九：二三）。その特徴は「（一）天皇制的慈恵の再編、（二）擬似的『自発性』としての中間団体の編成、そして家族相助、隣保扶助の再編、（三）篤志善行としての救済事業のイメージ化」であるとされ（吉田 一九九五：八一）、「恤救規則にみられた絶対主義天皇制の政治的慈恵の発展的な再編」と看做されるようなものであったと言えよう（高島 一九九五：二〇〇）。いずれにしても日露戦後の状況は、「戊申詔書」に象徴される「国民精神の教化」で乗り切る方針が堅持され、感化救済事業が奨励された。それに応えるかたちで、恤救規則の適応は抑制されたと言える。

　こうした政策目的は、民間の感化救済事業奨励とは違った形でも具現化された。たとえば「天皇の下賜金（内帑金）による慈恵的救済の仕組みの強化」もその一つと言えよう（永岡 一九八六：一〇）。具体的には「恩賜財団済生会」や「慈恵救済基金」、「賑恤資金」等の道府県基金の設置であり、これによって「感化救済事業が天皇の慈恵であるかのように国民の意識を方向づけ」て（永岡 一九八六：一一）、天皇制慈恵の仕組みを完成させていったのである。相田は後年になって「明治三〇年一月英照皇太后の大喪により、道府県に慈恵救済の資としてご内帑金四〇万円を下賜せられた。道府県会は非常な感激を以て寄付金を募り、或は府県費を以て之が増殖を図った。これによって慈恵救済事業とも称した」と記している（相田 一九五〇：一二〇）。当時の内務官吏の公式見解がよく示されている。

　ここで天皇制慈恵の特徴を知るために「恩賜財団済生会」についてやや詳しく見てみよう。[3] 済生会は、一九一一（明治四四）年二月一一日（旧紀元節）に明治天皇の名で首相桂太郎に対して発せられた「施療済生ノ勅語」（済生勅語）を受けて、「施薬救療ニ関スル事業」を推進する組織として同年五月三〇日認可、翌日には東京区裁判所に法人登記された。同年一月に大逆事件被告に対する死刑判決が下されているため「『大逆事件』の発生を直接的な契機として」成立したとされ（中西 一九九二：一二一）、治安維持法との関連では飴と鞭の関係という性格も有していたのだ。内務省関係では、副会長に内相男爵平田東助、理事に床次竹二郎（内務省地方局長）がいたが、それだけではなく明治の元老・元勲、華族、実業界代表、中央官庁の高級官吏、府県知事など上流支配階層を代表する人物が連なっていた。当時内務省嘱託の生江孝之は「済生会設立当初は内務省衛生局と地方局の関係が深かったので、私は地方局を代表してしばしば設立後の経営方法について、その議にあずかったこともあった」と、内務省官吏が関わるのが当然というスタンスで回想している（生江 一九五八：九四）。もちろんそれは「天皇の名による慈恵が直接的、典型的に実現された済生会事業」にとっては当然のことだったのである（中西 一九九二：二二二）。加えて済生会は、財団法人であるが『恩賜財団』の四字を済生会の上に冠することを定めていくということは、それが私的組織でありながら、政府や官を超えた権威に支えられて行政機構を利用できる仕組み」になっていた（池田 一九九二：一五一）。

これをより具体的に言うと、以下である。当初の基金は、「恩賜財団」の言葉が示す通り天皇の名のもとに勅語とともに下賜された内帑金一五〇万円であった。しかし、後に華族や高級官吏から事実上強制的に集めた寄付を引き金にして、結果的には民間の資産家なども含めた有力者からほぼ二〇〇〇万円にのぼる寄付金を集めている。つまり、基本的に済生会に対して公金の支出は最低限しか行われておらず、かえって民間の慈善救済事業を圧迫しかねない状況だったのである。また実際に事業を遂行するための実務に関しても一九一四（大正三）年二月一九日に勅令第一八号「行政庁ヲシテ委嘱ニ依リ恩賜財団済生会ノ事業ヲ施行セシムルノ件」が出された。これにより形式上は民間団体ではあるが実際には行政機構と表裏一体となった組織として存続していった。済生会の病院・診療所によって治療を受けるために必要な治療券の交付は内務省管轄として郡市町村役場や警察署が取り扱ったのである。

健康保険法は、一九二二（大正一一）年に制定され、一九二七（昭和二）年から全面実施されたが、小企業、零細企業の労働者は排除されていた。国民健康保険法は、一九三八（昭和一三）年になってやっと創設された任意制度で、それでさえ生活困窮者を考慮していなかった。ましてそれ以前の時期には、生活困窮者の自費診療は極端に制約されたのであるから、済生会の医療券による医療などの慈恵的医療のみが頼みの綱であった。そしてその実質的な窓口は、内務省管轄下にある行政機関だったのである。

つまり生活困窮に対して公的救済を積極的に推進するでもなく、かといって民間救済事業のみに依存するのでもない第三の方策として「慈恵的救済事業」方式はいかにも名案であった。「救済事業は、立法特に公的扶助義務立法の形式においてではなく、況や権利としてではなく、全くの恩恵特に国家支配の頂点である皇室の恩恵に源泉するものとして位置づけられねばならぬとされることになったのである。かくて慈善救済事業は、ムチの反面のアメであることを見事に立証した」ということなのである（小川 一九六〇：一四六）。こうして慈恵的救済の仕組みこそが、公的救済に権利性を認めないことを前提にした公私協働の基本的形態となり、天皇制慈恵を現実化するシステムとして認識されたのである。(4)

三　発展期前期の内務省と林市藏

この時期の内務省は「藩閥政権時代から政党内閣時代への過渡的性格」を有していて、「政党のつよい影響のもとで地方官人事がおこなわれ、衆議院議員選挙がおこなわれるようになった」のであり、「代表する内務大臣は原敬」である（副田 二〇〇七：二三－四）。林市藏は、まさにその地方官（主に内務部長）として山口県、広島県、新潟県に、地方長官として三重県および山口県にあった。その間には、経歴としては異色であるが、政治的人事の色濃い東洋拓殖会社理事も務めた。つまり、政党の強い影響に我関せずではすまなかったはずだ。

一方で明治三〇年代中期のこととして小河滋次郎等が司法省に異動した後、「嘱託の留岡幸助や若手の官僚相田良雄が感化事業の方面では力を持ちつつあった」とする評価がある（田中［一九九八］二〇〇〇：一八一）。またこの同時期のこととして、留岡以外のもう一人の嘱託である生江孝之は「その（社会事業の―筆者）方面に対しては、留岡幸助氏と私のみが嘱託なので多忙であったことは自然である」と回想している（生江 一九五八：九六）。ちなみに生江は、一九〇九（明治四二）年六月から一九二三（大正一二）年二月まで内務省地方局（後、社会局）嘱託であった。いずれにしてもこの頃の内務省地方局には、局長の床次竹二郎や府県課長井上友一、市町村課長中川望、その後任の潮恵之輔といった高等官がおり、留岡や生江といった嘱託、それに相田等の実務官吏がいたのである。つまり府県課こそが「いわば社会事業に関する行政領域の原型」であったのだが（山本 一九九〇：二一）、その周辺にこのような人材がいたのである。

だが林はあくまで地方官であるから社会事業行政のエキスパートという立場ではなく、政策や新制度を自ら創案するというより、牧民官という意識を持って本省の指示に沿いつつ地方行政を実施する姿勢が強かったのではないだろうか。つまりこの時点での林市藏は、地方改良運動の先兵たる地方官の責務を果たし、また寄付金や県費で慈恵救済資金等の増殖を指示する立場にあったわけだ。ここでは林が地方官・地方長官として地方改良運動や感化救済事業に関わりながら、公私協働の実際を体験的に学んだに違いない。

そしてもう一つ、国策会社としての東洋拓殖会社理事への就任は、官吏身分を維持したまま会社の重役という立場、つまり公的身分で民間的活動に従事するという経験であった。いわば一身に公私協働を反映していたのであり、そういう立場に対する理解を高めたであろう。

こういった点を検討したのが本書第一部第二章である。

第三節　発展期後期の内務省

一　発展期後期の社会事業行政

さて大正期に入り第一次世界大戦の余波による好況によって、一時的には生活困窮に対する公的救済は必要無くなったかのようであった。ところが現実には、戦後恐慌から大正末期の震災恐慌、昭和初年の金融恐慌へと連なる一連の不安定な景気変動が、その期待を砕いたばかりではなく、ますます生活困窮、生活不安を昂進していった。この時期には恤救規則や民間の感化救済事業奨励が隣保相扶を前提にした段階に止まっていることはできず、救貧・防貧的な社会事業へと変質していったとされる。そうだとすれば、あくまでも個別的・共同体的な自助努力的対応を第一義的とするのではなく、積極的な社会政策を進める選択もあったはずである。だが現実には前者を社会事業行政の方向性とする姿勢は堅持され、社会事業行政を拡大せざるを得ない状況への消極的対応があったに過ぎなかった。結局のところ精神論が捨象されたわけではなく、たとえば一九一九（大正八）年三月の床次竹二郎内務大臣訓示を発端とする民力涵養運動は、その象徴的役割を担っていたと言える。つまり日本の場合は「天皇を中心とするという国家体制の維持を前提に、そうした（国家による社会問題への取り組みが開始される―筆者）欧米の動向を常に先取りすることによって、自由主義そのものを否定しながら、さらに資本主義経済が必然的にもたらす貧富の増大への対応を模索するところに社会事業が形成されていくという方向をとった」ということになるのである（池本　一九九九：三一‐四）。このような姿勢は、たとえば関東大震災後の一九二三（大正一二）年一一月一〇日に出された「国民精神作興ノ詔書」にも表れている。その趣旨は、震災後の混乱状況を踏まえて、先の「戊申詔書」を前提に、同様の趣旨を闡明して「都市化による綻びをつくろい、国民統合を強化しようとした」ものであった（成田 二〇〇七：一七一）。

ただ大正期には社会連帯論が紹介され、それが日本的社会連帯思想に換骨奪胎され始めていた。だがこの日本的社会連帯思想について石田雄は「社会事業の理念としての『社会連帯』観の導入、あるいはもっと皮肉ないい方をすれば、このようなことばの流行が、果たして現実にどれだけ理念の転換をもたらし、政策の変化を生み出したかは甚だ疑問である」と評している（石田 一九八九：二七三）。同様にこの時期の社会事業に関しては「当時の国際政治の脈絡で捉え直せば、『官僚がフランス版社会連帯思想を強調する』行為それ自体が、『言説としての社会事業段階』論を成立せしめた指標になる」とする指摘もある（岡田 二〇〇三：三二）。つまり実態としての社会事業は形成されておらず、それ以前の状態から進展もしておらず、言説が流布していただけであるということであろう。実態に進展があったのかなかったのか、それをここで問題にするのではなく、ただ社会連帯論を意識せざるを得ないことがそれ以前との違いだと指摘しておきたい。

とはいえ事実として社会事業行政の組織は拡大していった。一九一七（大正六）年八月には内務省に救護課が新設され、田子一民が初代課長となった。だが田子は中央慈善協会の会計主務も担っており、その外遊中は府県課長で短期間救護課長を兼任した潮恵之輔が引き継いでいる。そして会計係は、内務省嘱託の相田良雄であった。つまり中央慈善協会（社会事業協会）は、依然として内務省地方局と組織的に繋がりを持ち、官製中間団体として運営されていた。こういう実態からすれば、隣保相扶中心の考え方から社会連帯論を導入して公的扶助中心へと理念の転換が行われた結果として救貧・防貧的社会事業が政策的に強化されたのではなかったと言えるのではないだろうか。

二 「大大阪」と社会事業

いずれにしても林が官職にあった間に、内務省による社会事業行政の組織が外形的には拡充していたことは認めざるを得ないだろう。したがって大阪府知事・林市藏の名による大阪府方面委員規程制定もそういう状況との関連を踏まえた文脈で捉える必要があるように思う。

それは前提だとしても、大阪府において方面委員規程が制定された歴史的事情はどういうことだったのだろうか。もちろん直接的には米騒動が契機であると説明されるし、それと無関係ではないのは当然である。しかし、そこに至る状況を生みだした背景を考える必要があろう。

近世における経済・流通の中心としての位置を失っていた大阪市は、この時期その工業化とともに再び活気を取り戻していった結果、「大大阪」期を迎える。いわゆる「大大阪」期は、大阪市が一九二五（大正一四）年に東成・西成の両郡四四ヵ町村を合併し、面積・人口ともに日本最大となって以降、一九三二（昭和七）年に東京市が再びその座に返り咲く頃までを主として指す。「〈大大阪〉の時代というのは、都市の歴史の中で見ると、天下の台所と呼ばれた江戸時代以来の大阪が、この時期に根本的に姿を変え、モダン大阪、近代都市として確立していく時期」（芝村 二〇〇一：九）であったのだ。だが工業化に伴う必然的結果として周辺町村の合併によって近代都市となった「大大阪」では、スラムの形成に象徴されるような貧困に伴う都市問題が集中的に発生していた。その結果、都市社会事業が展開されなければならなかった。方面委員制度も「『都市型貧困』に施策の重点をおいていた」ことによって（金 一九九八：一五）、都市地域での隣保相扶を社会事業的に再編・強化する意図はあっただろう。

ところで、ここで「都市社会事業」という用語に関して、検討しておこう。これについては、以下の寺脇の見解がある。

その最初の出発点は、内務省が主催して大正九（一九二〇）年一〇月に開催した「都市社会事業」に関する会議だったと思われる。「都市社会事業」という用語は、社会事業という用語とほぼ同時期に用いられるようになったのであり、そこには、米騒動の直接的な影響を見ることができる。なお、この「都市社会事業」という用語は、当初はともかく、特別な使われ方がされてきた経過があるように思える。つまり、たんに「都市における」社会事業または社会事業行政という場合と、「都市（自治体）の設置・経営する」社会事業、すなわち、「（都市）公営社会事業」という場合の、両様の概念が混同したまま、あいまいに使われてきたようである。（寺脇 一九九五：三一）

ちなみにここで指摘されている「都市社会事業」に関する会議は「出席した社会事業官吏一八〇余名を、そのまま『民力涵養事務打ち合わせ会』に出席させた」のであり、「民力涵養運動と都市社会事業は、行政的意図が同じところにあった」とされている（遠藤 一九八四：二九－三〇）。つまり都市社会事業は、精神的・人格的自立という精神論と対をなして相互補完的に機能するものだと考えられていたということである。「社会局が民力涵養運動全般を管掌していたとは考えにくい」としても（山本 一九九〇：二四）、内務省内での「行政的意図」は、この指摘の通りであろう。

この当時の大阪の社会事業について、玉井金五は次のような見方をしている。

戦前の代表的商工業都市大阪では、都市問題が一気に噴出した。とりわけ米騒動以後はその様相が一層激化し、社会不安を抑制するための社会改良策が強く要請された。ここに登場するのが、のちにみる大阪市社会事業である。これは国家の社会政策に対して、〈都市〉社会政策、ないし〈地域〉社会政策（以下、一応〈都市〉社会政策に統一して使用する）として区別すべきであろう。なぜなら、一部財源を寄付金に仰いでいたにしろ、あくまで政策主体は地方公共団体であり、しかもその事業は国家レベルの政策のあり方を不満とする一部官吏の独自な社会政策思想に支えられていたからである。大阪というひとつの地方公共団体において、先駆的な社会事業が体系的に展開されたという意義は非常に大きいが、加えてこの点にこそ日本資本主義がすでに後進資本主義を脱皮していることを社会政策面から照射できると考えるべきではないだろうか。(玉井 一九九二：五四－五)

玉井は、大阪市社会事業を「都市社会政策」としているが、これは「(都市)公営社会事業」と同義と考えて良いだろう。「『日本式社会事業』の構想は、社会事業も社会政策も包摂した家族国家の親和策であって、そもそも社会政策を代替するという意図を持たないもの」だからである(池本 一九九九：二九〇)。また昭和初年の大阪では山口正が「都市社会事業」という用語を使っているが、これも「(都市)公営社会事業」という意味で使用しているので(山口 一九二七：九五)、当時からそういう認識であったのだろう。

なお、この「(都市)公営社会事業」に対しては、多様な評価がある。たとえば隣保事業について見てみよう。これは一般的には、「セツルメント」を指しているのだが、それとは異なった意味あいを持つものとして捉えられている。隣保事業と称される場合「社会的不安の解消のために公的機関が乗りだしてくるということは、知識人の殖民による隣人関係の下での労働者階級による社会的同権化の運動ではなくて、社会的改革にまで問題をひろげることのできない地域改善あるいは住民教化のための上からの運動」だとする消極的評価になる(池田 一九八六：四九六)。これに対して公立隣保館である北市民館について「社会教化の意向は、すでに北市民館の設立趣旨にも色濃く出ていた。しかし、志賀(志那人—筆者)が歩んだ道(北市民館の事業)は、明らかにそれを超越ないし逸脱していった。それでも、大阪には、それを咎めず、思いどおりにやらせるだけの、市政トップの度量と、江戸時代からの商都を築き、そのなかで自らを育ててきた町人社会の自由な風土があった」とする肯定的な見方がされることもある(西野 二〇〇六：六五－六)。つまり現在に至るまで、公立隣保館の評価は一定でないということであろうが、どちらにしても大阪市では、社会事業行政においても隣保事業は小さくない存在であったと言える。

この隣保事業に代表されるように大阪市は、先進的と評価される社会事業行政を行った。すでに一九一八（大正七）年七月には市庶務課救済係を新設していたが、米騒動後間もなくの一一月には救済課となり、翌々年四月には社会部となった。「市政トップ」とは、具体的には池上四郎市長、その助役から市長になった關一、社会部長の天野時三郎、その後任の山口正等のことであり、後には志賀自身も社会部長になっている。また他にも市から転出して市出資の財団法人弘済会会長になった上山善治もいたし、小河滋次郎は救済係の新設にあたって「顧問」となった（研究　一九一八：六⑦一三〇）。つまり都市社会事業を進展させる組織もあり、人材も豊富だったのだ。[5]

いずれにしても、この時期の大阪市政を助役・市長としてリードし、大阪において都市（公営）社会事業を実態化させた關一および市社会部メンバーの政策展開は、社会改革にまで至らないのは当然としても、新たな行政責任を生み出したという点で肯定的に捉えて良いのではないか。玉井の指摘のように「大阪というひとつの地方公共団体において、先駆的な社会事業が体系的に展開されたという意義は非常に大きい」という評価に値する都市社会事業であったと言えよう。これらを具体的に見る時、その体系は、簡易食堂、職業紹介所、共同宿泊所、市営住宅、託児所・乳児院、産院、児童相談所・少年職業紹介所、市民館、公設市場となっている（玉井　一九九二：五九－七一）。そしてこれらは「大正期はもちろんのこと、一九二〇年代に関して言う限り、大阪市の社会事業を中心とする〈都市〉社会政策は、〈国家〉社会政策の低位を照射するに十分であった」と評価される水準に達していたのである（玉井　一九九二：七三）。

このように見てくると、大大阪期を挟んでその前後には、大阪市社会事業が、一頭地を抜いていたことがわかる。それに対して府の取り組みが注目されることはあっただろう。その典型が「大阪府方面委員」制度の創設だったのではないだろうか。たとえば小河滋次郎は、次のように述べて、これを裏付けている。

若し我が大阪の斯業が幾分にても他に優さるものがありと致しましたなればそれは単に社会施設の数や種類が多いとか又は他に類のない新しいものがあるといふばかりでなく其の実際の働きが何れもソツのない、時と場合の必要を充たすに足る所の施設相応の能力を発揮しつゝありといふことであって、寧ろ数量よりも実質である、活躍利用の実質の上に比較的成績の見るべきものありと云ふことが我が大阪に於ける斯業の特色として誇りとすることの能きる点であらうかと信ずるのであります。而してこの光輝ある特色を見るに至ることの能きましたに就ては固より色々の原因の存することではありますがこれには方面委員制度なるもの、少くも与って有力なる一原因をなしてをるといふことを疑はざる次第であります。(小河［一九二〇］一九二四：一七四-五)

これとは別のこととして大阪府方面委員後援会の設立にあたっては「米騒動後の廉売事業が業務を閉じたとき、その運用資金の残金が五五万円余りあり、この五五万円余りを府市が折半して、市は大正一〇年に市民館(現・北市民館)を建て、府はこれを基金として方面委員後援会を設立した」という経緯を辿る(大阪市民生局 一九七八：一二三)[6]。こうしたことは「大阪市が行なう社会事業を上方からコントロールするのを常とする大阪府が、大阪市と同じレベルまで降りてきて自ら方面委員制度という社会事業を発足させたことは、少なくとも大阪市の側からは驚きをもって迎えられた」と考えられるのである(小野［一九九三］一九九四：一一〇)。方面委員制度は、まさにこのような状況の中で制度化されたのだということを踏まえなければならない。つまり大正初年の大阪府は大阪市社会事業から「低位を照射」され始めていたのであるが、それに対して内務省地方局が地方長官を督励して新制度を創設させる動機を与えたと考えられなくはないだろう。

三　発展期後期の社会事業行政と林市藏

林自身は立憲政友会に限らずいずれの政党にも与していなかったらしいが、桂太郎の後ろ盾であった山縣有朋系の官吏と看做されていたようだ。それは「清浦の甥」と報道されるくらいに清浦奎吾に近いと風評されていた状況から窺えることである（楚水生 一九一四：四二）[7]。つまり清浦は山縣系であるのは周知であり「山縣幕下の官僚政治家としては、清浦奎吾・大浦兼武・平田東助、それにつづいて一木喜徳郎がある」となっている（大霞会 一九七一a：四八）。だとすれば、根拠の明確でない姻戚関係を報道されるほど清浦に近しいと思われていたらしい林が、山縣系と目されていたとしても当然であったかもしれないのである。林市藏が大阪府知事となったのは寺内正毅内閣のもとである。したがって、山縣によって立憲政友会攻撃のために大隈重信内閣に引き続き寺内超然内閣が組織されたという政治的動向と無関係の人事ではなかっただろう。つまり、林市藏が大阪府知事になる背景には、藩閥から政党へという流れに象徴される政界の基底的な変化があり、林は藩閥政権の名残を引きずらされていたといえる。

さて米騒動後まさに社会事業行政が本格化せんとする時期に、林は官選の地方長官、つまり自己による選択の結果ではない大阪府知事というポストに就いていた。そして、そこに至って初めて社会事業行政に足跡を残した。すなわち「大阪府方面委員規程」の公布であった。こうしてみると林市藏は、内務省地方局による「ささやかな規模の前近代的な救貧行政」から（副田 二〇〇七：四六九）、さらに次の内務省発展期後期段階つまり社会局による社会事業行政に展開しようとする時点で、その後の歴史に残る成果を上げて官を辞し、実業界に転身することになるのである。既述したように林の府知事就任は、寺内内閣時点であり、退官は原敬内閣時点である。この間、大阪では米騒動だけではなく、新聞という当時成長株のマス・メディアが覇権を競う大阪という地を舞台にした「白虹事件」が起こった。知事というより地方長官として本省の意向に沿う解決を求められる事件が発生していたのである。当時は、方面委員制度創設よりも当面の重要な事案であったろう。これらと林の関わりを第二部第三章で取り扱う。

第四節　大阪府方面委員制度と林市藏

ところで、この大阪府方面委員制度は、林と小河のコンビによって考案されたとするのが従来の説明である。林が着任した大阪には、確かに前知事大久保利武が救済事業指導監督として招聘した小河滋次郎がすでにブレーンの役割を果たしていた。しかしこの林と小河をめぐる関係については、通説のような好意的協動関係であったのではなく、確執があったのではないかということが、小野修三による研究によって明確にされている（小野　一九九四）。それによれば以下のようなことであった。

方面委員制度の創設に先だって、小河滋次郎は前知事大久保利武の時代に招聘され、「救済事業研究会」の活動を通して、すでに以前から自著で紹介していたエルバーフェルト制度や岡山県の済世顧問制度にも倣った「救済委員」制度を考えていた。この研究会は「行政補助機関と位置づけられ」ていて、「地方改良運動の一環として都市社会政策を代替するかたちですすめられた感化救済事業政策を、大阪府レベルでさらに具体化する試みであった」とされる（大森　一九八二：六〇）。しかし林は、知事着任後、小河の起こした救済事業研究会もそこで考案された救済委員制度も無視し、小河をして方面委員制度を考案せしめた。時恰も米騒動の収拾とその後の対策を要求されていたのであるが、小河と林の間には、救済事業に対する考え方にも隔たったものがあった。それでも小河在職時は、救済委員を胸中にした小河の指導による影響が大きかった。また小河の位置づけも、大久保知事時代は、救済事業指導監督、林知事時代は、救済課事務嘱託であり、職務も異なっていた。給与面からだけであれば、林は小河を自分以上の高給で遇したが、それは、小河の技量に対してのものであり、思想に対してのものではなかったということである（小野［一九九二］［一九九三］一九九四：五八－一二七）。

この見解を受け容れれば、従来の説明は、事実を正確に記述していないということになる。しかし当時の状況では、制度創設の背景に、小野の指摘だけではない要素を感じる。それは、社会事業行政の拡大を試行錯誤する内務省地方局からの示唆あるいは情報提供、督励のようなことがあったと考える方が自然ではないかということである。つまり、先の指摘のように林と小河の間に「『常設的の社会救済』制度を米騒動を機にともに発足、推進させようとしている二人が同一の事柄を思念していたとは言い難い」とされる状況があったとしよう（小野［一九九三］一九九四：一一二－一一三）。しかしこの林の態度は、林の個人的な要因に基づくものではないように感じるのである。研究会の位置づけが地方改良運動の一環としての「行政補助機関」なのであるから、林の一存だけでその成果を無視することはなかっただろうと考える。

もちろん実際の方面委員制度は小河がもともと創案したものと異なるのは小野修三が明らかにした通りであろう。だからといって林自身が自ら創案した結果だということにもならない。「大正六年一一月は、小河滋次郎における兼摂が目に見えた時あり、兼摂のその職務内容が織り合わされた所に救済委員という構想が浮かびあがった」のだとすれば（小野［一九九二］一九九四：八二）、その構想がある程度利用されて「小河滋次郎らによって精緻な制度設計と定式化がなされた」と考えるのが自然であるし（菅沼隆 二〇〇五：六八）、林自身も「これは専ら小河博士が担当されまして、此の規定を成案致しました」と認めているのである（研究 一九一八：六⑩二）。小野は、以下のように指摘し、自身の論証とは逆の内容で、制度創設に関して林の存在を無視しているように思う。

大正七年一〇月に大阪府知事林市蔵が制度化した方面委員は、同年夏に全国を襲った米騒動の再発防止策の一つであったけれど、私的救済と公的救済を統合するという発想は、さらにそのモデルが海外に求められたということがあったにせよ、大正三年から岡山県知事を務めた笠井信一、大正二年から大阪府嘱託として救済事業指導監督の仕事に携わった小河滋次郎におけるそれぞれ一定の経験ぬきにはあり得ぬものだった。（小野 一九九四：一）

ここでは、制度創設に関しては小野の主張をほぼ認めるとして、「私的救済と公的救済を統合するという発想」にも林が関与していないということについてだけは、同意できない。これまで検討してきたように、たとえそれが元来は内務省の社会事業行政に由来するものであったとしても、否だからこそ、林自身も経験からその発想は持っていたはずである。さらに言えば、その後の制度の運用や委員の実践活動がその設計通りに進んだのではなく、施行後に試行錯誤が繰り返されていったのではないだろうか。さらに言えば、小河は感冒をこじらせた肋膜炎のために、規程制定後数ヶ月を経た段階からの基礎固め時期に、ほとんど関与できない状況だったのであり、その後も体調不良で頻繁に感冒になり、気管支疾患を持病としていた。これについては、一九一九（大正八）年に大原社会問題研究所研究員となった三上孝基の「（小河は―筆者）病気でほとんど休んでおられました」とする証言もある（永岡 二〇〇六：一〇五）。また小河は一九二四（大正一三）年八月には府を退職したが、その一年前には、関東大震災への対応で繁忙状態であったし、退職翌年の四月二日に逝去している。小河は「決して口外されることのない公私間の葛藤ないし矛盾を一身に荷い通すことが、方面委員制度遂行のために尽力するということ」だったとしても（小野［一九九二］一九九四：九六）、結果として規程制定直後からしばらくの制度運用に主導権を握っていたとは言いにくいのではないか。またその場面で林の果たした役割は小さくないのではないか。そしてこの時点から数年間の大阪府方面委員制度は、「地域に密着し、政策の枠組のなかでも一定の自治的・自律的な性格が守られ、方面委員の内発的な主体性、自発性、篤志性が比較的自由に発揮されていた時期には、その役割の『妙味』はとくに有効性を発揮し、活動全体も精彩を放った」とされる状況にあったが（永岡 一九九三：二〇三）、その時点で大阪府方面顧問であった林のリーダーシップは、どのようなものだったのだろうか。

この点を検討したのが第二部第四章である。

また佐賀は「都市内地域の分析では、地域のヘゲモニー主体となる営業者やその集団のあり方、ヘゲモニーの形成と行使のありようの解明を社会構造分析の中核的な課題の一つとすることで、都市政治史などを含めた全体史への接合を目ざしたい」（佐賀 二〇〇七：二〇）としている。初期方面委員、とりわけそのリーダーたる常務委員は、地主・家主、中小工場主、企業家、警察官を含む官吏、宗教者等によって担われた。つまり佐賀の言うところの「ヘゲモニー主体となる営業者」と重なる部分が少なくない。また成田は、「彼ら（方面委員―筆者）が青年団・在郷軍人会など他の社会的集団の役員を多く兼ねていることもあわせて、方面委員制度は、旧中間層による都市下層社会の日常的な監視の体制といえる」（成田 一九九三：三二）とした。その場合、担い手をヘゲモニー主体と考えるか監視者であると考えるかはともかく、特定の方面委員と林との関わりを通じて、このような実態を解明したいという気がする。

以上の点について明らかにしようとしたのが第二部第五章である。

第五節　内務省凋落期および厚生省移管以降の方面委員制度と林市藏

周知のように方面委員類似制度は、全国統一の制度として発足したものではなく、大阪に先行して岡山県「済世顧問」、東京府慈善協会「救済委員」があり、また兵庫県「救護視察員」、京都府「公同委員」、埼玉共済会「福利委員」、石川県「社会改良委員」、岐阜県「奉仕委員」等、昭和初期までにほぼ全国に多様な名称や形態で設置されていった。しかし、この時期でさえ農村部では独自性が発揮されず、大都市の模倣が行なわれたとする批判もある。当時、海野幸徳は、模倣の原因を以下のように指摘している。

方面委員の如き今や全国に普及し、農村にまで押し及ぼすといふ盛況であるが、方面委員の本場たる独逸では戦後エルバアフェルド法は衰退した。それに独逸で殆んどエ法は農村に侵入することができなかった。地区制度がどういふものであるとするよりも、安価に若くは赤手空拳、予算らしいものも計上せず開始しうるといふので、方面事業は忽ち我国に於いて全国社会事業界の流行児となった。方面事業の普及蔓延に関する理由は単にこれだけのことに過ぎない。（海野 一九三〇：九〇－一二）

つまり、方面委員制度は基本的に都市のための社会事業であるのに、費用がかからないという理由で、それが有効と思えない農村にまで広がっているというのだ。そもそも方面委員は「従来からの民間慈善・救済事業を尊重することで、公的救済たる社会事業の担い手をできるだけ少ない費用で大量獲得する」ために小河滋次郎が理論化したとする見方さえできるので（中塩 二〇〇五：四五－六）、海野の主張も的外れではなかろう。だがその一方で、内務省社会局は昭和が始まった時点で「社会事業が都市偏重であることを指摘し、『農村社会事業』の必要性が切実である」としていた（田端 一九八二：一一）。というのは、昭和恐慌は、農村の窮乏化を一層促進させており、農村への対応を等閑視できないものにしていたからである。したがって「『農村社会事業』とは、昭和初年危機下の歴史的用語といっても過言ではない」とされる状況だったのである（吉田 一九九〇：一二〇）。一九三二（昭和七）年の「救農議会」は、大規模な農村救済策として「時局匡救事業」を政策化した。「農村負債整理事業」、「救農土木事業」、「農山漁村経済更生運動」などがそれである。この中で経済更生運動のみが時局匡救事業打ち切り後も継続し、農村社会事業との関連を深めていく。もともと、「更生運動は経済的機能、隣保共助の精神、村落自治行政の三者の結節点としての部落を組織化し、それを官僚支配の支柱としようとねらった面が強い」とされている（吉田 一九九〇：一二一）。農村社会事業は、農繁期託児所、共同炊事場、共同作業所、農村隣保館などの主として共同利用施設の設置を奨励していた。しかし、このような農村社会事業は、「自力更生」「隣保共助」をスローガンとする経済更生運動の推進に一役買う結果とならざるをえず、実質的には、全村が一致して「農民の自力更生を推進するという趣旨のもとに、経済更生計画の一環に位置づけられる」ものとなっていったのである（田端 一九八二：二四）。そして昭和恐慌以降、国際関係の緊張が激化するとともに、「非常時」への危機感が高度国防国家を是認し、国防予算の増大を招いた。農村社会事業の内実は、その性格を最も顕著に表したものであり、『農村社会事業』が実践した救済は、結果的には官僚支配による国民組織化への貢献であった」のである（田端 一九八二：二四）。

しかし、都市社会事業にせよ農村社会事業にせよ、いずれにしても「日本資本主義の危機的状況が深まるにつれて、社会事業は単なる生活困難ばかりでなく、生活不安をも課題とせざるを得なくなった。生活不安が解決しない以上、社会主義その他のいわゆる『危険思想』の防止もできなかったからである」とされる状況に直面した（吉田 一九九〇：一三五）。それとともに生存権思想や海外救貧制度の紹介が恤救規則の前時代性を再認識させ、ここに至って漸く救護法に取って代わられることになる。しかし、その公布から施行までの紆余曲折の主因は「不況下では歳入の自然増加は望むべくもなく、国際競争力等の関係からも新たな増税策は不可能であり、また恒久財源を要するため公債や軍縮削減分は性質上問題があった。かくして懸命の財源探しが行なわれ、最終的に競馬財源が浮上」したとされる財源問題であった（萩野 二〇〇〇：一四七）。そして「その中心財源となったのが博打のテラ銭の上前であったことは否定できない」のである（萩野 二〇〇〇：一五四）。たとえ「救貧制度を国家施策として確定させたことを意味し、義務主義に基づく貧困者救済が公の利益に値すると帝国議会によって判断された」のだとしても（小野 二〇〇八：一九四）、背景には「地方の公共救済という位置づけを曖昧にしたままの精算補助によって国の救済義務を打ち出す方式は、公的補助の国家責任とは異なり従来の救済の対象者に対する慈恵の姿勢を払拭したとは言えず、思想的には恤救規則時代の要素を温存させていた」とされる根強いスタンスが横たわっていた（池本 二〇〇〇：六六）。したがって形式的には公的扶助義務を打ち出したとはいえ、実態的には予算の裏付けが弱く「天皇制支配組織の末端である家族制度の維持と社会運動を押さえることとが表裏一体となっており、その意味で懐柔的治安対策という性格にウエイト」のある制度だったのである（萩野 二〇〇〇：一四二）。救護法を評価するとすれば「社会生活における消費の側面からの把握のみならず、それにもとづく『生存』と『生活』の区別という意識」があり（宇野 一九八二：一八三）、それによって方面委員による世帯単位での生活調査を余儀なくさせていたということであろう。こうした状況に後押しされて、名称はともかくすでに多くの地方で活動していた方面委員やその類似委員は、救護法実施促進運動を展開していった。しかし、言うまでもなく「方面委員制度の目的は、生活困窮者を国家共同体（天皇制国家）に『奉公』しうる人間に『補導誘掖』することにある。貧困・怠惰の存在は天皇制共同体の汚点・恥部と理解され、すべての臣民を共同体に奉公しうる人間に高めていくことが方面委員の目的だった」のであり（菅沼「一九九六」二〇〇五：二一九）、その枠を超えるものではなかったはずだ。

周知のように方面委員の全国組織は、実施促進運動の結果、一九三二（昭和七）年に「全日本方面委員連盟」として結成されていたが、委員の法制化そのものは一九三六（昭和一一）年の「方面委員令」でなされた[8]。この全国的法制化は、救護法の補助機関としての救護委員に充てることを明確にするためであった。その第一条には「隣保相扶ノ醇風ニ則リ互助共済ノ精神ヲ以テ保護指導ノコトニ従フモノトス」という指導精神が明確に謳われていた。したがって、その時から、「軍事援護事業との対立を含みながら、隣保相扶の花形として働きにおいて隣保事業と結びつけられていった」のである（永岡 一九九三：二〇三）。つまり、当初の主体的活動期は短く、やがて救護法体制の中で公的役割を期待され、救護法の持つ制限扶助を補完するものと期待されたのである。救護法に対しては「救護法ができるまで、原則として国家が救済の責任をおわず、地方や外郭団体、さらに民間の団体によって救済をおこなうという体制が続いた」とする評価もあるが（香川 一九八三：一一）、欠格条項を持ち制限扶助主義の立場に立つ公的救済が救済の責任を負ったものとは言い切れないだろう。その後一九三八（昭和一三）年一月、厚生省の誕生により、社会事業行政は厚生省に移管され、戦時下厚生事業が登場した。この厚生省は「内務省から分立したという性格をもち、全く異質の他省ではなかった」とされるが（副田 二〇〇七：五三七）[9]、そうであれば厚生省の方面委員に対する方針は、それ以前から継続したものだったであろう。そして方面委員制度は「戦時体制下において町内部落《ママ》会との結合によって、地域統制支配の末端の機能を合わせ持つようになった。共同体の隣保相扶と一体化して社会性を失」っていくのである（永岡 一九九三：二〇三）。

この時期の林市藏の考え方と行動について考察したのが第二部第六章である。

さて一九四五（昭和二〇）年八月以降ほぼ七年間にわたって、日本は連合国軍総司令部（ＧＨＱ）による被占領状態に置かれることになった。菅沼は被占領期に方面委員から民生委員へと制度が移行した結果誕生した全日本民生委員連盟の機関誌『民生時報』を分析した結果として「方面委員制度との強い連続意識」を指摘する（菅沼［一九九六］二〇〇五：二二二）。そして「日本人の中に（方面委員から連続した――筆者）名誉職裁量体制を根底から問い直す主体が誕生しなかったことの意味は重大である」と当時の民生委員に対する批判的な見解を提示する（菅沼［一九九六］二〇〇五：二三六）。

一九四五（昭和二〇）年八月、林市藏は日光にいた。五月から女婿たる重光葵の別荘に疎開していたのである。そこから大阪に向けて、早速方面委員活動の早期再開を呼びかける。そういう状況の中で、『民生時報』に林市藏がたびたび寄稿しているのは事実である。だが活動の早期再開を促した林は、実際にはどのような考え方をし、どういう行動をしていたのであろうか。それを検討したのが第二部第七章である。

おわりに

相田は昭和初年以降、その経歴の延長として、各種社会事業団体の創設事務等に関与、役員等を歴任し、一九五五（昭和三〇）年に逝去した。林は、大阪府方面委員制度の創設者として評価され、後半生を方面事業の進展に捧げて、一九五二（昭和二七）年に逝去した。つまり官吏退官後、内務省発展期後期、凋落期、厚生省移管後を通じて、相田は民間社会事業関係の役職者として、林は在野の実業家を生業としながら方面事業の重鎮として、社会事業行政の歩みに併走していったことになる。

相田が退官後も内務省発展期後期の社会事業に関与したことは、長年内務省の社会事業行政に携わった実務家としてそれほど奇異ではない。だが林は前半生の官吏の履歴を勅任官たる地方長官にまで出世して了えようとした時、方面委員制度創設と遭遇し、創設時の府知事として栄誉を担うことになった。林はそれ以上に方面事業との関わりを深める必然性は無かったはずだ。であるのになぜ後半生の三〇年以上を、その方面委員制度の発展のために尽くしたのだろう。なぜそこまで方面事業にこだわったのだろう。それはいずれ本論で言及したいと思う。

以上のような検討の上に立つと、林市藏が大阪府方面委員制度を創設したとされることに関して、その発想を得たとされる「夕刊売り母子の挿話」が持つ意味が明確になるように思う。そのことについては、第二部第八章で扱っている。

以上、社会事業行政の変遷を踏まえつつ林市藏と方面委員制度の関係を概観した。これからの各章で、詳細について論じていくこととする。

注

(1) 相田良雄の略歴については、保谷（一九九八）および『内務省職員録』を参照した。

(2) 本章で「報徳会」という場合、岡田良一郎の指導する「報徳社」のあり方ではなく、平田東助、岡田良平（良一郎長男）、一木喜徳郎（同二男）、井上友一、留岡幸助等によって結成され、床次竹二郎、中川望等が加わった「報徳会」、つまり内務官吏主導の団体を念頭に置いている。この両者は現実的には重なる部分もあるが「同じ報徳思想を信奉しながら、運動の方法、組織は全く別のものであり……略……両者を同視して扱うには問題がある」とされている（佐々木 一九七五：七八）。

(3) 「恩賜財団」については、基本的に組み文字が使用されている。その理由について済生会では、法人申請に際して「恩賜財団済生会」で裁可を求めたところ、明治天皇は国民と一緒になって「済生事業」を行うのだから皇室だけが先行しているような印象を与える「恩賜財団」は適当でないとして許可しなかったため、二行に分けた組み文字とすること、つまり小さくすることにした経緯があるとしている（http://www.saiseikai.or.jp/saiseikai_wdm/html/history/02185859631.html —二〇一二年二月一〇日）。また戦前の年史では「『此の事業は朕のみにて之を行ふにあらず、朕が臣民と共に行ふ事業であるから、恩賜財団の四字は改むるやう』との御言葉に痛く感激し……中略……『然らば恩賜財団の四字を小さくし済生会の三字を大にし恩賜財団済生会とすべし』との仰せがあったやに、漏れ承って居るのであります」となっており（済生会 一九三七：三二）、これがその根拠であろう。

(4) 済生会に関しては、公私協働を象徴する多様なシステムがある。たとえば、紺綬褒章は、一九一九（大正八）年九月七日、恩賜財団済生会に寄付した小野光景氏に賜与されたのが最初であるとされる。さらに勲章授与、皇室別邸拝観、観兵・観艦式陪観、天皇行幸に際しての特別扱いなどがある。これらも民間団体の活動に対する私的支援を公的に表彰したり、便宜供与したりする「公私協働」と言えよう。

(5) 『救済研究』の記事では「救護課」となっているが、七月の時点では「救護係」である（大阪市民生局 一九七八：四二一‐

六)。なお永岡は顧問ではなく「救済事務嘱託」としている(永岡 一九九三:一九〇)。

(6)「折半」した正確な金額は、不明だが、市民館の創設費は、二八万七二三九円である。なお大阪市立北市民館は、一九八三(昭和五八)年三月を以て閉館となった。

(7)この資料はペンネームで書かれており、市藏を「市造」とするなど信用性は低い。清浦の生地、熊本県山鹿市鹿本町来民にある「清浦奎吾記念館」で確認したが、林市藏が清浦の甥であるという確証はない。だが、そういう風評が立つほどであったという理解はできる。ただ林の母方の曾祖父が山鹿に居住していたことがあったようで(江原会 一九六〇:六)、何らかの姻戚関係はあったかもしれない。

(8)方面委員令(勅令第三九八号)は、一九三六(昭和一一)年一一月一三日公布、翌年一月一五日施行。

(9)これに関して、『社会局参拾年』は一九五〇(昭和二五)年に厚生省社会局から出版されているが、さらに二十年後の一九七〇(昭和四五)年に『社会局五十年』がやはり厚生省社会局から出ている。どちらも内務省社会局時代から通じた年史である。こうしたことにも内務省から厚生省に至る連続の意識があるように感じる。

第一部

方面委員制度創設までの林市藏

第一章　出生から内務省高等官（警察監獄学校教授）まで

はじめに

林市藏は、将に明治にならんとする幕末最末期に生まれ、明治初期から中期に学校教育を受けている。この時期には言うまでもなく日本社会が構造変革を経験した。もちろん林市藏も安定した生活を送れる環境にはなかったが、ともかくも帝国大学卒業まで漕ぎつけている。そして卒業後、当時一般的であった官吏になるという選択をした。その後の官吏としての履歴は、多少の波乱を含みつつも、外見的には順調な推移を示し、勅任地方官たる大阪府知事に至っているように思える。だがそれを彼の努力の賜物として、立身出世物語にしてしまうことは、伝記ならともかく、人物研究としては物足りない。

本書の目的からすれば、林市藏が帝国大学卒業まで実際にはどのような生活を送り、新進の学士官吏としてどういう役割を担ったのか、そしてそのような経験が大阪府知事として方面委員制度の創設に関わり、その後もその育成に携わることになる林に、何を教訓として残したのか、まずその解明が必要であろう。

さて人物研究を始めるにあたって、まず出生から取り組むのが常道であろう。したがって本章では、このような問題意識を念頭にしつつ、林市藏の出生から始めて、帝国大学を卒業し任官した後、高等官となって勤務した警察監獄学校教授の任を解かれ、山口県書記官の辞令を受ける一九〇四（明治三七）年までを履歴に即して検討したい。この段階で区切るのは、これ以後の地方官、国策会社たる東洋拓殖会社理事としての履歴は、大阪府方面委員制度創設とより一層の直接的な関わりを持つと思えるからである。

第一節　生い立ち

林市藏は、一八六七（慶応三）年一一月二八日に、林愼藏、喜壽の長男として誕生した[1]。父は熊本藩士で、母は野田淳朴の妹であった。淳朴は医師で、その長男に野田寛がいる。野田は林市藏より一歳年長であるが、その野田の伝記では「（淳朴の父の―筆者）淳碩は、阿蘇楢木野村の楢木野三之丞の女を娶って、一男一女を挙げた。直喜（後の淳朴―筆者）及喜寿と名づけた。喜寿は後林家に嫁した。林市藏氏の母堂である」となっている（江原会 一九六〇：六）[2]。つまり、淳朴と喜壽は二人兄妹であった。

ところで林の伝記では、熊本における林の居住地から推測して「先生の家のあったところは俗に高麗門（こうらいもん）といい、……略……家格は下士ではなかったのであろう」としているが、これは正しくない（香川 一九五四：一一二）。林市藏の父は、一八七二（明治五）年五月一一日に逝去しているが、次はそれによる家督相続前後の状況と当時の居住地を明らかにする史料を翻刻したものである[3]。

改正禄高等調　禄高帳四号　二百九
一　六高切米拾五石　四人扶持　従前七等官
改正高十四石　林愼藏　舊名惠右衞門　右林愼藏嫡子
明次五年七月廿日家督林市藏
一　實父儀明次四年四月廿日常備兵斥候ニ而東京出張仕同七月五日帰省仕候
同五年五月十一日病死仕候
右之通相違無之候　以上
第五大區一小區筒口村貳百三十九番宅地士族
明次七年二月十日　林市藏
飽田
白川縣權令安岡良亮殿

これによれば、まず林市藏の居住地は、当時の地名では肥後国飽田郡筒口村である。[4] 現在の地名表記では、熊本市横手一丁目になる。[5] 付近は城下の西玄関口で、高麗門という城下門のすぐ外側にあたるため、高麗門外とも称されていたのである。[6]

次に上士ではなく下士であったことである。確かに父の林愼藏は熊本藩士で維新後も禄があったようだ。先の史料によれば、林愼藏は維新政府初期には常備兵として東京に三ヶ月ほど出張している。その時点前後の俸給が切米一四石ということになる。したがって下士である。[7] いずれにしても父の林愼藏が、熊本藩士から熊本藩常備兵となって、世襲の俸給（永世禄）を得ていたのは確実のようである。

ところが、その父が先述したように一八七二（明治五）年五月に病死したのである。この時点で林市藏は、満五歳になっていないが、家督を相続できたようであり、以後の暮らしは成り立ったのだろう。[8] だが実際の父子関係は幼少期のみとなり、以後は母子関係が老年まで林市藏の精神的骨格であり、それが方面委員制度の創設に繋がったと指摘されていくことになる。これについても疑問があるが、それは後述する。

さて、この禄で、どのような生活が可能であったのだろうか。姑母子三人が生活していくことはできたのだろうか。この頃の母は、寝たきりの姑を抱え、「林の雑巾」と陰口を叩かれるほど粗末な服装で通し、煙草巻きの内職で家計を支えたというエピソードも残されている（香川 一九五四：三－四）。つまり、暮らしに余裕が無かったことはほぼ確からしい。熊本ではないが、同じく九州の福岡で旧禄一五石四人扶持の士族が維新後どのような日常を暮らしていたかが次のように描写されている。

> 食事の時は、親子兄弟が銘々に小い《ママ》さい箱膳を控えていた。……略……母が、御飯とおかずを盛ってくれる事は、今日と変わりがない。然しおかずは、朝は大抵、漬物ばかりであった。蕪菜《かぶな》の葉の漬かり加減の奴に熱い飯を包んで食ふ時など、私等はそれを『頬冠り』と呼んで嬉しがってゐた。若し其の漬物の好きなのが無い時には、私はよく焼塩をこさえて貰った。……略……それが即ち焼塩で、生塩とは違い、既に一個のおかずになってゐた。昼や晩には何か一品のおかずがあるが、それは大抵、味噌汁、湯豆腐くらいの外、内の畑の野菜ばかりであった。竹の子に唐豆《とうまめ》（そら豆）などは、私の一番の好物であった。魚を買ふことは極めて稀で、折々口に入るのは雑魚《ざこ》か干鰯くらゐであった[9]。（堺 一九二六：一四）

この著者（堺利彦）は、一八七〇（明治三）年生まれなので、林市藏と同時代、しかも同じような生活環境の城下町である。したがって、ここに描かれたような食事風景が林家でも営まれていたはずだ。ただし、林家は寝たきりの祖母、母と林市藏の三人であったので、家の野菜畑はなかったかもしれない。いずれにしても極めてつつましい暮らしであったことは確かであり、林市藏の教育に特別な投資をする余裕はなかったであろう。しかし林市藏は、明治初期の没落士族の御多分に漏れず、さまざまな支援を受けつつ、最高学府の卒業まで漕ぎ着けることになる。

第二節　小学校から五高入学まで

現在で言えば学齢期に達した林市藏がまず通ったのは、春日学校および華陵小学校であった[10]。つまり林市藏の年齢を考慮すると、春日学校に通い始めて、華陵小学校を卒業したのではないかと推測されるのである。「家から相当はなれておる春日小学校」に通ったとされているが（香川 一九五四：八）、春日学校が横手村ではなく、春日村にあったことを考慮すれば、辻褄が合う[11]。春日学校が華陵小学校になってからは、横手村に校舎を新築して移転しているからより自宅に近づいたはずである。それでは林市藏はいつ春日学校に入学し、いつ華陵小学校を卒業したのだろうか。春日学校の第一期生とする資料があるが（宇野 一九三一：一三九）、それによると入学は、一八七三（明治六）年九月である。卒業は早くとも一八八一（明治一四）年ではないかと思料される[12]。

この頃のこととして、次のようなエピソードが残されている。春日学校に通っていた頃、ある夏の日に学校から逃げ帰った。母は厳しく叱って再度登校させた。そして下校後にはやさしく迎え、めったに口にできない西瓜を食べさせつつ、士族の子として強く生きよと説いたという（香川 一九五四：四－七）。これがその通りの事実かどうかはともかく、林市藏は晩年にこうしたエピソードを語っているのである。つまり小学校時代、それも初期は、後述する青年時代のような活発な子どもではなかったらしい[13]。

さて華陵小学校卒業後、林市藏は私塾修身学校に通った[14]。昭和戦前期の資料ではこの私塾の「出身者の主なる者」とされているので、この塾で学んだことはほぼ間違いない（熊本県教育会 一九三一：六七八）。なお鳥居赫雄（素川、後年の大阪朝日新聞編集局長）も主な出身者になっていて、林市藏は暴れん坊タイプの秀才たる「鳥居の仲間」とされている（寺西 一九七二：六六－七）。林市藏は、はるか後年に鳥居との関係で大阪府知事に充てられたとの風評を立てられた。

なおこれについては、第四章で検討する。

そして一年後には熊本中学に合格して入学した。この「熊本中学」は、旧制熊本中学校ではなく、一八七六（明治九）年に創設された県立千葉中学校が西南戦争で頓挫し、廃校となっていたのを受けて、一八七九（明治一二）年に再興された県立中学である。いわゆる洋式教育の普及をねらい、教育方針もカリキュラムも当時の文部省の基準に合わせていた。生徒も洋式に自由主義、個人主義で立身出世を志し、進歩的であったとされている（本田 一九八五：二〇一二）[15]。林市藏は入学したものの、すぐに退学し、濟々黌に移った[16]。その理由は「当時一般学生の傾向として煩鎖にして履修に困難なる普通科の学習を嫌って私学の漢学を主とし普通科を副とする方向に趨る云々の記事が本期の年報の殆んど全部に出てゐるのを見ても、過渡期に於ける当時の中学教育の或る一面を物語ってゐる様である」とされる情況があったようだ（熊本県 一九三一：六五〇）。このような一般学生の傾向から林市藏も例外ではなかったということだろう。

濟々黌（現・県立済々黌高校）は、西南の役で学校党熊本隊の小隊長として戦った佐々友房が服役し釈放されて後、陋屋で同心學舎を設立したのが発祥である[17]。林市藏が通った当時は、私塾たる濟々黌のころであり、在学した当時の校風は、皇室中心、国家主義を建学の精神とするものであった。「肥後文教の伝統に立ち、国家及び社会多方面の有為な人材の育成を目指し、新文化に対しては、保守的で和魂洋才で臨んだので、生徒の気風はバンカラで、質実剛健の気概に富み、振武会の中心として、文教と相俟って尚武の精神が横溢し、時代を担って立つという気性が盛んであった」とされている（本田 一九八五：二二）。先述の熊本中学とは相容れない校風である。

ただし、林市藏が濟々黌に入学した事実および卒業も確認できない[18]。当時の家庭状況を考えれば、一部の科目だけを履修した専科生で、また賄い付きではなく、帰宅後食事してから寄宿舎に戻る「泊り通学生」であった可能性が高い（江原会 一九六〇：四〇）。

濟々黌時代の林市藏については、安達謙蔵（後、内務大臣・逓信大臣）、山田珠一（後、初代九州日日新聞社社長・熊本市長）および前述の鳥居素川と並べて紹介している資料がある。これによれば「山田を除いた三人はみな卒業生名簿にその名をとどめない中退組」と明記されている（寺西 一九七二：六七）。さらに私塾としての同心學舎および濟々黌の「出身者の主なる者」に鳥居素川はあるが、林市藏は見当たらない（熊本県 一九三二：六七八）。

つまり、これらの資料を斟酌すれば、おそらく何らかの形で濟々黌において勉学したことは確からしいが、入学、卒業は不明とせざるをえない。いずれにしても一八八二（明治一五）年頃に華陵小学校を卒業した後、後述するように第五高等中学校に進学する一八八七（明治二〇）年までの四、五年間は、私塾たる修身学校で一年学んだ後、県立熊本中学に入学して退学、その後は私塾濟々黌に通った。しかし、第五高等中学校に進んだ後には、濟々黌同窓生として遇されているので、濟々黌を修了あるいは卒業している可能性も捨てきれない。[19]

また後の日露戦争では多くの濟々黌卒業生が士官戦死者となっているが、この時点でも軍学校への進学者も少なくなかった。[20]したがって没落士族たる林市藏が経済状況も考えて、官費で進学できる軍学校を選択する道もあったはずだが、一人息子でしかも父親を亡くしている林市藏は、軍人の道は避けたのであろう。

第三節　五高入学から卒業まで

一八八七（明治二〇）年一一月、林市藏は熊本に創設されたばかりの第五高等中学校（以下、五高）に入学した。[21]それは、正確に言えば正規の入学ではなく仮入学であった。[22]当時、地元の新聞に正規合格者二四名の氏名が掲載された（習學寮 一九三八：七）。[23]しかし、その中に「林市藏」の名前は出てこないので、仮入学とするのが妥当である。当時の資料によれば、入学者の年齢は、正規入学、仮入学を併せて一五歳から二二歳までで平均一八・五歳となっているので、当時満二〇歳を目前にした林市藏はどちらかといえば高年齢の部類といえる。第一回入学式は一一月一四日に挙行された。林市藏は、仮入学であったため、その後予科三級に進み、本科二年を終えるまで合計六年を要している(24)。

五高初期の校長は目まぐるしく異動するが、初代校長は第一高等中学校校長から転じた野村彦四郎、二代は平山太郎、三代が嘉納治五郎、四代に中川元である。林市藏は、この四代の校長のもとで勉学したことになる。教員としては、たとえば小泉八雲（ラフカディオ・ハーン）は、一八九一（明治二四）年一一月の着任、夏目金之助（漱石）は、その五年後の着任である。林市藏の在学期間を前述のように確定すれば、嘉納治五郎や小泉八雲から直接薫陶を受け得たことになるが、漱石とは出会う機会はなかったといえよう。

その一例として林市藏が、四半世紀後の一九一八（大正七）年になって留岡幸助に語ったハーンの思い出を紹介しよう。

会津の人、秋月胤永、学者なり。同じ第五高等学校の教授にて、時々秋月氏の講義がラフカディオ・ヘルンの時間を取る。此時秋月氏気付て失礼な態度を謝す。……略……ヘルンは此秋月氏の人格に感じて「秋の月」てふ詩を造れり。（留岡 一九七九：二一一）

秋月胤永（悌次郎）は、会津藩士の生き残りで、五高の漢学や倫理の教授である。「ハーンによって描き出された秋月は、いわば『中庸』の心をもって人に対し、また日々田畑に通う村びとのごとく自然である」という（松本 二〇〇八：一六）。林市藏は、五高時代に確かにこの二人の交流を感じ取っていたのである。

もちろんこれは後に語った思い出の一齣に過ぎない。当時の高等中学校一般における教育については「高等学校の出発点に当る高等中学校の教育方針の内容は、きわめて国家主義的傾向の強いこと、また指導者を養成するという顕然たる自意識を表出して、強い優越性をその特色とした」とされる（高橋 一九七八：一〇七）。林市藏は、濟々黌に引き続き、国家主義的傾向の強い教育を受けたことになる。

それはともかく五高時代はどのような学生生活を送ったのだろうか。五高は、開設翌年までは古城町なる仮校舎（現・熊本第一高等学校の地）だったが、翌年には黒髪の地に新校舎が完成して移った（五高 一九三九：一五－九六）[25]。したがって、仮校舎時代には自宅に近く通学も可能だったはずだが、新校舎になってからは「習學寮」に入っている[26]。寮では、第二期の炊事委員になっている。これは、先輩梅野實氏の談として「寮生全員の選挙により第一回の委員藤本充安、白石秀太、安東俊明の三氏選出され、任期一年の後、林市藏氏と自分（梅野氏）とが委員となった」と紹介されている（習學寮 一九三八：三二）。この炊事委員は大役であった。この頃、「五高の自治とは自炊のことなりと揶揄する人もいた」ということだが（秦 二〇〇三：七二）、「賄征伐」による一時しのぎではなく、満足できる食事を確保するのが一大事であったのだ（上村 一九九二：三九－四二）。

習學寮の場合には「学校も創立以来既に三年目に当り、本校生徒の増加するにつれ、寮生の数も多くなり、従って寮内の空気も日に増し複雑化して来る、亦已むを得ざる自然の成りゆきである。特に食事の問題になれば、それが自己の生活に最も重大なる関係あるだけ、その感情は殊更鋭敏であるから、ともすれば、これ迄の平和を破って面白からぬ賄征伐なども起って来る」という情況であった（習學寮 一九三八：三〇）。

しかも寮の自炊制については「自炊制への移行は戦前の学寮の歴史の中で最も大きな出来事の一つであり、旧制五高や旧制姫路高などでは自炊制実施の日を寮の記念日としていたほどであり、……略……自炊制になると、寮給食の成否は一に炊事委員の力量と努力とにかかってくる」ということである（上村 一九九二：四五）。こういう中で炊事委員に選出された林市藏は、それなりの信頼を寄せられる人間であったということであろう[27]。

また課外活動では、「龍南会」で「撃剣部委員」をしていた[28]。龍南会とは、今日で言う生徒会と同窓会を混合したようなものであったらしい。撃剣とはもちろん剣道のことであり、林市藏が剣道をよくしていたことがわかる。

今日残されたこれらの史資料からは、林市藏は、勉学だけに終始していたのではなく、若者らしく多彩な学生生活を謳歌し、しかも学友たちから信頼されていた様子が感じられる。

こうして、林市藏は、一八九三（明治二六）年七月に第二回卒業生として第五高等中学校第一部法科を卒業した。満二六歳目前であった。

第四節　帝国大学入学から卒業まで

林市藏が五高を卒業した時点では、帝国大学は帝都東京のみに存在し、大学に進学するためには、上京するしかなかった。つまり、林市藏もこの時点で上京し、一八九三（明治二六）年九月、帝国大学法科大学に入学した(29)。だがそれは、熊本の地を離れたことで、かえって郷里の人たちからさまざまな形で支援を受けるようになることを意味していた。東京では濟々黌関係者や同郷の先輩の世話で、まず有斐學舎に入った(30)。この有斐學舎は、同心學舎の設立者の一人で後に熊本財界で活躍した高橋長秋の発案により元藩主家の財政支援を得て、東京で勉学する熊本出身者の便宜ために設けられた学生寮である(31)。入寮者には学資の給費もあったので、その給付を受けていたと考えられるし、その後も郷里の育英会の奨学給付を受けていたようである。

林の伝記には「小石川の有斐學舎、麹町の黒河内氏宅そのほか一、二ヶ所、居所を変えているが、四《ママ》年間まじめに勉学につとめている。その間、母の亀《ママ》寿の努力は、よくもつづくと思われるほどつづいている。しかし前にもいったように女手一つでおえないものがあったので、不足分は五高以来お世話になった濟々黌舎監清水元五氏や、幹事の浅山氏等の世話で熊本市の時の区長（今の市長にあたる）松崎 廸《ススム》氏の補助を得ていた」となっている（香川 一九五四：一二三）(32)。おおよそこのような学生生活であったただろう。

ちなみに林市藏は、すでに警察監獄学校教授（内務省高等官）となっていた一九〇一（明治三四）年に有斐學舍の出身者として舎長を務めている。その年に學舎は一時閉鎖して、肥後奨学会に組織変更され、評議員に清浦奎吾（後に会頭）が就任している（高森　一九六四：一八）。このような事実からは、清浦奎吾と林市藏には、郷里である「熊本」を介して面識があり、ある種の人間関係が構築されていく経緯があったと考えられる。

いずれにしても林市藏は、郷里の人びとの支援を受けつつ、帝国大学で学んだ。その後、帝国大学を卒業する前後のエピソードがあるので紹介したい。

何んでも彼が大学を出た当時は就職が決ったのち文官試験が行はれてゐたさうだ、最初拓殖務省に就職することになってゐた彼は、これも彼と同郷の親友で、大蔵省に入ることに決定してゐた赤星典太と二人で、受験準備の為、相州の国府津に出かけて行った、宿は浜辺の小綺麗な気持ちのよいところ、こゝで一ヶ月ばかり毎日愉快に勉強してゐると、或る日、これも受験準備に來て居た友人二人が訪れたが、彼等の顔を眺むるや、ニヤニヤ笑ひながら妙な目を向けだした、……中略……彼等の宿所は、……中略……附近切ってのあいまいやであった、そこで彼らは吃驚仰天、粹な方面に飛んだ濡衣を着せられて、頭を掻き掻き小田原方面へ宿所を移転したさうである、今を時めく財界の二長老も、青年時代はかくの如し、世情に通ぜぬうぶな面影が偲ばれて愉快ではないか。（吉田　一九三七：九二一‐二二）

しかし、林市藏が行政科試験（文官高等試験）に合格するのは卒業後二年を経過した一八九八（明治三一）年一二月であった。不合格の翌年は林市藏が母親を亡くした年であるので、試験どころではなかったとして、卒業した年に合格しなかったのは事実だ（官報　四六三一号）。この逸話に出てくる赤星典太は卒業した年に合格している。いずれにしても大蔵省属官から始めて司法省書記官を経た後、大正初期の熊本県知事となり故郷に錦を飾った赤星は、第五高等中学校の第一回正規入学生で、林市藏と同年の卒業生、つまり在学期間の全く重なる同窓生でもあった。ここでは、このエピソードの真偽のほどはともかくとして、青年時代の面影を偲ぶ縁として、後年まで遺された伝聞の類とはいえあえて紹介しておく。

こうして日清戦争の余韻がまだ残る一八九六（明治二九）年七月、満二九歳にならんとする林市藏は、帝国大学法科大学政治学科を卒業した。この頃には、政治学科卒業の履歴は法学科のそれと比して、官吏として採用されるには不利と忠告する高官もいたらしい。事実、一八九一（明治二四）年および翌年の卒業生は法学科に偏っている。もっともこれは高官の忠告によるかどうかはともかくとして、当時すでに「憲法もでき、内閣制度も一応の安定をみた明治二〇年代には、制度の運転に必要な法学的な素養にたいする要求水準が高まっていたのは事実だろう」とされる理由があったようだ（水谷 一九九九：一〇七－九）。林市藏が行政科試験合格に苦労したのにもそういう理由があったかもしれない。ともかくそんな中で、林市藏が政治学科を選択した理由は何だったのだろうか。次節ではその理由を直接探るのではなく、時代の雰囲気の中で林市藏の任官前後の事情を明らかにすることによって、その手がかりを掴みたい。

第五節　拓殖務属から内務属へ

林市藏の官吏としての履歴は、一八九六（明治二九）年七月一〇日に帝国大学を卒業した直後の七月一六日付けで拓殖務属となり、北部局第三課に勤務するところから始まる。「初任給は四〇円であった」ということなので（香川一九五四：一九）、その通りだとすれば、当時の俸給表では、判任官二等四級俸ということになる。[33] まず、この事情を検討する。

この頃の日本は、明治初期の有司専制時代から自由民権運動、大日本帝国憲法の発布・施行、国会開設によって政党内閣制の定着に向かっていた。つまり、「近代日本の官僚制度がその形態を整え始めたのは、内閣制度の発足、大日本帝国憲法の制定前後であり、ついで明治三二年における文官任用令の改正頃にほぼその体制が整った」のである（渡辺一九七六：一一二）。しかし、政党政治と藩閥政治の挟間でその影響を受けざるをえない状態であり、いくたびも改変が行われた。[34]

言うまでもなく属は判任官である。林市藏は帝国大学出身の学士であるので、判任官採用に必要な普通試験の合格によらなくとも採用には支障が無かった。さらに、官庁によっては採用後に高等試験をうけることもできた。むしろ「この時期は、大学卒業直後の七月に属に採用され、在職中に文官高等試験に合格し、しばらくして奏任官に任用されるのが一般的」であるばかりか（日本公務員制度史研究会　一九八九：五七）、「一一月の高等文官任用試験まで事実上の休暇を与えて試験の準備に当たらせた」といった状況であった（清水　二〇〇三：五八）。[35]林市藏は、もちろん卒業した年に受験している。しかし、前節で述べたように、その年は失敗し、二年後の一八九八（明治三一）年にようやく合格している。ちなみに卒業翌年の高等試験は、試験直前の一〇月二四日に母を亡くしていたため、受験しなかったか、受験しても失敗したかであり、実質的には二度目の挑戦で合格したのだろうということも前節で言及した通りである。

さて、この頃の官吏の採用は、「過半数の卒業生はすぐには就職が決まらず、数ヶ月から半年は、あれこれ苦労して『売口』を探さねばならない有様」だという（水谷　一九九九：一一七）。このような状況の中で、いずれは高等官を目指していることが明確である林市藏が、卒業直後に拓殖務省に採用された理由を考察してみたい。どういう経緯で設置されて間もない拓殖務省属となったかは定かではないが推測は可能である。

まずこの事情に関しては、林市藏が官途に就くに際して佐々友房の後押しがあったとする指摘がある（香川一九五四：一九）。佐々は、林市藏が学んだ濟々黌の創設者であり、この時点ではすでに衆議院議員になっているが、その立場で官吏任用の後押しが可能だったという確証は無い。しかし、その当時は国権主義的な吏党たる国民協会の大物で一定の政治的勢力を持っていた佐々にとって、一判任官たる属の採用に便宜を図るくらいのことは、可能性のないことではない。[36]

けれども、この拓殖務省自体が、当時の政局を反映した不安定な官庁であった。制度的には一八九六（明治二九）年の拓殖務省官制（勅令 第八七号）によって同年四月七日に設置されたれっきとした中央官庁である。しかし一年五ヶ月後の翌年九月二日には早くも廃止となっている。この省は、林市藏の勤務した北部局の他に台湾に関する事項を主管する南部局および大臣官房で構成されていた。当時は第二次松方正義内閣で、拓殖務省の大臣は、高島鞆之助陸軍中将が就任した。陸軍大臣を兼務する現役陸軍将官がその地位についていることからも理解できるように、政府と軍の政争が影響していることは予測できる。[37]

それはともかくとして、一八九七（明治三〇）年九月二日に拓殖務省が廃止となった後、北部局は、内務省北海道局に移管された。それとともに林市藏も内務属となり北海道局勤務になった。ちなみに北海道局も翌年一〇月三一日に廃止されて大臣官房北海道課となり、その北海道課も一九〇三（明治三六）年四月一日に廃止となっているが、林市藏は主として北海道局および北海道課の初期に勤務したことになる。[38]

北海道局の一八九八（明治三一）年七月一六日までの約一〇ヶ月間の局長は「蒲生仙」、以後翌年一〇月三一日に廃止となるまでの三ヶ月余りは「中島又五郎」である。この場合も、先の北部局と同様の事情がある。つまり局廃止までの一年二ヶ月弱間の局長二人に関しては、いずれも勅任官ポストの政治的利用というしかない実態であった。[39]

このような変遷につれて、林市藏も内務省北海道局、大臣官房北海道課と所属が変更となりつつ、一八九九（明治三二）年五月四日まで勤務した。先に述べたような勅任官ポストの変遷状況を拓殖務属および内務属として勤務していた林市藏は、どう眺めていたのであろうか。帝大卒業の学士官僚としてスタートを切った林市藏にとって、義憤を感じても不思議ではない出来事ではなかっただろうか。いずれにしても、この段階の林市藏が事の良し悪しを評価できる立場ではなく、ましてやそれを表明できることでもなかった。

そうこうする間に、林市藏は一八九八（明治三一）年一二月、高等試験に合格したことは前述した。成績は合格者四一名中三一番であった（官報 四六三一号）。しかしこの段階では、まだ属のままである。内務省では「仕官の日から遠く目指した『知事になる縁』」とされているし（武井 一九五二：八）、官界一般では「出世は役所を動かす原動力だが、役人にとって出世とは何か、まずそれが問題である。官僚としての頂点は普通各省の次官だし、貴族院の勅選議員になればひとかどの成功というのが戦前の相場だった」という（水谷 一九九九：一二五）。もちろん知事や貴族院勅選議員が「帝大官僚」の明確な目標となっていったのは、林市藏自身にとっても官吏の世界でも、もう少し後の時代のことだろう。林市藏が受験した年の高等試験は、帝国大学卒業生が忌避した一八九四（明治二七）年はともかく、その翌年から数えてまだ四回目であり、後年のように高等試験の席次によって出世のスピードが決まるという事情もそれほど決定的ではなかっただろう（水谷 一九九九：一三三）。しかしそれだけかえって情実や伝手による手加減もあったはずである。さらに言えば、当面する奏任官はともかくとして、最終的な目標としての勅任官ポストは、猟官の実態を目のあたりにした林市藏には、政治的有力者との結びつきによらねば到達できないポストだと感じられたのではなかろうか。判然としない彼の属への任用の事情が、佐々友房という吏党政治家による斡旋であったとすれば、なおさらそう感じたはずだというのは、穿った見方であろうか。したがって、前節で言及したように林市藏が、郷里の大先輩たる清浦奎吾との関係強化の機会を活かしたとしても、それを意図的と非難するようなことではなく、自然の成り行きだったと考えられる。

第六節　警察監獄学校教授（高等官）時代

さて林市藏は、高等試験に合格した翌年、一八九九（明治三二）年五月五日付けで警察監獄学校教授となり、「民法大意」や「法学通論」の講義を受け持つことになった。(40)同校教授は、奏任官であるけれども、すでに高等試験に合格している林市藏にとって、制度上からは何の問題も無い人事であり、叙高等官六等、六級俸一四〇〇円下賜となっている（官報　四七五一号）。なお、林市藏は判任官最後年には、最終的に月俸四五円（年額五四〇円）になっていたはずなので、この時点の年収としては二倍半以上になったということになる。同年五月からは内務省参事官を兼任している。林市藏にとっては結果的には奇遇ということになるが、後年、方面委員制度を創設したとされる大阪府知事の時代に林のブレーンと看做されている小河滋次郎および家庭学校を創設し社会事業界の大御所となる留岡幸助等とはこの時点で面識ができたと考えられる。なぜなら警察監獄行政に造詣の深い人物として、小河や留岡が警察監獄学校に関わっていたからである。(41)

ただ林市藏が警察監獄学校教授に異動したことは、小河や留岡とは異なり、高等試験に合格した正規の内務省官吏の出世コースとしては、本道なのか脇道なのか、判然としない。とはいっても、名目的とはいえ校長が内務次官とされていることを始めとして、警察監獄学校そのものは、重要視されていた。つまり、「開校式は勿論のこと、その後の入校式や卒業式などにも内務大臣、司法大臣、各局長、警視総監以下各部長、所長を始め上京中の地方官など警察界の有力者が挙って出席しているのは、後の警察講習所などでも恐らく見なかった現象であろう。当時の時勢がのんびりしていたことにもよろうが、当局者がこの学校を重要視していた証左」なのである（高橋　一九六〇：二二二）。しかし「講義の重点はこれらの教授連よりもむしろ講師にあった」というのだから（高橋　一九六〇：一九四）(42)、内務官吏ではなく外部講師に近い留岡の場合とは違って、林市藏が実質的にはどういう立場だったたか、おおよそ見当がつくのではないか。

なお、四月一九日に警察監獄学校官制（勅令一五四号）は、公布されていたが、校舎は「麹町区霞ヶ関の旧教導団跡の内務省用地にある陸軍省付属の被服廠を修繕して充てられる」ことになっていた（矯正図書館一九七七：九六）。しかし、引渡しや校舎修繕のために開校時期は遅くなり、学校規則の制定は七月五日、第一期の開校式は九月一八日である。この前後からの警察監獄学校教授たる林市藏の動静については、以下の通り辿れる。[43]

一八九九（明治三二）年

六月二九日　大阪、兵庫、奈良、愛知、岐阜、岡山に出張（官報四七九九号）。

一二月一九日「孜々勉励生徒教授に従事し、其勤労少からざるに付」金二五〇円賞与。

一九〇〇（明治三三）年

六月一一日　五級俸一六〇〇百円下賜（官報五〇八一号）。

七月二四日　広島、和歌山、徳島、香川、愛媛、高知へ出張（官報五一一八号）。

一九〇一（明治三四）年

六月二一日　四級俸一八〇〇百円下賜（官報五三九一号）。

六月二二日　正七位、陞叙高等官五等（官報五三九一号）。[44]

七月　三日　青森、山形、岩手、福島、茨城に出張（官報五四三三号）。

一九〇二（明治三五）年（同年四月一日現在従六位）

七月一〇日　三級俸二一〇〇円下賜（官報五七〇五号）。

八月　五日　三重、富山へ出張（官報五七二八号）。

一九〇三（明治三六）年
　七月二五日　広島、福井へ出張（官報　六〇二〇号）。
　八月二九日　従六位、陞叙高等官四等（官報　六〇五〇号）。
　九月二八日　二級俸二二〇〇円下賜（官報　六〇七四号）。
一九〇四（明治三七）年
　三月　五日　山口県書記官となる。正六位となっているが、高等官四等二級俸下賜は変わっていない。(45)

そして、警察監獄学校は、この年の三月三一日で廃校となった（勅令　第六一号）。「廃止の理由は戦争遂行に必要な経費を捻出するための行政整理と、戦時の特別な勤務の必要から警察官を長く学校に派遣しておく余裕がなかった点にあると思われる」ということであった（高橋　一九六〇：二二一）。この「戦争」とは、もちろん日露戦争なのであり、林市藏は、条約改正を控えた、そうした時代的雰囲気の中で警察官吏や監獄官吏の近代的教養教育を担ったのである。そして学校自体が短命だったとはいえ、その創立から廃止まで在職していたということになる。

なお、この間の林市藏の出世は、一八九二（明治二五）年の勅令九六号「高等官官等俸給令」および翌々年一八九四（明治二七）年勅令一一三号によるその改正に則った二年毎の陞叙である。「俸給令が定めたのはあくまで最低年限であったが、この年限での陞叙が一般化しており、事実上フォーマル制度が昇進スピードを規定していたと見ることができよう」という状況の中で（川手　二〇〇五：一二）、規定にしたがったごく普通の昇進であったといえよう。

この頃の警察監獄学校についての林市藏自身による後年の回想がある。

第一期は殆んど各府県の警務課長、保安課長級、学歴は単純なりしも経験に富み世故に通し肚も出来て居り、現今の警察官とは雲泥の差あり責任感も旺なり。此点大に学ぶべきと思ふ。幹事も其統制に骨が折れたるやに聞く。当事に比すれば今のは服装等形を努めて内容乏しく思はる。（高橋　一九六〇：一九八）[46]

当時、内務省で新進気鋭の高等官であったが、内務官吏の出世コースという視点からはどれほど重視されていたか判然としない奏任官たる教授を務めていた林市藏が、かなり後年に述べた感想として、興味深いものがある。「学歴は単純なりしも経験に富み世故に通し肚も出来て居」ると、学歴より世間通であることを重要視する評価は、方面委員の人選にあたって林市藏が斟酌した点と共通するものがあるからである。これについては、いずれ後の第五章で検討しよう。

第七節　警察監獄学校教授時代の借金返済について

この頃に友人で第五高等中学校同期生でもあり帝国大学でも同期入学の弁護士、「安東俊明」の借金を肩代わりして、経済的に苦しんだとされている。[47]安東は、飲食による浪費のために高利貸しに借金し、それが返せなくなって「とうとう都おちして、後には北海道の兄のところで、ついに一度も花をつかさずに世を去った」というのである（香川一九五四：二一三）。林市藏はその借金の連帯保証人になっていたため警察監獄学校教授時代から後の山口県内務部長時代まで一〇年近くその返済に苦しみ、新婚家庭の家財道具を全部差し押さえられたり、幼逝した長男を病院から引き取るための入院費を工面するのに紋付の羽織を質入したりしたというエピソードまで披露されている（香川　一九五四：二四－七）。この借金返済の話は野田寛の談話とともに紹介されており、借金返済の面倒を見たのは、出身地熊本の「長崎次郎書店支店」の初代長崎茂平ということまで言及されている。[48]したがって借金返済に苦しんだこと自体は、信憑性のある話のように思える。しかし、安東は一時任官したこともあり、後年には憲政会所属北海道会議員会長等も務めているので林の伝記における安東の消息は不正確と言わざるをえない。

そうだとすれば、借金の理由に関して別の見方ができるように思う。[49] 安東は帝国大学学生時代から東亜同文会の活動に熱心であったのだが、東亜会と合併する以前の同文会には、「近衛（篤麿—筆者）の同志長岡護美、谷干城、清浦奎吾の三子爵と佐々友房」等の熊本ゆかりの大物が加わっており（大学史編纂委員会 一九八二：四四）、熊本のそれも清浦と同郷の鹿本町出身でもある安東が関わりを深めて当然であろう。[50] その活動のための借金であった可能性もある。[51]

また一方でこの借金返済に関わることとして「先生は債鬼にせめられて、官僚としては、副業は許されていなかったけれども、退庁後私立学校で教えもした」とする事情が紹介されている（香川 一九五四：二五）。同じく同校教授であった留岡幸助については「この職は比較的時間的余裕があったため、家庭学校は勿論、この時期、多彩な活動を展開することになる」とされているが（室田［一九九四］一九九八：四三七）、それと全く同様ではないとしても「教授は専任の人も多くは内務書記官とか参事官とか検事などを兼任し、常時学校に詰めている人は少なく、それらの教授も授業以外には余り手を出さなかった」という状況であり（高橋 一九六〇：一九三）、したがって退庁後かどうかはともかく、学校に詰めていない時には他の私立学校で教える余裕がなかったとはいえない。[52]

いずれにしても、このような情況の中で林市藏は、一九〇〇（明治三三）年五月四日に妻「茂」を入籍した。[53] 茂は、沼津市の市河彦三の妹であった。[54] 市河氏は「沼津きっての素封家」であり、海運業者で、呉服・酒・味噌・醤油・油・雑貨を商っていた沼津魚町の「油屋」であった。[55] 茂は、一八七九（明治一二）年一〇月二八日生まれであり、林市藏とは、一回り違いとなる。仲人は、相磯慥であり、一八八八（明治二一）年七月に侍医となって以来、明治・大正・昭和の三代にわたる天皇の侍医であった。[56] だが、この結婚が借金返済という目的を持っていなかったのは明らかであり、林市藏が自身の力で借金を完済したのは確かのようだ。[57] それに関して林の伝記は「深窓において、上女中、下女中にかしずかれてきたお嬢さん育ちの若奥さんが、七輪の下を団扇であおいでいる姿を見て、実家の市河氏の番頭の一人が、そっと涙をおとしたといわれている」と伝えている（香川 一九五四：二一五）。

このエピソードは、ほぼ半世紀を経過した昭和戦後期に語られたものであり、いわば時効を過ぎた話である。すでに「民生委員の父」とされる林にとって、自己の借金の理由や返済の苦労話を披露することが目的ではないように思う。たとえ友人の酒食のための借金であったとしても、その返済のために家財を差し押さえられ、子どもの亡骸を引き取るのに苦労してさえ、自力で返済することの意義を伝えたかったのだろう。それにもましてそうした返済を可能にする方策や仕組みが必要だと言いたかったのかもしれない(58)。

おわりに

郷里を出るまでの林市藏は、下級武士の子として出生し、早くに父を亡くして、父の遺した禄と母の内職でかろうじて生計を立てながら、それでも教育を身に着けて立身しようと煩悶努力している姿が浮かび上がった。しかし、その努力の方向は、明治新国家の基礎固めのための右往左往と軌を一にしたため、いろいろな揺り返しに翻弄された。たとえば、西南戦争で中断されたり、洋式教育への違和感からの逃避という現実になったりした。濟々黌時代のこととして伝えられる「鳥居の仲間」としての悪漢ぶりはそうした煩悶の結果であったかもしれない。ようやく二〇歳目前にして明治新国家のもとにエリート養成機関としてスタートした第五高等中学校入学後は、後に旧制高等学校文化として息づいた精神を生み出しつつも、国家主義的傾向の教育を受けた。だが基本的には勉学に勤しみ、帝国大学入学後はさらに高級官吏への意思を強めていったのであろう。

また幼少期は伯父の野田淳朴、長じては濟々黌、第五高等中学校時代の恩師、加えて帝国大学時代の郷里からの多面的な支援は、父を亡くして母一人の林市藏にとって心強いものであったに違いない。それでも母を一番の精神的支えとしていたらしい。それは、帝国大学入学のため上京してから卒業直後の一八九七（明治三〇）年一月二四日に母が逝去して途絶えるまでの母からの手紙を表装した巻子を「母のまこと」と表書した化粧箱に入れていたとする逸話が紹介されていることからも窺える。しかもその表装は林市藏が古希を迎えてなされたということであるから、母の死後も晩年まで変わらぬ強い思慕であったといえよう（香川　一九五四：一〇二－三）。かなり後年のことであるが、牧野虎次はこの表装した巻子のことを紹介した後、林市藏の母のことを以下のように書いている。

自分は常に我方面委員制度の濫觴は林知事の賢母美談に負ふ処があると信じて居る。否なこの母として此子あり、明治の初年に銀杏城下に若くして夫を喪ひ、病める姑に仕え、幼き児を導き、林家の名を辱しめじと、健気にも凡ての艱難と闘はれたる貞婦慈母こそ、多年の後我国幾十万のカード登録者を救護するに至った世にも有難き制度の生みの親であったのである。（牧野　一九三六：四）

どうやらこの辺りから慈母に対する林市藏の思慕が方面委員制度の創設に繋がったとするモチーフができていくようだが、これはあくまで牧野が「信じて」いるに過ぎないことなのである。この時代、夫に先立たれて女手ひとつで子どもを育てることは容易でなかったとしても、これによって林市藏が方面委員制度を創設した動機と説明するのは、無理がある。牽強付会と言うべきだろう。だがもちろん言うまでもなく林市藏の慈母への思慕を否定するものではないし、また林市藏の人格形成に母親の果たした役割を過小評価するものでもない。ここには人間的な林市藏の姿を思い浮かべることができるからである。ただ方面員制度創設に関する賢母美談については再考する必要があることを指摘したいだけである。

以上、林市藏の生い立ちから帝国大学卒業後に、判任官としての拓殖務省属を振り出しに奏任官たる警察監獄学校教授の職を終えるまでの官吏としての履歴の前半を検討した。林市藏はこの後、山口県、広島県、新潟県で書記官となり、三重県知事から東洋拓殖会社理事、山口県知事を経て、米騒動直前に就任した大阪府知事で依願免本官となって官界から離れる。その大阪府知事時代に「大阪府方面委員規程」を制定するのである。さらに、むしろ民間実業界で役職を得てからの林市藏こそが、方面委員の発展に尽力することになるのだが、まだこの本章の時点ではそのような片鱗も感じられない。むしろ安藤俊明の借金返済に纏わるエピソードからは、国士的風貌さえ感じられるが、後年に語ったその借金返済物語からは、「民生委員の父」の面目も漂ってくる。

ここで本章のまとめとして林市藏が幼少年期から帝国大学を卒業するまでの経験を通じて学んだことは、次のようなことであったのではないかということを指摘しておきたい。第一に、家族、特に生計を支える父親の逝去によって生活基盤を失うことが万人に起こりえる蓋然性を有するのだということ、第二に、経済的苦境に立たされた時、自助努力といった精神論のみではなく具体的な支援を得られれば努力が可能だということ、第三に、その具体的な支援は公的には少なく、私的に行われているものが多いということ、第四に、したがって具体的な支援に辿りつけるかどうかはほとんど偶然の機会によっている場合が多いということ、第五に、だがその私的支援は共感的理解に基づくものであるということである。牧野の指摘するように賢母美談が方面委員制度の濫觴だというのであれば、それは林市藏の情の部分だけしか観ていないからに過ぎない。還暦を目前にして大阪府方面委員制度の創設に関わった林市藏は、もっと理性的に自己の人生経験を振り返って、制度の設計や運用に反映させようとしたに違いないと思えるのである。

次章では引き続き地方官として順調な出世を遂げつつある矢先、どういう理由からか国策会社たる東洋拓殖会社の理事として朝鮮に赴くことになる経緯を考察する。それも清浦奎吾を通して藩閥の末端に連なる故の人事という側面があるようだ。そして再び内地に戻って知事となるといった複雑な履歴の後半も明らかにするが、それは林市藏が大阪府方面委員制度の創設に至るまでの背景を明確なものにしていくことに繋がるはずである。

注

（1）一九〇六（明治三九）年五月二五日に「一藏」からの改名申請が受け付けられている。しかし、後述する史料からも明らかなように、幼少期から「市藏」を名乗っていたのは確かである。

（2）野田寛は、濟々黌出身で帝国大学文科大学哲学科専科に学び、母校の教員となった。その後、濟々黌が第一、第二に分離したため、第二濟々黌黌長となったが、同校が県立熊本中学になるとともに同校校長となった。明治、大正期に熊本教育界の重鎮として、県立中学濟々黌黌長の井芹経平と名声を競った人物である。旧制熊本中学校の校長を一九二五（大正一四）年まで二五年間にわたって務めた。

（3）本史料は、熊本県立図書館所蔵「熊本県公文類纂八・四五有禄士族基本帳明治七年」（毛筆による手書き）の一部である。

（4）筒口村は、廃藩置県後に熊本県管轄となるが、白川県の設置によってその所属となった。その後、「地租改正条例」に合わせて一八七四（明治七）年に横手村と合併し、二年後熊本県の復活で再度その管轄となり、一九二一（大正一〇）年には熊本市に編入された。

（5）生家近くの長國寺は、林市藏の墓所であるが、面白いことには横井小楠の実学党系の熊本公議政党を中心とした九州改進党が、林市藏が済々黌に入学したのと同年の三月に創立大会を開いた場所である（色川 一九八一：七二）。時に林市藏は、一五歳。この九州改進党結成に際して、佐々は国体論をめぐる見解の相違からそれに参加しなかったという神話的国体論者であったという。色川は近代日本における民衆の「集団の噴出」という現象を自由民権期、大正デモクラシー期、昭和初期のマルクス主義運動高揚期、敗戦直後の民主革命進行期の四つとし、「この四つの時期に青春を迎えた人びとは、時代の青春を自分のそれに重ね合せて感得した独特の個性をそなえている」としている（色川 一九八一：二九）。その言に従えば、林市藏は、まさに青春の真最中にその「集団の噴出」を身近に感じていたのであり、「独特の個性」に繋がる自由民権と近代天皇制形成の拮抗を感得したのであろう。

（6）一方で林市藏の本籍は、「熊本市昇町」（現・熊本市中央街）となっているが（厚生省 一九四二：一八六）、この変更は一八九四（明治二七）年のことである。帝国大学卒業を前にして当時市外の横手村を引き払い、熊本市内であった昇町に籍を移したようだが、詳細は不明である。

（7）史料にある「七等官」「常備兵斥候」とは、次のような事情である。まず一八六九（明治二）年の軍制改革によって「士隊、砲隊、銃隊からなる隊伍の再編成」があり（熊本市 二〇〇一a：八二）、また「座班式の改正、役高・役料の廃止、役名改正および官俸等級・勤料の制定」が行われた（同：一八四）。さらに翌年には「中央政府の示す石高に応じた隊伍編成法によって新たな軍再編が行われた。常備一大隊が編成され、兵員補欠に備えて予備隊、補備隊が設けられ、別に大砲三大隊が編成され……略……一等より九等までの官等級を廃止して士族・卒族の二等に分け」られたのである（同：一九〇）。

（8）家督相続の日付は、公的には「明治七年五月一二日」となっている。これは翻刻した史料によって届けた内容が追認され、公的に認知された日付であろう。

（9）「堺家は元、一五石四人扶持といふ小士の家柄であった」（堺 一九二六：六）とある。なお堺利彦の生誕時点で旧小倉藩は、豊津藩になっており、その後、豊津県を経て、小倉県、さらに一八七六（明治九）年に福岡県となるので、ここでは福岡とした。

（10）華陵小学校の前身が、一八七三（明治六）年に春日村岫雲院（俗に春日寺）を借りて開設された春日学校である。この学校は、初代主席教員の吉田泰造が開明的な人で、従来の寺子屋方式ではない新しい教育方法を取ったために、一八七四（明治七）年文部大丞長三州の視察の際に近辺で唯一の正則小学校とされた（宇野 一九三二：一三七‐四〇）。その後次第に多くの子どもが集まり、寺院の借用では間に合わなくなって、一時的に春日村と横手村の協力で校舎を新築し、教員を確保した。それが春日、横手両村連合の華陵小学校である。同校は、一八七八（明治一一）年四月から一八九〇（明治二三）年九月までこの形であり、以後は分離して春日尋常小学校となり、戦後は熊本市立春日小学校として現存している（熊本

市　一九七三：一二一－六)。

(11) 地理的には、春日学校より近い場所(現・熊本市新町)に一八七五(明治八)年開設の一新学校がある。しかし開設が春日学校より数年後になることに加えて、所在地がその時点ですでに熊本市内になるので、当時横手村に居住していた林市藏は、春日学校に入学したのであろう。

(12) 当時の就学期間は、度重なる教育令の改正によってその都度変更になるが、八ヶ年程度とするのが妥当であろう。そうすると一八八一(明治一四)年頃に卒業したことになる。しかし、この間に西南戦争があり、それにより華陵小学校の校舎建設も中断されているし(熊本市　一九七三：一二四)、林市藏と母の生活にも混乱があったはずだ。この頃の教育制度では、必ずしも年齢に応じて進級するということではなく、試験に及第すれば卒業であるということを考慮しても、卒業は、一八八一(明治一四)年か翌年頃だったとするのが妥当ではないか。というのは、後述するように野田寛が林市藏とともに熊本中学を受験し、一年目に合格し入学したが、数週間で退学した。その直後に父の野田淳朴の反対にもかかわらず、済々黌に専科生として通学し、まもなく本科に入学していた(江原会　一九六〇：三八－九)。野田寛の濟々黌入学が一八八二(明治一五)年であるので、林市藏の華陵小学校卒業は早くとも一八八一(明治一四)年ではないかと判断できる。

(13) この頃のこととして、香川(一九五四)には、林市藏が先述の野田寛と兄弟のように育ち、ともに勉強したとある。本文で示したように野田寛は、林市藏の従兄になるのだが、香川の記述にあるように親しくしていたかどうかは疑問である。たとえば、「二人はひろしさん、市ちゃんと呼びあって、なかのよい、いとこどうしであった」とある(香川　一九五四：八)。しかし野田寛は、もと「政雄」であり、改名するのは、一八八四(明治七)年であるので(江原会　一九六〇：四一－三)、この部分の表現は検討が必要である。また同書には、野田寛の幼少期からの勉学の様子は相当詳しく書かれているにもかかわらず、林市藏についてはは何も言及されておらず(江原会　一九六〇：一五－三七)、多少不自然の感を否めないからである。林市藏と野田寛の関係については、必要以上に重視しない方が良いと考える。

(14) 修身学校は、後に養正黌と改められているが「明治一四年二月三日其設置を認可され……略……校主岡崎唯雄、教員明石孫太郎、……略……学科は……略……修身、史学、文学、習字に重く算術は珠算のみである」となっている(熊本県一九三一：七〇〇－一）。香川（一九五四：九）では、林市藏は受験に失敗した後「そのころ春日校の校長明石氏が開いていた家塾、花《ママ》陵塾で一年勉強して翌年、熊本中学に入学した」となっているが、この部分は疑問が大きい。「明石氏」は、明石鑑次郎だとすれば、確かにこの時期に「華陵小学校」の主席教員である（熊本市　一九七三：一二六）。しかし、「花陵」は「華陵」の間違いだとしても、華陵小学校は私塾ではない。これらを斟酌して「明石氏」は明石孫太郎だと判断した。明石孫太郎は、本文で既述した「一新学校」の主席教員や後述の「有斐學舎」、さらに独逸学協会学校や第四高等学校の漢学教員であった可能性があるが、確認できていない。いずれにしても「明石氏の花陵塾」は、記録あるいは記憶の混乱による間違いであろうと考えられる。

（15）当時の県会では、実学党などの民権派（後の改進党）と佐々友房らの政治団体紫溟会（後の国権党）が、対立していた。そういう情況下で、紫溟会は自派の教育機関である濟々黌さえあればよいとしていた。そのため県立中学の予算が否決されてしまい、県立熊本中学は、一八八八（明治二一）年三月に廃校となった。以後、濟々黌は当時私学であったにもかかわらず、県立同様の扱いを受け、徴兵猶予の特権も与えられた。この事情は、その前年一二月一四日付『熊本新聞』二八九〇号付録（発行は活版社）で「中学校費否決せらる」として詳細に報じられている。この記事は、熊本市（二〇〇一b：八七八－八二）にも転載されている。いわゆる「肥後の党争」の結果といえる。この県立熊本中学の第一回卒業生である井芹経平が濟々黌黌長を長く勤めることになったことも興味深い。

（16）この熊本中学への入学と退学は確認できていない。ここでは香川（一九五四：九）にしたがっておく。熊本中学のことは野田寛から聞いているはずで、この受験と入学は、ともかく実力試しであった可能性もある。いずれにせよ二度の受験で合格した県立熊本中学をあっさり退学しているので、おそらく県立熊本中学の校風には馴染めなかったのではないか。

（17）それを引き継いで一八八二（明治一五）年二月に私塾として設立された時は、現在地（熊本市黒髪）ではなく、城に近い高田原相撲町（現・熊本市中央街）にあった（濟々黌　一九八二：二一－七）。林市藏の自宅からも難なく通える距離である。濟々黌は九州学院普通部になったり、熊本県尋常中学濟々黌になったりと複雑な経緯をたどり、旧制の県立中学濟々黌等の数校に分離していくが、それはなお後のことである。

(18) 香川（一九五四：九）には「済々黌に入ったのは同校の三年級」とあり、卒業についても「明治一七年三月三日同級生二一名とともにここを卒業しておられる」となっているが、これは間違いである。かなり信頼できる資料である「濟々黌卒業生名録（自明治一五年二月至同上廿一年五月）」には、「右ハ一五年ヨリ廿一年ニ至ル迄ノ惣員ナリ」として、二二人の氏名が記されているが、「林市藏」の名前はなく、明治一七年には、三月一六日に四名、一〇月一〇日に一名が卒業しているだけであり、開設以後この日までの卒業はこの五名のみである。なおこの資料は、佐々友房稿『濟々黌歴史（自創立至明治二一年）』（濟々黌 一九八二：七一‐八七に復刻）に収録されている。また前述したように野田寛は、県立熊本中学はすぐに退学して濟々黌に移り、明治一八年四月二三日に卒業している。香川にしたがえば、野田より以前に林市藏が卒業することになる点も不合理である。

(19) 一八九二（明治二五）年時点での「奮濟々黌同窻會名簿」が復刻されている（濟々黌 一九八二：一〇五五‐八八）。そこには林市藏が「第五高等中学校在学」（同：一〇六二）として掲載されている。したがって濟々黌には同窓生として認知されていたことは確かであり、卒業した可能性もある。

(20) この時点からかなり後のことにはなるが、濟々黌出身で日露戦争に従事した将兵の手紙についてまとめた書物があり（大濱二〇〇一）、当時の濟々黌が掲げていた教育方針の雰囲気を知ることができる。記録としても一八八八（明治二一）年時点で陸士八人、海兵五人とされているし、佐々友房自身が記しているように「中退して陸海軍その他の専門学校に進学した者」（『濟々黌歴史』）が多いようなのである。

(21) この第五高等中学校とは、一八八六（明治一九）年の「中学校令」公布、「高等中学校官制」の制定によって、その翌年に熊本に設置され、一八九四（明治二七）年に「勅令第七五号高等学校令」によって「第五高等学校」と改称された、いわゆる「五高」のことである。

(22) 一八八七（明治二〇）年一二月二六日の「第五高等中学校生徒入学の概況」によれば、入学試験は、同年一〇月一五日から二四日まで一〇日間にわたって実施され、「倫理」「国語漢文」「第一外国語」「地理」「歴史」「数学」「博物物理及化学大意」「習字」「図画」「体操」の一〇科目である。二七日より一一月五日まで特に「国語漢文」「英語」「地理」「数学」の再試験をしている。一一月一〇日より一二日まで「体操《格カ》検査」となっているが、今の健康診断であり、疥癬、肋膜炎、腫物等の罹患者が報告されている。結果は、正規合格の「予科三級生」が二四名、「仮入学生」が六一名である。このうち仮入学生三名が辞退した。仮入学生とは、「一、二の学科に於て多少の所短《ママ》あるも各学科の試験成績多くは予科第三級入学の程度に該当し将来数ヶ月間を期し其所短学科を補修せしむれば漸次予科第三級に編入すべき見込あるものを仮入学者とす」というものであった（無署名　一八八七：九〇七）。

(23) 五高の開校当時の『紫溟新報』（一一月一一日）から正規合格者二四名の氏名が転載されている。この『紫溟新報』複写は、入手したが、この部分については判読できない状態であった。

(24) 香川（一九五四：一一）では、「五高に入学したのは明治二一年一一月で、卒業は明治二五年七月である。五高では第二回の卒業生」となっているが、これはかなり混乱した記述である。入学は先に検討した通りであるが、仮入学から正規学生になったのが「明治二一年」であると解釈しても、同年の入学式は一〇月なので辻褄が合わない。また第五高等中学校は、一八九二（明治二五）年七月に第一回卒業生（一部法科生四名、同文科生二名、二部工科生五名、同理科生三名、合計一四名）を出しているので、同年卒で第二回とするのは誤りである（五高　一九三九：一七五）。その他の関係資料によっても林市藏は第二回卒業生と確認できる（吉田　一九三七：九一、五高人物史刊行会一九五九：八、および『第五高等中學校一覧自明治二六年至明治二七年』）。

(25) ちなみにこの「新校舎」は、現在も重要文化財「五高記念館」として熊本大学構内に現存している。

(26) 前掲「奮濟々黌同窻會名簿」では、原籍が「飽田郡横手村」、現住が「第五高等中学校寄宿舎」となっているので、確認できる。

(27) 香川（一九五四：一一）では、寮生活だけではなく、「会心の友人と学校付近に下宿した」となっているので、上級生時代には下宿したのかもしれない。

(28) 龍南会とは、「第五高等中学校職員生徒及び本校に縁故あるものを以て組織し相共に智徳を磨き身体を練り交誼の親密を計るを以て目的」とする団体である（五高　一九三九：四二三－三二）。

(29) 香川（一九五四：一三－四）では、明治二五年入学、四ヵ年在学して二九年卒業としているが、これは間違いである。前述のように五高の卒業年次と当時の帝国大学の就学期間である三年間を考慮すれば、事実は、一八九三（明治二六）年入学、三ヵ年在学して一八九六（明治二九）年七月政治学科卒業である。これは秦（二〇〇二：四一四）によっても確認した。

(30) 有斐學舎は一八八一（明治一四）年、東京本郷区駒込の曹洞宗吉祥寺内に「紫溟学舎」が建てられたことに始まる。翌年には本郷区真砂町に移り、「有斐學舎」と改められた。一時、同区西片町で陸軍士官予備校として有斐学校となったが、一八八七（明治二〇）年には、小石川区上豊坂町に移り、名称も復した。一八九四（明治二七）年には火災のため同区内の同心町に移転、一八九九（明治三二）年、本郷区台町に移動した（高森 一九六四：二－七、室 二〇〇五：一〇）。その後の変遷は省略するが、林市藏が入舎したとすれば、小石川時代のことになる。既述した野田寛も濟々黌卒業後、上京して有斐學舎にいたが、林市藏の上京と入れ違いに濟々黌教員として帰熊しているので、学舎で同時に生活はしていない。

(31) 有斐學舎は、現在も埼玉県志木市柏町で財団法人肥後奨学会によって運営されている。

(32) ところで「清水元五」は、第五高等中学校開設以来五年間書記・舎監を勤めた人物のようであり（五高 一九三九：四九九）、「舎監には一〇年の役薩軍に参加した勇士志水元吾」（習學寮 一九三八：一一）とある。清水元五は、「志水源吾」「志水元吾」または「志水元五」と資料によって異なるが同一人物と判断している。その後は、一八九四（明治二七）年四月現在の「熊本県尋常中学齊々黌職員調」に「舎監心得志水元五」という名が見えるので、濟々黌に異動していたらしい（熊本県 一九三二：中巻二七六）。一八八七（明治二〇）年には、有斐學舎の幹事も務めているので（高森 一九六四：一八）、熊本教育界では一定の位置にある人物だったようである。前述したように林市藏は、習學寮で炊事委員を務めているのであるから、その当時の舎監から支援されても不思議ではない。いずれにしても志水は、林市藏に援助を惜しむ立場ではない。

　浅山は、淺山知定だとすれば、紫溟会系の九州日日新聞副社長である。その当時の濟々黌同窓会名簿には名前が記載されているので、濟々黌幹事であったかもしれない（前掲「奮濟々黌同窻會名簿」）。また松崎廸は、西南戦争で活躍し、一八八二（明治一五）年二月から一八八八（明治二一）年九月まで熊本区長を務めている。松崎による補助とは、個人的な支援であったと思える。なお一八九四（明治二七）年に「肥後育英会」なる団体が設立されており、「帝国大学学生」には一ヶ月一〇円を貸費することになっている（熊本市 二〇〇一b：八〇一－七）。また少なくとも最初の一年間は有斐學舎にいたとすれば、先述したようにこれも給費学生であった可能性が高い。野田寛は、濟々黌関係者の応援で「有斐學舎から所要の学資を給付」されていたのであるが（江原会 一九六〇：七九）、林市藏もこの有斐學舎による給付を受けていたかもしれない。なお、この給付額は、月四円五〇銭でしかなく、それだけでは相当苦しかったようである。しかし、数年後のことはいえ、もし林市藏がその倍以上になる一〇円の貸費を受けていれば、経済的には遣り繰りできる程度であったといえよう。

(33) 一八九一（明治二四）年勅令第八三号「判任官俸給令」による。なお、この俸給令は一八九八（明治三一）年勅令第三一〇号によって増額されている。したがって、後述するように林市藏の判任官として最後の年であった同年には、最終的に月俸四五円（年額五四〇円）になっていたはずである（日本公務員制度史研究会編 一九八九：一〇五六）。

(34) たとえば、一八八五（明治一八）年にはいわゆる「官紀五章」によって試験による官吏任用の方針が示されていた。しかし、閣内国権派で欧化政策に批判的だった時の農商務大臣谷干城でさえ、政府に意見書を提出した。谷は一八八七（明治二〇）年に欧米視察から帰国し、無用の官吏を整理するとともに、官制や官員数を定め、官吏採用試験を実施するよう求めたのであった（由井 一九九〇：四五六－七）。このような中で、官吏任用が試験によるものとされたのは、同年の「文官試験試補及見習規則」（勅令三七号）からであった。しかし、なお帝国議会の場で野党によって藩閥による情実人事を批判された政府は、一八九三（明治二六）年に勅令一八三号をもって「文官任用令」を定め、文官任用高等試験（以下、高等試験）合格者から高等官を採用し、同時に文官任用普通試験合格者から判任官を採用するものとした。「志士官僚から帝大官僚へのきりかえのスタートがきられた」のである（田中 一九五四：九三）。しかしこれは、「当時の社会的背景を考慮し仔細に文官任用令の実体を眺めると、任用令の制定は決して政府にとって都合の悪いものではなく、むしろ政府が自らこれを定めた所以は政党の攻撃によって縮少させられた行政機構を自己陣営の内部において維持補強」するものであったのだ（和田 一九五五：五六）。

ところが逆に、勅任官が自由任用とされた結果「やがて政党が成長してくる中で政党内閣誕生で猟官的な人事が露骨になり政党勢力から官吏の牙城を守るべく、明治三二（一八九九）年三月に勅令六一号をもって、文官任用令を全文改正し、親任官及び特別任用の官を除き勅任官の資格を定めた」ということになるのである（代田　一九九八：七二一–二三）。したがって、一八九三（明治二六）年の時点で「高等試験合格者」の適用対象となったのは基本的に奏任官のみであったということになる。このような官吏任用制度の変遷の中で、林市藏が帝国大学を卒業した一八九六（明治二九）年頃には、判任官および奏任官への任用方法をめぐる駆け引きは、政治情勢を反映した混乱から一応は抜け出しつつある時期であったといえよう。

(35)　一八九四（明治二七）年帝国大学卒業組は、前年の文官任用令によって、予備試験こそ免除されたものの、無試験で試補採用の特権を奪われたことに抗議して高等試験を忌避している。そのため帝国大学卒業生の受験は、翌一八九五（明治二八）年卒業組からである。

(36)　さらに傍証としては、熊本から北海道への入植移民に関する事実がある。熊本から北海道への殖民は、一八七二（明治五）年に天草（当時は八代県）の島民を移住させたことに始まる。一八九一（明治二四）年には熊本移住協同組合が組織されたが、順調に進まず、翌年に佐々友房等が引き受けることによって八〇戸が入植したが成功しなかった。その後濟々黌の教師であった合志林蔵や三島五運が、佐々の意を受けて尽力し、一八九四（明治二七）年三月から一八九六（明治二九）年七月までに、一二四戸、三四〇人を移住させたという経緯があった（猪飼　一九九九：一〇六–一八）。林市藏の勤務した北部局は、後述するように北海道に関する事項を主管事項としていた。したがって、北部局と佐々の北海道移民への関わりを考え合わせて、佐々が何等かの働きかけをしたと考えられなくはない。

(37)　その事情を少し検討しよう。まず省自体がわずか一年五ヶ月ほどで廃止されてしまった理由であるが、それは出発点に遡らなければならない。最初に結論から言えば日清戦争後の台湾統治のあり方をめぐる方針変更によるものである。つまり、陸軍を中心にした「台湾総督府関係者」と内閣に設置された「台湾事務局」の駆け引きの結果として出来上がった「拓殖務省官制」が、相当政治的な妥協の産物であることに原因がある。要するに「中央の台湾総督への管理機関としてみると、それは同時に設置された正式な統治機関としての台湾総督府よりも問題の多い機関となってしまった」のである（檜山二〇〇四：一四〇）。その結果、拓殖務省廃止に関して「中央における進歩党硬派は、明治三〇年半ば、抗日ゲリラ闘争と疑獄事件に加え、台湾関係費の予想外の膨張による地租増徴をうけたことによって、高野孟矩と連携して台湾失政に痛烈な批判を展開しており、その一環として同省廃止を説いた」とされる状況になっていたのである（楊 二〇〇四：九四）。林市藏に直接関わる北部局は、第一課から第三課まであった。当初の北部局長は曾根靜夫で、翌一八九七（明治三〇）年八月二六日から廃止までは新井章吾である。初代北部局長の曾根は、安房国（現・千葉県安房郡鋸南町奥山付近）の出身で、北條県（現・岡山県の一部）出仕からたたき上げ、大蔵省国債局長から拓殖務省を経て、台湾総督府民政局長を勤めた人物である（安房先賢偉人顕彰会 一九三八：四四八―六一）。曾根は、一八九七（明治三〇）年七月二〇日付けで台湾総督府に異動しているが、それからすると、もともと南部局長に充てられなかったのが不自然に感じられる人事である。新井は、その後すでに廃止と決まったのも同然の北部局長のポストにわずか一週間程度だけ就任したのであり、その際に高等官二等に叙せられている。その理由は、「松方内閣は第一〇回議会をきり抜けたあと、（明治二九年一二月二五日～翌年三月二四日）薩派的とみられる与党代議士たちに代償ともいえる官職を与えた」事例のひとつだとされる（大町 一九七九：二八五）。彼は、自由民権運動の闘士で、いわゆる大阪事件によって下獄し、憲法公布にともなう大赦によって放免された猛者である。後、衆議院議員となり、内地雑居反対を唱えて対外硬運動を推進し、憲政党を経て立憲政友会に所属したが、もちろん元来の官吏ではない。この新井の例で明確であるように、勅任官ポストは政争の具とされている。先に触れた文官任用令は、そもそもこのような与党による猟官を防ぐために制定されたものであったことは前述した。しかし、一八九九（明治三二）年の文官任用令全面改正まで、自由任用とされた勅任官ポストについては、このような実態であった。

(38) ちなみにこの時同じ大臣官房に秘書官として大久保利武がいた。すでに正六位勲六等、高等官四等三級である。しかし、林市藏が大久保の面識を得たのはこの時であろう。

(39) 蒲生仙は、元鹿児島（薩摩）藩士で、司法省法学校卒業。法制局参事官等を経て一八九〇（明治二三）年衆議院議員となり当選四回。郷里に帰り、島津家の山ヶ野金山鉱業館々長を務めた。「六代目鉱業館長になった元国会議員の蒲生仙は、川回り（自稼監督係）を設けて金山内を巡視させ怠業を厳しく取り締まったので、産金量は明治初期のころの約六倍になり、彼は金山中興の人として、山ヶ野御座所跡に顕彰碑が建てられた」という人物であった（吉田 二〇〇八：一一五）。中島又五郎は、一八五一（嘉永四）年生まれの元越前府中藩士で藩校立教館助教などを経て、一八七五（明治八）年に元田直の法律学舎に入塾し、一八七七（明治一〇）年代言人試験に合格した。その後、星亨らと厚徳館という代言人事務所を開く。初期からの自由党員で福島事件の弁護人も勤めた。一八九二（明治二五）年に東京市会議員となり、東京弁護士会々長となった。さらに一八九四（明治二七）年に東京府第三区選出の衆議院議員となり、一八九八（明治三一）年には、前述の北海道局長となって、正五位高等官二等に叙せられた。一九〇〇（明治三三）年の東京市会汚職事件時には市会議長であったが、予審有罪となっている。蒲生仙については、平凡社編（一九三七）『新撰大人名辭典』第二巻、平凡社、一七九、中島又五郎については、（一九〇〇）『日本現今人名辭典』日本現今人名辞典発行所、なノ六五、による。

(40) 警察監獄学校は、一八九九（明治三二）年に日清戦争後の治外法権撤廃を控えて、警察官吏および監獄官吏の幹部を養成するために設置された学校である。すでに一八八五（明治一八）年から一八八九（明治二二）年まで警官練習所が、一八九〇（明治二三）年から翌年まで監獄官練習所がその役割を果たしていたが、より本格的な学校を目指して設置されたのである（矯正図書館 一九七七：九五－一〇〇）。したがって、教授陣にも警察監獄行政に造詣の深い人物が登用されて就任している。小河は監獄事務官であり、学校設立に際しても関わりがあったが、直接的にも嘱託講師として学校に籍があった。また留岡は、小河の推薦によって林市藏と同じく警察監獄学校教授の職に就いた。

(41) 香川（一九五四：二二）には、「先生が、後大阪府知事時代、方面委員制度をはじめるにあたって、その学問上の相談相手となったわが国監獄学の権威法学博士小河滋次郎先生や、元同志社大学総長であった牧野虎次先生、救世軍の山室軍平先生、家庭学校長であった留岡幸助先生等はすべて、この警察監獄学校に直接間接に関係あった人々で生がいを通じて先生と親交のあったかたがたを知ったのはこの時代である」とある。しかし、牧野や山室とこの時点で親交ができたかどうかは、疑問である。小河と留岡については、どの程度の親交ができたかはともかくとして、面識はできたと考えても自然だろう。また林自身も「先生（小河―筆者注）は私が大正六年の冬、大阪へ参りました場合に、お出会ひをしましたのでありますが、その前に於きましては、明治三一年頃から内務省の関係において、御交際を願ってをったのであります」

（林　一九二六：四二）としている。なおこれは「故小河博士の一周忌追憶会における追憶談」の採録である。

(42) これに続けて「開校当初の講師は、警視兼内務書記官松井茂、大審院判事鶴丈一郎、法学博士木場貞長、警視黒金泰義、陸軍少尉西稷、東京帝国大学農科大学助教授津田慶太郎、衛生試験所技師薬学博士田原良純、内務省技師宮入慶之助、司法官試補小合伸、副島義一の一四人、当時各方面の有力者を集めた観があった。講師といっても正式に嘱託せられ、官報にも登載せられたものである。有松英義氏は当時洋行中で、後に講師となった」とある（高橋　一九六〇：一九四）。林市藏は「当時各方面の有力者」ではなかったはずである。

(43) これ以降の警察監獄学校教授在職中の林市藏履歴については、「警察監獄学校年表」（矯正図書館　一九七七：一〇三‐三九）を参照しているが、『官報』により再確認した。また、陞叙と年俸の関係については、一八九二（明治二五）年勅令第九六号「高等官官等俸給令」を参考にして俸給額を推測したものである。

(44) 一九〇二（明治三五）年および翌年の『職員録（甲）』によれば、その当時、林市藏の住所は、「牛、矢來、三、字山里乙五三號」となっているが、これは「牛込区矢来町三番地字山里乙五三号」（現・新宿区矢来町辺り）と推測できる。なお、一九〇三（明治三六）年版では、「乙五七号」となっている。

(45) ただし、一九〇〇（明治三三）年三月勅令第九三号によって改正された「地方高等官俸給令」によれば、書記官の二級は千八百円の俸給となるので、それまでと比較して減給となるが、当時の中央省庁官吏俸給と地方官俸給の関係については、さらに調査したい。

(46) ただし、この部分自体が引用のようであるが、出典が明示されていない。

(47) 安東俊明については、略歴が確認できている。彼は、第五高等中学校で林市藏と同期、当初から修學寮に入寮しており、前章で述べたように林市藏の前年に炊事委員を務めた。その後帝国大学法科大学法律学科に進んでいるが、大学卒業は一八九八（明治三一）年で林市藏より二年遅れた。卒業後は、司法官試補検事代理を半年ほど務めた後に依願免本官となっている。その後、東京市で弁護士を開業し、その傍ら東亜同文会幹事を務めていたとされている。だが会員であることは確認できるが、この時点で幹事になっているという確認はできない。一八九九（明治三二）年一一月に渡道して、小樽でやはり弁護士を開業した。一九〇三（明治三六）年から一時任官して、札幌地方裁判所判事に補されるが、翌々年再度札幌で三度目となる弁護士開業をした。一九〇九（明治四二）年に札幌地方裁判所所属弁護士会々長、一九一四（大正三）年には立憲同志会札幌支部幹事長、その後憲政会北海道支部常任幹事となった。その翌々年北海道々会議員に当選し、憲政会北海道支部政務調査部長、翌年憲政会所属北海道会議員会長となる。一九二二（大正一一）年に札幌控訴院前に事務所を新築した。以上の安東俊明の略歴については、以下を参照した。

金子郡平（一九一四）『北海道人名辭書』北海道人名辞書編纂事務所、六－七。

金子信尚（一九二三）『北海道人名辭書』北海民論社、一四〇。

さらにこの間、一九〇一（明治三四）年七月から翌年五月まで、小樽商業学校の校長を務めている。安藤俊明には明治元年生まれの兄である俊春がいたが（兄の氏名については、「俊晴」の可能性もある）、その兄も一九〇七（明治四〇）年まで同校に勤め、その後に北海道拓殖銀行に入った（北照高等学校 一九九一：二〇。なお北照高等学校は、小樽商業学校の後身である）。兄の俊春は、林市藏と濟々黌同窓生で一八九二（明治二五）年段階では、小学校教員である。兄のほうは年齢的には林市藏とほとんど変わらないので、林市藏と同時期に濟々黌で学んだ可能性は高く、兄の俊春と林市藏も面識があったと考える方が自然であろう。「奮濟々黌同窻會名簿」に安東俊晴が「小学校教員」として掲載されている。したがって、この時点ではおそらく熊本の小学校の教員だと判断できる。しかしその後に、この兄がどういう理由で渡道したかは不明である。前述の北海道移民と関係あるとすれば、佐々友房の影響があったかもしれない。安東俊明に関するこのような略歴から判断すれば、先に紹介した林市藏の借金返済に関する理由から感じられる彼の人となりについて、酒食のための借金といったありがちな理由で納得できることとは違うニュアンスが感じられてくる。

(48) 長崎次郎書店支店は、一八八九（明治二二）年、熊本市上通に初代長崎茂平（叔父・次郎の養子）が開業したことに始まる。現在も長崎書店として同所で営業している（http://nagasakishoten.otemo-yan.net/c4027761.html 二〇一一年一〇月二〇日）。

(49) というのは、安東俊明が東京で学生時代に東亜同文会幹事になり、小樽商業学校々長時代は「倒満興漢を念願する当時の志士たちの一人だったらしい」ということから考えられることである（北照高等学校　一九九一：一五）。安東は、東亜同文会前身の一つである東亜会時代の一八九七（明治三〇）年頃からすでにその同人であることが確認できる（東亜文化研究所　一九八八：三〇）。「日清戦争以後非常な勢いで中国問題研究熱が勃興し、中国に志ある者は各所に会合して従横談義する風潮を生じた」のであるが（大学史編纂委員会　一九八二：四二）、帝国大学や東京専門学校（現・早稲田大学）の少壮学徒もその内にあり、各界各層の有識者によって東亜会や同文会が結成された。安東の属していた東亜会は「孫文らの清朝打倒の革命派を支持」していた（東亜文化研究所　一九八八：三二）。さらに戊戌の政変後に日本に亡命していた康有為や梁啓超等を救援するために、一八九八（明治三一）年一〇月二日に「東亜会総裁安東俊明らが総理大臣大隈重信に進言書を提出」していたのである（永井　一九六六：一二）。つまり、学生時代からすでに滅満興漢の志士ということである。安東は東亜同文会発足後も、その当初から会員になっているのである（東亜文化研究所　一九八八：一二六七）。帝国大学の卒業が遅れたのも、おそらくこのような運動に奔走していたからであろう。

（50）そういう事情を斟酌すれば、安藤俊明と第五高等中学校時代から帝国大学に至るまで同窓の友人であったと言ってよい林市藏が、安東の活動を応援したための借金としてもおかしくないのではないか。さらに家財道具の差し押さえや入院費の工面についてのエピソードは、すでに内務省属から高等官になっており、相当高額の俸給があった当時の林市藏から考えると個人の酒食代金程度の借金ではないはずだ。さらに安東が兄を頼って渡道したのは事実だとしても、その後相当の地位を築いているにもかかわらず、連帯保証人の林市藏に借金を肩代わりさせたままにしておいたということは考えにくい。これらから想像すれば、安東の酒食代といった個人的借金を肩代わりしたのではなく、東亜同文会にかかわる政治活動の資金であったことも考えられる。この頃の東亜会について「実際には資金的な準備もなく、会は研究・討論・友好の団体にとどまっていた」ということだが（東亜文化研究所　一九八八：三〇）、それならばなおさら安東が運動資金を自身で工面していたことはありえよう。もしそういう目的であったとすれば、林市藏が後年まで苦しむくらいの借金の連帯保証人になることもあったのではないだろうか。林市藏は、借金の事情をよく理解していて、自身が運動に加わる積極性は持たなかったとしても、安東の東亜同文会活動を応援していたのではないか。清浦が一枚加わっているとすれば、なおさらである。そういう事情であったとすれば、安東が林市藏を同志と考えて、借金の全額ではなくとも、一部の返済を頼っていた可能性は否定できないのではないか。

(51) 堀田健彦氏によれば、林市藏二女の美惠（内務官吏の堀田健男夫人）は、子息の健彦氏に、安東の借金の理由は弁護士事務所開設の費用であり、それが返済できず連帯保証人の林が肩代わりしたと話されていたということである。

(52) こういう事情や同文会に清浦奎吾も肩入れしていたことを考慮すれば、林市藏本人ではなくとも周辺の人たちが清浦に対して高等試験に合格した林市藏を警察監獄学校教授に異動させるべく画策した可能性も考えられるだろう。警察監獄学校は、後に監獄事務が司法省に移管された後も内務省の管轄であり続けたが、司法省の影響が皆無ではなかっただろう。清浦が司法次官であったのは、一八九二（明治二五）年から一九〇〇（明治三三）年にかけて断続的であり、一九〇一（明治三四）年六月から翌々年九月まで司法大臣にもなっている。林市藏が警察監獄学校教授に就任した年の前後には司法次官の職にあったので、林市藏本人もしくは周辺の人が働きかけた結果か、清浦が何らかの理由で林市藏を警察監獄学校教授として必要としたか、それはわからないが、この人事の背後に清浦の意向はあったかもしれない。だとすれば、前章で言及したように郷里の先輩として、警察監獄学校教授就任以前から清浦との相当の人間関係があっても当然だとも考えられる。

(53) 一九〇一（明治三四）年七月五日には、前述の借金返済に纏わるエピソードにあるように、長男を生後一年余りで亡くしていることは、確かである。入籍と長男出生の日程が合理的ではないが、これは当時としては不自然なことでなかったと思える。

(54) 妻の名前については、「しげ」とするものもある。たとえば香川（一九五四）や校友調査会編（一九三二）等である。本書では墓誌にしたがって「茂」と表記した。

(55) 明治二〇年代の当主篤三は、「岳南日報社々長となり、進歩党から衆議院議員として立候補するなど、政治活動を行った」という（静岡県 一九九五：四六〇－一）。彦三は、その子あたりになるのか。昭和期の当主、彦太郎は、一高、東大を経て外交官になっているが、林市藏を通して、その女婿である重光葵とは姻戚関係があったことになる。つまり、重光の義母が市河彦太郎の叔母である。

(56)後年の相磯家は、相磯格堂から慥を経て代々続いた沼津の医家となる地元名士であったが（相磯 一九八九：一七九－八五）、この時点ですでに侍医たる相磯慥は、市河家にとっても、内務省の新進高等官たる林市藏にとっても、仲人として、むしろ十分過ぎるものであったかもしれない。それよりも侍医を仲人に引き出すくらいだから、林市藏が友人の酒食代のために借金返済をしているのだとすれば、不自然である。しかしその理由が近衛篤麿につながる運動を資金面から支援したためであったとすれば、あながち理解できないことではない。

(57)先述の堀田健彦氏によれば、このことに関して林市藏は友人の安東を非難したことはなかったと美恵が回想していたとのことである。

(58)幼逝した長男の亡骸を病院から引き取るために払うべき入院費にも事欠いたとは、にわかには信じがたいエピソードである。また当時すでに高等官であり、六級俸一四〇〇円を受け、さらにアルバイトまでして借金を返済していたらしい林市藏が、後年になってその理由を友人の酒食代に纏わる個人的なものだとわざわざ後世に伝えたかったとは思えない。ここで言及した安東の東亜同文会活動と林の借金返済の関わりについては、かなりの推測を交えたことであり、確証はない。だが借金返済に纏わるエピソードをわざわざ伝記に残した林市藏の意図があったのではないかと考え、考察してみた。それとともに林市藏が、帝国大学の政治学科を卒業した理由がそこはかとなく感じられる一齣でもあるように思える。

第二章　山口県書記官から東洋拓殖理事まで

はじめに

本章では、前章に引き続き山口県、広島県、新潟県の各事務官および三重県知事から東洋拓殖会社理事までの林市藏の官吏履歴の解明を続ける。この時期の林は、清浦奎吾に近く非政友会系と見做されているらしいことはすでに検討してきた。勅任高等官はもちろんであるが、比較的政争の影響がなかったとされる地方高等官でも、ある程度明確な党派的背景が取り沙汰される場合、これが有利なのか不利なのかは別として、微妙な立場であっただろう。

もちろん林の官吏履歴をこのような視点から検討することも目的ではあるが、それとともに実際に地方官として林が残した業績から、その後の林にとって意義深いと思える事柄についても考えてみたい。それは林市藏が地方官および国策会社役員として経験した半官半民の中間団体、たとえば報徳会や東洋拓殖会社への関与が方面委員制度創設とその後の展開に関わっていくに際して意味を持ったのではないかと思えるからである。

つまり、次のように考えているということである。半官半民の中間団体というのは、事実上は官がガバナンスを有していても、民という形式にしておく方がスムースだという場合の方便であるといえる。したがって、そういう形式を取ることが実際の行政運営において都合のよい場合もある。林市藏が地方官としての経験からそれを学んだとすれば、後世の評価に繋がる教訓として意義深かっただろうと思えるのである。

さて警察監獄学校教授の任を解かれた林市藏は、一九〇四（明治三七）年、山口県書記官を振り出しに、一九二〇（大正九）年に依願免本官となるまで、東洋拓殖株式会社理事（在朝鮮）時代の八年間を挟んで、地方官として過ごすことになる。

ここで林市藏在任中とその前後の地方官官制について簡単な沿革を見ておこう。その期間の地方官官制は、ほぼ以下のような経緯を辿っている。(1)

・一八八六（明治一九）年七月二〇日勅令第五四号により「地方官官制」が制定され、同日付け勅令第五五号により「地方官官等俸給令」が定められた。
　府県長官は知事とされ、その他職員として書記官・収税長等を置き、機構が第一部・第二部・収税部及び警察本部となった。
・一八九〇（明治二三）年一〇月一一日勅令第二二五号によって「地方官官制」が全部改正され、同日付けの勅令第二二六号により「地方官官等俸給令」も全部改正された。
　職員を知事・書記官・警部長・収税長等とし、機構を内務部・警察部・直税署等二部三署とした。
・一八九一（明治二四）年七月二七日勅令第一二〇号により「地方官官等俸給令」は廃止となり、「地方高等官俸給令」が新設となった。

- 一八九三（明治二六）年一〇月三一日勅令第一六二号により再び「地方官官制」が全部改正された。直税署・関税署を廃し、収税部とした。
- 一九〇〇（明治三三）年三月三一日勅令第九三号により「地方高等官俸給令」が全部改正された。
- 一九〇五（明治三八）年四月一九日勅令第一四〇号により再々度「地方官官制」が全部改正され、同日付け勅令第一四四号により「地方高等官俸給令」も全部改正された。職員を知事・事務官・警視等とし、機構が第一部・第二部・第三部・第四部となった。
- 一九〇七（明治四〇）年七月一三日勅令第二六六号により「地方官官制」が中改正された。機構が内務部・警察部となった。
- 一九一〇（明治四三）年三月二八日勅令第一二二号により「地方官官制」が中改正されたが、同日付け勅令第一三四号によって、「地方高等官俸給令」は廃止となり、高等官の俸給は、「高等官官等俸給令」に統一された。三割程度の増俸を主とする制度の改正整備が実施された。
- 一九一三（大正二）年六月一三日勅令第一五一号により「地方官官制」が三度目の全部改正となった。職員を知事・内務部長・警察部長・理事官・警視等とし、機構が知事官房・内務部・警察部となった。

　このような地方官制度の変遷を踏まえて、林市藏の官歴を辿りながら、当時の地方官の置かれた政治的状況について探っていく。

第一節　山口県、広島県、新潟県における地方官時代

さて前述のように林市藏は、一九〇四（明治三七）年三月五日、山口県書記官に任じられ、高等官四等に叙せられるとともに、二級俸を下賜された。年俸一八〇〇円である。つまり、林市藏の山口県書記官着任は、一八九三（明治二六）年の地方官官制によるもので、一九〇〇（明治三三）年の地方高等官俸給令により俸給が決定されたことになる。着任と同時に内務部長（後、第一部長）に補されていたが、さらに一一月二日には、高等官三等に陞叙するとともに、一二月二〇日に従五位に叙せられた。ただし、翌年四月一九日に地方官官制全部改正および俸給令改正があった。そのため山口県事務官となった[2]。

その翌年一九〇六（明治三九）年四月一日勲五等に叙せられて、双光旭日章を受章し、金一〇〇〇円を賜っている。これは「明治三七、八年事件の功に依る」もの、すなわち日露戦争の戦勝祝いにあたるのであるが、一〇〇〇円というのは、当時の年俸の半分以上にあたる金額である。この栄誉はもちろん林市藏だけに為されたものではないが、相当の臨時収入であったことは確かだろう。しかもその直前三月二九日には手当てとして金五〇円を給与されているのだが、その理由は不明である。前章で検討した借金返済は、この頃まで林市藏を煩わしたことになっているが、それに関連して地方に赴任した高等官にはこういった臨時収入があったらしいことを記しておく。

林市藏の山口県書記官及び事務官として在任は、二年四ヶ月あまりである。一九〇六（明治三九）年七月二八日に地方高等官俸給令中改正があったが、同日付けで林市藏は、広島県事務官に任じられた。同時に高等官三等に叙せられるとともに、二級俸を下賜され、広島県第一部長兼第三部長（内務・産業）に補された。さらに同年一一月二七日付けで、一級俸を下賜された。当時の広島県第一部長には、第五師団司令部所在の県として三〇〇円の加俸があり、等級の上昇

と合わせて二三〇〇円の年俸となったはずである。[3]

林市藏が広島県事務官に在任中の知事は山田春三と宗像政であるが、その退任と就任は、後述のように第一次西園寺内閣の原内相による整理人事といってよい。

この時期の林市藏は、広島県第一部長として地方改良運動に従事し、賀茂郡川上村（現・東広島市）の養鶏事業を視察したり、町村吏員の表彰式で講話したりしている。これは中央報徳会機関誌の『斯民』に残された記事から判明するものだけであるが、地方官として運動に取り組んでいた一端を垣間見ることができる。[4]

その後、一九〇七（明治四〇）年七月一三日付けで地方官官制中改正があったが、林市藏はその同日付けで新潟県事務官に任じられるとともに、敍高等官三等一級俸下賜、内務部長に補された。広島県事務官在任は、およそ一年と短期間であった。新潟県事務官も旧開港場（新潟港）所在の県として加俸があったので、年俸に変化はなかったはずだ。

林市藏が新潟に着任した当時の第一二代新潟県知事は、同年一月一一日から一九一二（明治四五）年三月二八日までその任にあった清棲家教である。清棲は、伏見宮邦家親王を父とする公家で、一八七三（明治六）年に宮家在籍のまま得度して澁谷性の眞宗佛光寺派管長となり、一九八〇（明治一三）年、大教生まで進んだ。一八八八（明治二一）年、還俗して清棲家に臣籍降下し、伯爵を授爵された。その後、貴族院議員でありながら、山梨、茨城、和歌山、新潟各県知事を歴任した。後、宮中顧問官となり一九二三（大正一二）年に六一歳で没した。正二位勲一等である。

林市藏の新潟県事務官時代のこととして、女婿たる堀田健男（次女の夫・内務官吏で奈良県知事・静岡県知事等歴任）が、左のようなエピソードを紹介している。

その頃新潟県には清棲とかいう殿様（伯爵）出の知事さんがおられ、なかなか気むづかしい方で、部下も気苦労のしどうしである。ことにいまの副知事格にあたる内務部長の気苦労は大へんなものであった。もう二人も内務部長をとりかえて見たが、それでもまだお気に入らぬらしい。内務省もほとほと困りぬいて「まあ本人には気の毒ではあるが、広島にいる林君にでも行ってもらうことにしよう。林君のような、人のこなれた者でもぐずぐずいわれるようなら、それはもう殿様知事の気ままであるから、その時は内務省としても考えねば……。（香川　一九五四：三〇－一）

このエピソードは、林市藏の着任が清棲知事着任のわずか半年後で、しかも林市藏が転任した後の清棲知事在任期間の方が長いことなどを考慮すると、内容をそのまま信用することは難しい。しかし「明治三〇年頃から一〇年間ばかり、山梨、茨城、和歌山、新潟四県の長官に歴任し『雲上知事』として稀らしがられてゐた」ばかりではなく、たとえば贔屓の芸者を同伴して佐渡巡視に行き、食事も島のものは不潔だとして食べずに持参した食材を調理させたというゴシップも紹介されているので（栗林　一九三〇：八〇－一）、堀田の紹介するような側面もあったのだろう。

当時の新潟県は、一九〇七（明治四〇）年九月の県議会で立憲政友会が絶対多数を維持するために党議制を採用し、政党色が強くなって政党間の対立が激化していた時期である。対立する憲政本党の切り崩しの結果、舞台裏の駆け引きと議場での各党の対立が混乱を招いた。知事にとっては議会運営が容易になり、官吏主導の政治を行い得たとする状況説明の指摘もある。そうであれば、内務部長としては却って気ままな知事の独走を抑える必要があったかもしれない。いずれにしても林市藏にとっては県議会の政党間対立と知事の県政運営の関係について学べる貴重な機会であったのではないか。

また県内務部長として林市藏は、新潟県斯民会の結成に尽力した。「新潟県斯民会は、内務省系統の官僚指導者によってつくられた中央報徳会の、いわば、新潟県支部にあたるもので、四〇年一〇月二日、積善組合創立一〇周年記念協議会の席上、前《ママ》新潟県内務部長林市蔵の発議によって結成された」のであり（新潟県　一九七〇：八八一）、これも「官吏主導の政治」がもたらしたことかもしれない。この時に林市藏が行なった講演も『斯民』に残されているが、篤農家を紹介する内容である。

第二節　林市藏の地方事務官時代における地方行政と人事

林市藏が書記官・事務官の任にあった当時の知事について、やや詳細に述べたのは、当時の地方官人事について考察するためである。林市藏が地方事務官をしていた時期の知事の門地や経歴を見ると、文官任用令が改正される以前に勅任官たる知事が特別の資格を必要とせず内務大臣によって選任されていた時代の名残が相当ある。いわゆる藩閥知事である。当時、政党はまだ政権を握るだけの勢力はなかったが、藩閥との駆け引きは行われていた。その結果、中央官庁でも地方官についても勅任官ポストが政治的に利用される人事がなくはなかった。これは、いわゆる政党による猟官運動の類が横行したような事態であった。「第二次松方内閣（松隈内閣）、ついで第一次大隈内閣（隈板内閣）の成立の頃から、自由任用であった勅任官級に政党員の任用がさかんに行われるようになった。これは『文官任用令』からはずされている勅任官級が政党勢力のねらうところとなった結果にほかならない」ということである（大霞会 一九七一：二四二）。

その結果、一八九九（明治三二）年には、猟官を抑制し、政党勢力を伸張させないために、藩閥主体の山縣系官吏によって文官任用令の改正が行われた。そのため知事にも次第に文官任用高等試験合格者が登用されていくことになる。したがって、「明治末・大正初めごろまでの官僚生活は、薩長お偉方のおヒゲの塵を払う気苦労は絶えないものの、いわゆる政党政治家との関係は希薄なまま過ぎる」といった状況が次第に変化していく（水谷 一九九九：一七五）。そして、政党の伸張とともに知事の政党への接近を促し、それがまた政党勢力の拡大に繋がるといった状況を生んでいった。

勅任地方官つまり知事については、第一次西園寺内閣に立憲政友会の原敬が内務大臣として入閣するまでは、散発的に若干の党員知事が送り込まれただけであった。それでも第二次松方内閣（松隈内閣）のように進歩党員が知事に任命されるようなことはあった。もっともこの時の原の人事についても、後に内務省関係者は「この場合、いわゆる政党人事というよりも、正しい意味の人事刷新というべきものであった。ここで古い官僚は大体辞めて、大学出の新しい感覚を持った人達が上まで当たることになり、明治初め以来の内務人事が一新されることになったといってよい」と評価している（大霞会 一九七一a：七〇二）。つまり藩閥人事の解消に向けた取り組みということであろう。

こうして「いずれにしてもいわゆる純粋の内務官僚――というのは、学校を卒業してただちに内務省にはいり順次昇進してゆくという形の官吏が、本省・地方庁にわたって大部分を占めたのは明治末期である。……中略……明治三九年に原内務大臣が思い切った人事を行ったことによって完成したものと思われる」という状態が現出したわけである（大霞会一九七一a：六〇八）[5]。しかし「色がつかなければ出世はむつかしいというのが政党政治時代の内務省であった」というのもやはり実情であったようだ（百瀬 二〇〇一：八八）。

林市藏が書記官・事務官であった時点に山口県知事であった渡邊融は、その経歴からして党員ではなく、どちらかといえば古いタイプの藩閥系知事であろう。同じく広島県知事山田春三は、非政友会系知事であり、一九〇七（明治四〇）年に宗像政に任を譲った事情は、時期的には原による立憲政友会寄りの政党人事であるのは、前述した通りである。

ところが、新潟県の清棲知事は、すでに地方制度が整い、文官任用令も改正されていたこの頃としては、唯一の皇族出身知事であり、珍しいのはともかくとして、政党の進出に対して正確な認識をしていなかったのではなかろうか。当時の新潟県会における立憲政友会と非政友会の対立を利用するほどの手腕はなかったかもしれないが、知事対議会という対立関係にもならなかったのは、清棲知事には幸運であったともいえよう。

さて肝心の林市藏である。この時期の林は地方事務官に過ぎず、そのレベルの人事については、政争の渦に巻き込まれることは少なかったとされている。事実、林市藏が知事を巡る政争に関わった形跡はない。しかし、林市藏の人事に関しては、広島県事務官も新潟県事務官もおよそ一年間在任しただけであり、その後の官吏としての履歴を考えると、やはり政党系と非政党系、あるいは立憲政友会系と非政友会系と色分けされつつある勅任高等官人事の力動に巻き込まれていったことはほぼ間違いないようだ。

一方で、代議士より高級官吏の方が格上という事情が揺らぎ始めたのは、以下のようなことであった。やや長くなるが引用しよう。

洋々の春海が波立ちはじめる（官僚の地位が下がり始める—筆者注）きっかけは、明治三九（一九〇六）年の第一次西園寺公望内閣の成立であり、原敬の内相就任である。原は以降大正三（一九一四）年四月までに三度、通算してほぼ五年間内相をつとめ、政党と官僚の関係を大きく変えてしまう。もっとも、最初のころはまだ山縣の息のかかった軍人や官僚が陸軍や内務省など体制の中軸を掌握していたから、政権の維持には、山縣系の協力を得るか、少なくとも強い反発は避ける必要はあり、原は山縣やその代貸の桂太郎らとの友好関係を重視して、細心の注意を払った。その一方で、維新世代に属する薩長首脳の勢力が凋落しつつある事情、端的には山縣直系の桂ですら、山縣から独立し、政党とも競争的共存関係を築くことを考えざるをえない事情も十分に利用した。

さらに、表面上は藩閥が制覇しているかに見える官界にも、変化を求める潮位の高まりがあることも、自らの官僚生活の経験やその当時の仲間、知人などを通して原は肌で感じることができた。このころから流通する言葉で言えば、「幕末」ならぬ「閥末（藩閥末期）」の機運をうまく捕らえ、我が田に水を引くのが原の戦略で、自らと政友会の躍進のため、官僚人事に緻密で大胆な介入を繰り返すことになる。（水谷　一九九九：一七六－七）

この事情を理解すれば、林市藏の地方官初期はともかく、次第に知事人事にも立憲政友会による相当の影響力が及ぶようになってきており、維新の功労者然とした態度の知事は影を潜めていったと考えるべきであろう。事実、清棲の後任となった森正隆は、学士官吏ではあったが、一九〇七（明治四〇）年、原に認められて茨城県知事となり、秋田県知事を経て新潟県知事となっている。彼は「原の第一期内相時代は明治四一年暮れでいったん幕を閉じるが、その後、明治四四年の第二次西園寺内閣、さらに大正二年の第一次山本権兵衛内閣と、政友会系内閣の登場ごとに原は内相に復活する」のに合わせて（水谷 一九九九：一八二）、知事就任と休職、辞職、復職を繰り返しているのである。そして「地方長官としての一〇余年を、徹頭徹尾政友会知事として勇敢露骨に振舞ひ、彼の往く所、非政友派を震撼萎縮せしめた」というのであるから（栗林 一九三〇：二〇〇－一）、さぞかし新潟県を政友会色に塗りつぶしたであろう。

第三節　三重県知事時代

林市藏は、新潟県事務官の在任期間約一年の後、一九〇八（明治四一）年七月二〇日には、第一三代三重県知事に任じられた。同日付けで敍高等官二等、三級俸下賜となっている。知事の三級俸は、三〇〇〇円であり、年収ベースで八〇〇円の増加となっている。また一〇月三〇日には、正五位に敍せられている。三重県知事は、同年一二月二七日までなので、五ヶ月ほどの短い在任期間であった。

この時は、第二次桂内閣で内務大臣は、平田東助であった。平田は「地方長官の更迭を頻繁にやらなかった事も功績の一つと云われてゐるが、然し決して少い方ではなかった。がそれは内閣の性質から云って、また内相の人柄から見て、政党的意味の少い、事務上の都合による更迭が多かった」とされるが（栗林 一九三〇：一一四）、たとえば政友会系の吉原三郎内務次官が依願免本官になっているのは「政党的意味」の典型であろう。平田による知事の更迭は、政友会への「露骨な報復人事」とする評価もあるが（副田 二〇〇七：三五二）、林市藏の人事は内閣成立直後に行われており、事務上の都合でも報復人事でもなさそうだ。

林市藏は、高等試験に合格している学士官吏であるし、地方官としての官歴を見ると、広島県も新潟県も加俸のある中県で、その筆頭部長たる内務部長が県知事に栄転すること自体は、なんら不自然ではない。しかし、広島、新潟両県の事務官在任は短期間であることは否めないし、三重県知事在任も結果的には短期間である。そこにどういう理由があったのだろうか。

ちなみに林市藏前後の三重県知事在任期間を見てみよう。前々任の一一代古荘嘉門は、一九〇〇（明治三三）年一〇月三一日から四年、前任の一二代有松英義は、一九〇四（明治三七）年一一月一七日からほぼ三年八ヶ月、後任の一四代有田義資は、一九一一（明治四四）年九月四日までおよそ二年九ヶ月、そして一五代久保田政周は、一九一二（大正元）年一二月二二日まで一年四ヶ月の在任である。したがって、林市藏の在任期間は、それらに比較してかなり短期間である(6)。

こうしてみると、林市藏については、原や政友会と深い関わりを持った形跡はないし、何度も指摘してきたように清浦奎吾と近く、したがって山縣系であると看做されていた。つまり林市藏は、非政友会系として処遇されていったのであり、林市藏前後の三重県知事人事を検討してみても、相当確からしいことである。

なお三重県知事としての林市藏は、地方改良運動に熱心であったようだ。たとえば、一八〇八（明治四一）年一一月に平田東助内務大臣が三重県阿山郡青年団総会で行った演説を翌月には活版刷りの冊子にまとめている。そのはしがきには「此の訓諭は独り阿山郡青年団のみならず之を県下に周知せしめむと欲し大臣の許可を受け其の筆記を梓に上して普く之を頒ち以て聖旨に副ひ奉らむことを期す」とある(7)。しかもこれを年末も押し迫った同二八日付けで三重県発地第一七四八号ノ二「本県阿山郡青年団総会ニ於テ内務大臣ハ戊申証書ニ関シ演説相成候ニ付談筆記一部為御参考及送付候也」として「全国各府県知事に頒布した」のである（窪田 一九八九：一一）。この「二八日」というのは、林が三重県知事から東洋拓殖会社理事に異動する日付である。県知事としての仕事をこの冊子の配布で締め括りたいという執念が感じられる。

いずれにしても先に検討した当時の知事人事にも政友会と非政友会の駆け引きが感じられるが、林市藏の東洋拓殖会社理事就任に関しては、具体的にどういう事情だったのだろうか。それについては、次節で東洋拓殖会社の設立経緯を辿ることによって、一応の見解を示してみたい。

第四節　東洋拓殖株式会社理事時代

林市藏は、一九〇八（明治四一）年一二月二八日付けで東洋拓殖株式会社（以下、東拓）理事を命じられ、一九一六（大正五）年一一月四日に辞任するまで、二期ほぼ八年を朝鮮半島で過ごすことになった。この期間は「第一次桂、第一次西園寺、第二次桂、第二次西園寺、第三次桂、第一次山本、第二次大隈、及び寺内等七代の内閣を、仮りに藩閥政党妥協時代といふ」とされている時期である（栗林 一九三〇：九三）。林市藏の東拓理事時代は、このように政界が紆余曲折を繰り返す時期に含まれており、これまで述べてきたこととともに立憲政友会との関係を抜きにしては考えられない人事が行われている。

さて東拓は「一九〇八年三月に第二四回帝国議会で可決され、八月に日韓両国政府によって公布された『東洋拓殖株式会社法』に基づいて、同年一二月に朝鮮における農業拓殖事業を営むことを目的に設立された日本のいわゆる国策会社」だった（河合 二〇〇〇：八）。しかしここに至るまでには、様々な政治的駆け引きが展開された[8]。

そもそもの発端は、桂太郎が会頭を勤める東洋協会が一九〇七（明治四〇）年六月に幹事長小松原英太郎を中国東北地方および韓国に派遣し視察させた後、拓殖会社設立計画が決議されたことにある。その後、内閣と統監府より任命された委員が作成した報告書に基づいて東洋拓殖株式会社法案が作成され、翌年三月に議会に提出された。しかし背景には、伊藤博文はじめ統監府の早急な移民導入に対する慎重論に対して、その対韓政策を緩慢であるとする世論に乗じた桂太郎の先行策があった。さらに朝鮮半島への移民に軍事的な役割を担わせようとする山縣有朋の意見もあり、先行策は、それを取り入れて政府の同意を取り付けたのだという。

したがって東拓幹部の人事は、当然の結果として桂および山縣の影響が強いが、立憲政友会に対する気配りもされている。たとえば、総裁は長州系軍人の陸軍中将宇佐川一正だが、副総裁は元内務次官吉原三郎、理事に吉原の部下で佐賀県知事井上孝哉といった顔ぶれが入っている。吉原は、前述のように第一次西園寺内閣における原の人事で内務次官となり、第二次桂内閣で依願免本官となった人物である。また井上は、原の抜擢によって昇任し、佐賀県知事就任の時点では三八歳であった。もっとも井上の人事は「政府は此年に入つてから三回に亘り地方長官の更迭を行ひ、以て闘志を鼓舞するとともに、対選挙の陣容を整へた」とする見方もあり（栗林 一九三〇：一〇〇）、必ずしも東拓人事に連結したものではなかったかもしれないが、結果的にはそうなっている。

林市藏は、帝大を卒業し、拓殖務属に任用された時点で吏党政治家たる佐々友房の後押しがあったかどうかはともかく、直接的には警察監獄学校教授前後から、同郷の熊本出身者で大物の清浦奎吾と関係が深まったと考えられることはすでに指摘してきた通りである。したがって林が非政友会系官吏とされている故をもって理事に選ばれた可能性が高い。つまり、立憲政友会系の井上とのバランスを考えた非政友会系官吏という位置づけの故で行われた人事であろう。

これとは逆に「何処を伺う見込まれたか、政友会副総裁の故野田大塊に惚れ込まれて、当時新設されたばかりの、東洋拓殖の理事として召抱へられ、例のヌーボー式の大塊を扶けて大に敏腕を揮ってゐた」とする見方もあるが（吉田一九三七：九一―一二）、これは不自然である。野田が政友会副総裁になったのは、一九二四（大正一三）年六月のことであり、東拓新設時点で理事人事を左右できるほど勢力があったかどうかは不明である。また東拓の人事は、設立の経緯からして、どちらかというと非政友会系の山縣系官僚に主導権があったはずだからである。[9]もっとも井上孝哉が「時の東拓総裁野田大塊老に招かれて会社の理事となった」としている間違いもある（栗林一九三〇：二三三）。この時点では、宇佐川が総裁、野田は監事で、副総裁になったのさえ数年後のことなのである。ただこれらのジャーナリスティックな記事からは、後年になって東拓人事に関するさまざまな風評があったらしいことがわかる。いずれにしても東拓の人事に関しては、政友会系なのか、非政友会系なのか、その位置づけの絡んだ人事という認識があったことは確からしい。

さらにその以前、林市藏が中県たる広島県事務官に任じられた時点ではともかくとして、同じく新潟県事務官に任じられたのは、三重県知事までを見越した人事だったかもしれない。少なくとも三重県知事時点で前述の東洋拓殖株式会社法が成立しており、東拓の人事も進んでいたはずである。したがって県知事就任の人事自体が東拓理事を予定したものであったとも言えよう。すなわち、四月に選挙を予定した井上の抜擢人事をしたが、第二次桂内閣の発足によって、早々に井上を更迭できないまでも東拓理事に出そうとする様相であったことに対抗して、七月に林市藏の箔付け人事を行ったのではないか。いずれにしても相当の政治的・政党的駆け引きがあったと考えられる。

しかし、この東拓理事への就任にあたっては、こういう事情とは関係なく、官吏としては異例の扱いを受けている。というのは在官のままでの理事就任を認められたのである。もっとも前例となったのは、同じくいわゆる国策会社の南満洲鉄道株式会社、つまり満鉄の理事に対する処遇である。その根拠は、以下の勅令の適用に求められる。

まず、一九〇六（明治三九）年八月四日付けの勅令第二〇九号「南満洲鉄道株式会社ノ職員ト為リタル官吏に関スル件」によって、官吏が在官のままでいわゆる満鉄の理事になることが認められていた。この勅令が、一九〇八（明治四一）年九月二五日付けの勅令第二三三号によって中改正され、「南満洲鉄道株式会社又ハ鴨綠江採木公司ノ職員ト為リタル官吏ニ関スル件」となった。さらに同年一二月二三日付けの勅令第三一六号による中改正によって、「南満洲鉄道株式会社東洋拓殖株式会社及鴨綠江採木公司ノ職員ト為リタル官吏ニ関スル件」となり、東洋拓殖株式会社に理事として赴任する官吏に適用されたのである。この勅令は、一九〇四（明治三七）年勅令第一九五号「外国政府ニ聘用セラレタル官吏ニ関スル件」を準用するという内容であった。その勅令の内容は、次の通りである。

一　在職官吏ニシテ許可ヲ受ケ外国政府ニ聘用セラレタル者アルトキハ其ノ聘用中ニ限リ臨時ニ其ノ官ヲ増置セラレタルモノトス
二　前項ノ官吏ニ対シ必要アルトキハ特ニ在職者ニ関スル規定ヲ適用スルコトヲ得
三　前二項ノ場合ニ於テ俸給ハ之ヲ停止シ旅費ハ之ヲ支給セス

林市藏に関しては、この勅令の適用に際して一二月二五日に本人からの願い出という形式が取られ、一二月二八日、つまり理事就任の日に裁可されている。井上についても同様であった。[10]
この扱いについて先述の井上孝哉は後年次のように回顧している。

単行勅令発布
林三重県、井上佐賀県知事は東拓へ、久保田栃木県、清野秋田県知事は満鉄へ、知事在官の儘、特殊会社の重役となったのであるが、之は当時特に勅令発布があって格別の殊遇を蒙ったものである。即ち知事としての職務に携わることなくして其の待遇恩典に浴すると云うお取扱ひで、会社重役の任務にありながら官吏の特典たる位階勲等が進むと云ふ誠に過分のことであったが、之と云ふのも当時特殊会社の重要性を示すもので其の任に在る者は粉骨砕身の覚悟を以て一死奉公の念に駆られたのは当然であった。（井上　一九三八：二一六－七）

さて、とにかく林市藏の東拓理事就任は決定し、いよいよ朝鮮赴任となった。発令は一二月であったが、実際には二月に現地赴任したようである。その時の様子は、次のように伝えられている。

宇佐川総裁一行約八〇名が東拓の陣容を整へ釜山に上陸したのは明治四二年二月初めであった。宇佐川さんは陸軍中将の正服帯剣、秘書の大竹一郎君も陸軍中尉の之れ又同断、その外幹部、社員に至るまで東拓の正服を着用に及んで威風堂々辺りを払って乗込んだものである。（北崎　一九三八：五）

この通りの様相であったかどうかはともかくとして、八〇名という陣容で、しかも帯剣の軍服や正服といった儀式用の服装で厳しく乗り込んだのが事実であるとすれば、東拓という国策会社の困難を意識した出発であったのであろう。こうして東拓自体はともかくも出発した。東拓の当初目的は「韓国および李王家の所有地を提供せしめ、土地の近代的所有権を確立する過程において、農地を大量に取得し、大地主となることにより、経済的支配を行い、さらに土地を日本人移住民に耕作させ、朝鮮に大量の日本人農民を殖民させること」であった（大河内　一九八二：二九）。こうして「一九〇八年から一九一六年の間は、日韓併合により、当初の目的の焦点がぼけたが、付与された国の保護・利権を基として、韓国の大地主となり、移民を送り込んで、会社の基礎を韓国に築いた草創期であった」とされる日々が続いていった（大河内　一九八二：二三）。

ところが、一九一三（大正二）年一一月一日勅令第二九七号たる「明治三九年勅令第二〇九号『南満洲鐵道株式会社東洋拓殖株式会社及鴨緑江採木公司ノ職員ト為リタル官吏ニ関スル件』廢止ノ件」により、「在職官吏」としての扱いは廃止された。ふたたび井上の回顧を引くと以下のようである。

数年の後官界に水陸両棲の批評あるに鑑み其の思惑を顧慮してか井上馨侯から（山縣有朋公も同意らしかった）官吏たる知事と会社の重役と兼任することは面白からぬと横槍がはいつたらしく、単行勅令は廃止せられ知事現官は御免となつて休職とされた。（北崎　一九三八：二二三－四）

この背景には、この年六月に内閣直属の「拓殖局官制」が廃止され、内務省地方局所管事務に「朝鮮・台湾及び樺太に関する事項」が追加されたことがあるのではないか。つまり、立憲政友会と協調的関係にあった海軍閥の第一次山本権兵衛内閣のもとで、東拓に限らず満鉄も含めて、国策会社を内務省管轄とさせる代わりに、些細な特別扱いを続けて非難されるのは避けておくのが得策との内務大臣原敬による判断から行われたことではないだろうか[11]。

なお井上は「休職」としているが、「廃官」が正しいだろう。なぜなら林市藏は、同年一一月一〇日付けで従四位に叙せられているからである。つまり、高等官在職一〇年以上で、病気危篤もしくは廃官・退官・退職の時、その勲労の状況により、特に位一級を進められるとする特例によるものと考えられるからである。かくして一二月二七日付けで、たぶん復職後を見越したであろう昇給（二級俸下賜）が行われ、一二月三一日付けで廃官となった。これより官吏復帰までのほぼ三年余りは、厳密には官歴には算入されないことになる。

なお、東拓在職中の一九〇九（明治四二）年六月一八日付けで「勲四等瑞宝章」、四年後の一九一三（大正二）年六月一八日付けで「勲三等瑞宝章」の叙勲・授章となっている。この期間は単行勅令適用中であり、その間の東拓理事の経歴である四年間が官歴に通算されていた証拠である。

ところで肝心の東拓理事としての林市藏の評価はどのようだったのだろうか。政治的駆け引きを伴う国策会社の運営やその任にあった理事について、客観的で正当な評価を見出すことは困難だが、以下のような記事を紹介しよう。

東拓の人物が何れも不評判の重囲に陥りつ、あるの間に於て、彼れは珍しくも可なりの人物なりとして内外に漸く認識せられんとするは東拓の珍なり、蓋し彼れは早く慈父に別れ、随分苦学して世情に通じたりと言へば艱難汝を玉にしたるものか、而も彼れは自ら信ずる所を取りて総裁副総裁と争ひ以て在韓邦人の同情より孤立せる今日の東拓をして局面打開の活動を策する丈の勇気を有するか否かは固より疑問なり然り、疑問なり。（ヒマラヤ山人　一九一〇：六一）[12]

これはジャーナリスティックな読み物であるので、そのまま鵜呑みにはできない。しかし林市藏が他の同僚と違った評価を受けていたことは窺い知れるのである。

その後、一九一四（大正三）年五月二二日、任期（五年）満了により東洋拓殖株式会社理事に再任された。[13] 翌年一一月一〇日には「大礼記念章」を授与されている。その一年後の一九一六（大正五）年一一月四日「願に依り東洋拓殖株式会社理事を免す」となるのだが、その理由は以下の通りである。

東洋拓殖株式会社法は紆余曲折を経て、一九一七（大正六）年に大きく改正され、東拓の在り様を変化させていくことになる。その改正法案審議の過程で、役員問題、つまり総裁・副総裁や理事の風紀紊乱や高給・特別待遇問題が取り沙汰された。結果は、政府補助に対する見返りとして、役員四人（副総裁二名と理事・監事各一名）の削減というそれ自体は法改正の主軸ではない改正を含む結果となっていった。その前段階として、「満洲における金融支配の担い手をめぐる憲政会と政友会の対立構造にあって、東洋拓殖株式会社法大改正の委員会議論は、一九一六年には廃案に向けて移民事業を始めとして初期の目的を達していない点にかなり集中」していたことを受けて役員問題が問題にされたのである（金　二〇〇〇：六八）。事実、東拓の経営状態を見ると「大戦前に成立した土地主導型投資構造は、移民事業の挫折により、地主経営基軸に展開を遂げることなく、また長期金融主導型へ明確に転換することなく動揺を続けていた」とされている（黒瀬　二〇〇三：八〇）。ただし、東拓自体の自己評価では「要するに当社殖民事業の光輝ある成績に付ては……中略……其戸数は各地に分散し一般に経済上並社会上自から其地位の向上を果し同時に附近鮮農に対し模範農として直接の指導教化の使命を具現しつつあることは当社の欣快とする所なり」ということになる（水田 一九七六：三二二）[14]。

林市藏の退任は、まさにこのような状況下であった。つまり、改正案成立前年に廃案となった法案審議の過程で、東拓の事業に対して衆議院東洋拓殖株式会社法改正案委員会の議論で非難が繰り返された時期と符合する。このような事情を踏まえて総裁の吉原三郎は、一九一六（大正五）年一月二一日に辞職していたのだが、野田副総裁、林市藏、井上ら四理事も連袂して辞職したのである。背景に政友会・非政友会の政治的駆け引きがあったことは確かなようだ。それは帰国後の林市藏や井上孝哉の去就からも推察できることなのである。

おわりに

林市藏は、広島県第一部長、新潟県内務部長時代は、町村視察や吏員表彰での講話、斯民会結成に尽力し、三重県知事時代には平田内務大臣の演説を冊子化して全府県に配布、東洋拓殖会社理事としても中央報徳会機関誌『斯民』への報告執筆を続けていた。

その中央報徳会は、序章で検討したように「建前は民間団体であるが、地方改良行政から著しく期待され、行政をサポートした集団」である（吉田 二〇〇四：二一三）。つまり地方官、地方長官としての林の業績は、地方改良運動の最前線を担うことによって、半官半民の中間団体を誕生させ、また強化したということになる。そして三重県知事時代には青年団の強化に対して平田東助に迎合的ですらあり、後の山口県知事在任中には青年団の結成に功績を残し、山縣有朋から送られた礼状を表装して長く保管していた。このことについては、補章で検討しているが、これも林市藏が山縣系であったらしいことを示す間接的な史料であるだけではなく半官半民の中間団体としての青年団を積極的に推進することに知事としての責務を感じていたことも窺えるのである。

つまり、斯民会にしても、青年団にしても、内務省地方官としての林市藏は牧民官意識の実現手段として有効な方法であると認識していたのであろう。なぜならそれが地方名望家や有力青年層を媒介者として機能させようとしている点で天皇制を前提とした家族国家の階級協調や共同体の秩序維持に繋がる公私協働の一形式だからである。さらに国策会社たる東洋拓殖会社は、植民地におけるその展開を大がかりに行ったものであるとすれば、林はこの場合も同様の感覚でいたのではないか。もちろん政友会と非政友会の政治的駆け引きのために会社の実際的な事業運営には紆余曲折はあったとしても、官吏身分を保障されたまま「民間」会社の理事に在任できたということに象徴される意味を理解していなかったはずがないと思える。

林市藏は、一九〇七（明治四〇）に一本、翌年に三本の報告を中央報徳会機関誌『斯民』に寄せている。いずれも地方官としての実地調査と指導に関する内容である。また東洋拓殖会社理事時代および山口県知事時代にも同様に朝鮮農業について三本の論文を寄稿している。このような行動や残された史料からは地方改良運動や植民地支配への牧民官的責務遂行への責任感は感じられても、それへの疑念は聊かも漂ってこない。

さて東洋拓殖株式会社理事を免ぜられた林市藏は、「吉原さんの身辺に附き添ふて」帰国したが（北崎　一九三八：四三）、早くも翌一九一七（大正六）年一月一七日付けで、任山口県知事敍高等官一等二級俸下賜となり、再び官に就いた。井上も一月二九日付けで富山県知事に任じられた。しかし林市藏は、山口県知事も同年一二月一六日までで、翌日付けで大阪府知事となる。この東拓理事退任から山口・大阪の両知事着任までの人事が、寺内内閣の下で行われている。寺内正毅は、山縣直系ではないが長州系とされている。林市藏が非政友会系と看做されていたとすれば、その点からは、この一連の人事は不自然ではない。その上に林市藏の府知事登用人事は、この時点の内務大臣たる後藤新平に対する『大阪朝日』の攻撃を主導していた鳥居素川対策とする見方もある。これについては、大阪府知事たる林市藏の出処進退を窺いつつ、次章で検討することにする。

注

(1) 地方官官制等の変遷については、大霞会（一九七一）『内務省史』を参考にした。
(2) 林市藏着任時の県知事は、一九〇三（明治三六）年六月二九日から一九一二（明治四五）年六月二九日まで知事の職にあった渡邊融である。渡邊は、熊本藩士族で一八七二（明治五）年の白河県権少属を振り出しに、判事、検事を経て一八九七（明治三〇）年に農商務省山林局長、一九〇〇（明治三三）年一月一九日より第一四代高知県知事を経て、第九代山口県知事に就任していた。林市藏着任前年に山口県廃県につながる府県廃合案を政府が議会に提出したため、県会が非廃県運動を展開したようなこともあった。渡邊の在任時に重なる日露戦争時には、県出身者から二〇〇〇人を超える戦傷死者を出したため、傷兵、遺家族の救護が大きな課題だったとされている。先の林市藏に対する手当て五〇円は、このことに関連しているのかもしれない。その他にも県庁舎改築案にともなう山口町、防府町、下関市による三つ巴の山口県庁争奪戦もあった。渡邊知事は、経歴からすれば藩閥系の国士知事のようだが、病気によって依願免本官となっており、退官の事情には政治的な背景はないと考えられる。
(3) 広島県事務官着任当時の知事は、一九〇四（明治三七）年一月からその職にあった山田春三である。山田は、長州萩の生まれ。山口藩士村岡忠治の次男で山田久充の養子となった。一八七五（明治八）年に山口県第一二大区学区取締を振り出しに、翌々年に山口県一〇等警部となり、萩の乱で功績を立てて山口、岩手の県警察部長、岩手県権少書記官、山梨、奈良、愛知、佐賀の書記官、京都府内務部長を経て、福島、埼玉、静岡の各県知事となり、一九〇七（明治四〇）年一月一〇日まで第一四代広島県知事であった。福島県知事時代には、県会の不信任に対して二度続けて解散を命じるといったあまり例のないことをしたが、これは「長州内閣に対する忠誠の証であった」とされている（高橋　一九八八：一七三）。しかし、静岡県知事時代には前々任知事が地元自由党と結託した不正、たとえば戸籍簿を偽造した移民に渡航免状を下付したとされる移民事件などを正したため名知事とされている。この移民事件に関しては、『静岡縣政史話』にさえ出ている（静岡県　一九二九：二四二ー四）。また工藤美代子は「なんと千六百名の日本人労働者が、籍をごまかして渡航した。その手口はどのようなものだったのだろう。延々と続く島田の演説記録をたどってゆくと、静岡県の人間として渡航した千六百人のほとんどは、九州並びに中国地方から来た人々だった。順序としては、まず願書を静岡のそれぞれの村長に提出する。村長に『奥書』を貰うと次に県庁へ出し、それが県の参事官にまわり、参事官から書記官を経て、知事のところへ行き、外務省に代わって知事が渡航許可を出す。なんのことはない、村長、県庁の役人、知事ぐるみの犯罪で、他国者に静岡の籍を与え渡航許可を与えたのだった」というものである（工藤　一九八九：二二三）。他の例もあげれば「即ち山田知事は専ら秕政矯正を旨とし政友会の為撹拌された県政の秩序回復に努め、財政上にも無用を節し有用に資し地方経済の緊縮を謀《ママ》った」といった評価である（静岡県　一九二九：二七〇）。広島県知事は、依願免本官となっている。しかし退任後、宮中顧問官・錦鶏間祗候となり、貴族院議員に勅撰され、日本赤十字社理事も務めた。つまり、退任後の処遇に一定の配慮はされている。一九二一（大正一〇）年に七六歳で没した。

山田の退任は林市藏在任中だが、その後任知事は、一九一二（明治四五）年三月二八日まで務めた宗像政である。宗像は、元熊本藩士で一八七一（明治四）年、県命により開拓使札幌学校に入学、廃校後東京芝増上寺に開設された開拓使仮学校で学んだが、病気により中退した。西南戦争で西郷軍の協同体に中隊長として参加したため懲役五年の刑で市ヶ谷監獄に下獄している。三年後特赦で出獄した後は、相愛社（後の九州改進党）で機関紙『東肥新報』印刷長として自由民権運動にしたがった。後に日中親善を唱えて上海で東亜学館を設立した。その後一八九四（明治二七）年第三回衆議院議員選挙で当選し進歩党代議士となるが、松隈内閣のもとで埼玉県知事となった。この時、内閣総辞職に際して連袂辞職せず「我は壇ノ浦まで往くべし」と宣言し「壇ノ浦知事」の異名を取った。また同時期に衆議院立候補の時点で被選挙権獲得のため便宜的に用いていた田村性から、先祖名乗りの宗像に復した。さらに青森県知事、福井県知事を経て、宮城県知事時代に「教科書疑獄事件」の嫌疑で一時休職した。この事件は一九〇二（明治三五）年、教科書の採択権をもつ各府県の審査委員と教科書出版社との間で起こった疑獄事件である。中村紀久二によれば「一九〇二（明治三五）年一二年一七日の未明、東京地方裁判所の検事・予審判事などが贈収賄の容疑で、金港堂、普及舎、集英堂、文学社の教科書会社など二十余か所を一斉に家宅捜査し、金港堂社長・原亮一郎、休職中の三重県視学官、群馬県郡視学の三名を検挙、その後数か月間検挙がつづけられた。……略……この疑獄の範囲は一道三府三六県におよび、召喚・検挙者は宮城・栃木・新潟県の現職知事をはじめ、島根県と宮城県の前知事、群馬県元知事、文部省視学官・図書審査官、府県書記官・視学官、郡視学、高等師範学校教諭、師範学校校長・教諭、中学校長、高等女学校長、小学校長、さらには県会議長、県参事会員、弁護士、教科書会社関係者など二〇〇人に達した。……略……この事件で、予審に付された者一五二名のうち有罪は一一二名、第一審有罪判決は一〇〇名であった」となっている（中村　一九九二：一一三－四）。また山住正己は「文相は一九〇三年、国定制発足にあたっての演説で、教科書をめぐる疑獄は国際的にも醜態だが、多年にわたる弊害を一掃する好機として国定制に改めたのだと述べた。政府にとっての問題は、採択をめぐる醜聞よりも、教育勅語の精神に合致する教科書を、政府の思惑どおりに刊行できないところにあった。そのことは、修身・国語・地理・歴史の四教科が国体と関係しており、したがって内容を相互に関連させる必要があるので、これらをまず国定化し、算術・理科などは後まわしにするとの方針にあらわれていた」と解説している（山住　一九八七：七六）。しかし、山田は予審免訴となった後に官界に復帰し、高知、広島、熊本、東京の各府県知事を歴任し、貴族院議員に勅撰されたが、その翌年の一九一八（大正七）年に没した。立憲政友会系である（小山　一九九六：九三－一一二）。

（4）巻末の林市藏著作一覧を参照のこと。

（5）ただし、副田（二〇〇七：四〇五）は「同書の判断は、大筋で正しいが、細部でいくつかの例外を見逃してはいる」としている。

（6）林市藏の任期と直接的に関連しないが、これらの人事の背景も若干検討しておく。前々任の古荘は熊本出身で佐々友房らとも交友のあった国士官吏で、国権党一流の強圧政治を行ったとされるが、後に貴族院議員になっている。前任の有松は高文合格の学士官吏であるが非政友会系で、地方官としては三重県知事のみである。退任後は中央に戻って警保局長になり、同じく後に貴族院議員になっている。後任の有田は、林市藏と同じく平田内相時の人事だが、彼は地元三重出身の士族で、群馬県知事時代に「赤城館事件」といわれる選挙干渉事件で原内相に盾をつき辞職した。にもかかわらずこの時点で休職知事から復職しているので、非政友会系人事だろう。有田は福島県当時に「藩閥出の本県知事の最後になった」とされており（高橋　一九八八：一二六）、藩閥知事という位置づけになっていて、福島県知事としては五年九ヶ月の最長在任であった。そして久保田は、高文合格の学士官吏で、三五歳の時に原によって栃木県知事に抜擢され、その後、南満洲鉄道株式会社、いわゆる満鉄の理事等を経験し、最後には東洋拓殖株式会社総裁にもなった。これは明らかに当時政権にあった第二次西園寺内閣における原敬内相による政友会系の人事である。なお鶏養（二〇一〇：二）によれば、戦前知事の在職期間平均は、一・九年である。

（7）この冊子については「これは活版刷り本文一五頁で冒頭には菊紋章を配した戊申詔書の全文が裏表二本の罫線に囲まれて掲載されている」と紹介されていて、その存在を知った（窪田　一九八九：一一）。史料そのものは、『埼玉県行政文書』雑款県治部、明二二四九「戊申詔書及内務大臣ノ演説」として埼玉県文書館に保存されており、実物を確認した。

（8）以下、東拓に関する記述は、河合和男・金早雪・羽鳥敬彦・松永達（二〇〇〇）を参考にしている。

（9）吉田は、政友会系の九州新聞社（現・熊本日日新聞）の記者であり、また第五高等学校出身者を持ち上げる性格の書物であるということを考慮すれば、野田大塊と林市藏に密な関係があることにしたかったかもしれない。

（10）両者について、国立公文書館所蔵『公文雑纂明治四一年・第一七巻・内務省・五三・二A一三纂一〇八二』により確認した。

（11）一九一三（大正二）年一一月二日の『東京朝日新聞』朝刊（二面）には「在官者雇聘禁止」の見出しで「在官の儘営利会社の役員を兼務するの不可に就ては数年前より政府部内にも兎角の議あり。西園寺内閣の制度整理に就ても講究せられたる一案件なりしが今回愈々其実行を見たるに至りたるものなりと云ふ」と報じられている。

(12) もとよりペンネームである。掲載誌『朝鮮』の発行元は朝鮮雑誌社で、後に『朝鮮及び満洲』と改題している。「ヒマラヤ山人」は、編集者たる釋尾春芿（東邦）であると思われる。改題後の雑誌には、丸山幹治（侃堂）等も寄稿しているので、どちらかといえば自由主義的ジャーナリズムではないだろうか。

(13) 明治四一年八月二七日法律第六三号「東洋拓殖株式会社法」（当初法）第九条に「副総裁及理事ノ任期ハ五年トシ監事ノ任期ハ二年トス」と規定されていた。

(14) この資料は、朝鮮支社農業課が一九三五年頃に『東拓の殖民事業』としてまとめたものの翻刻である。

第二部　方面委員制度と林市藏

第三章　大阪府知事林市蔵の二年二ヶ月

はじめに

方面委員制度の創設に関しては、済世顧問制度から大阪府方面委員、そして方面委員令へという一連の流れが、今日の定説となっていることはすでに述べてきた。しかしこの定説の原型は「一九三二年から一九三四年にいたる時期」に作られて普及したのであり（菅沼 二〇〇五：七四）、制度当初から自明であったものではないとされる。では制度創設に関わる事実は、どのようなことだったのだろうか。

この制度創設に関する定説が認知されて行ったのは、以下のようなこととされている。つまり、「大阪府方面委員は、林市蔵知事による認知度が著しく高く、社会的に注目を浴び、また小河滋次郎らによって精緻な制度設計と活動の定式化がなされたこともあり、モデルとして採用しやすい条件を備えていた」ことによって（菅沼 二〇〇五：六八）、全国的に普及した。また済世顧問制度が大阪府方面委員制度と同時に語られる理由は、「方面委員の権原を『皇室の御聖慮』

に置くという、シンボル転換が図られた」からであり、「大正天皇から笠井信一岡山県知事になされた『御下問』を契機に岡山県の済世顧問制度が創設されたというエピソードが喧伝され、方面委員は『皇室の御聖慮』に由来する制度であるという自己意識が形成された」（菅沼 二〇〇五：七三）からだということである。

しかし、林市藏による認知度が著しく高かった理由はどういうことであろう。それについては、依然として釈然としない点が残されている。確かに権原に関するシンボル転換によって創設に関する一定の合理的説明が可能になったことは理解できる。しかし、大阪府方面委員制度がモデルとしての条件を備えていたことは認めるとしても、林市藏による認知の根拠については、説明されていないと思える。

そこで本章では、方面委員制度創設当時の大阪府知事林市藏を取り巻く固有の状況について、考察を試みる。その前提には、制度創設事情の解明には、創設に関わった「内務省の勅任地方官たる林市藏」を取り巻く当時の状況を踏まえ、その上で林をより中核に据えた方面委員制度史の検討も必要ではないかという問題意識がある。これは、小河滋次郎の立場から制度創設事情を究明した研究に刺激されたことによっている。(1)

第一節　知事着任前後　当時の風評について

林市藏は、一九一七（大正六）年一二月一七日付けで任命され、一九二〇（大正九）年二月三日付けで依願免本官となるまで、二年二ヶ月弱の期間、大阪府知事として在任した。ちなみに前任は、前章で既述した通り、山口県知事である。

林市藏の府知事としての主要な治績としては、一九一八（大正七）年六月一日に大阪府警察部に救済課（翌年七月五日に内務部移管）を新設し、同年八月の米騒動（以下、米騒動）の収拾にあたったこととともに、同年一〇月七日に大阪府方面委員規程（府告示二五五号）を公布せしめたこと等があげられるだろう。

だが、「白虹事件」に関連して、その表裏で関与していたことは注目されてこなかった。[2]むしろ知事着任にまつわる風評は、後にこの事件に至る大阪朝日新聞社（以下、大朝）、特にその主筆たる鳥居赫雄（素川）と時の寺内正毅内閣との確執に関わる人事であるとするものであり、その風評からすれば、この事件への関与は当然の結果だったのである。たとえば、奇しくもこの事件の報道で問題にされた、その件の記事執筆者であり、そのために朝日新聞の記者を辞めざるを得なかった大西利夫が六〇年後に回顧して、以下のように述べている。

林市蔵という山口県の知事――これが鳥居素川と莫逆の友なんです――を大阪の知事にもってきて、「朝日」を抑えようとしているらしい。あれこそいやがらせてこい、いうので山口県へ行きましてね。これも総選挙のころでしたが、大阪へ来たって思うようにはなりませんよ、といったようなことを林さんに吹きこむ諜者みたいな仕事をしたこともあります。（ルビ省略）（大西　一九七七：六三―四）

この総選挙とは、時期から判断して寺内内閣時、一九一七（大正六）年四月二〇日の衆議院第一三回総選挙であろう。しかし、それだと林の大阪府知事着任より八ヶ月以前、というより前任の山口県知事着任から三ヶ月も経ずして、すでに転任が取り沙汰されていたことになるが、そういう風評があったことは否定し切れない。この証言に関わる時期に関しては大西の記憶違いによる齟齬かもしれない。だが大阪府知事に着任する以前から林の就任に纏わる風評が立っていたことは間違いないと考えられる。

また朝日新聞社側の資料には「林市蔵のごときは大正六年山口県から異数の抜擢で大阪府知事となったのは、後藤が大朝との争いに『和睦の使者』に立てるためだったとの噂が就任当時もっぱらであった」とある（朝日新聞　一九五三：

五〇五)(3)。

これらによって、林市藏の着任に際しては、寺内内閣の大朝対策という政治的色彩が伴っているとする風評があったこと自体は事実と理解できる。ところが、転任が明らかになってからは、それは意外だと報道されている。たとえば『大阪毎日新聞』は、「林新知事はどんな人」との見出しで、次のように報じた。

新知事は、山口県知事林市藏氏が異数の抜擢で遣って来る。誰しもこの新知事は意外とする処であるが、同郷(熊本県)の関係より最も其人物性行を知悉せる大阪株式取引所理事宮崎敬介氏は、曰く。……中略……元来氏は実業を希望し此方面に驥足を延ばすべく常に其機会を睨んで居った。東拓が設立するや氏は一躍理事となったが、此時氏は「機会は来たれり」とほくそ笑み、それは目覚しい活動振りを見せ其手腕を縦横に振るったものだ。同時に寺内伯にも巧に取入って離るべからざる関係を結んで了った。……中略……併し氏としては更に飛躍の機会を与えられたので、或はこれにより多年の宿望たる実業界に入るべき素地を作るかも知れない。(ルビ省略)(『大阪毎日新聞』一九一七年一二月一八日朝刊八面)

「誰しもこの新知事は意外」との報道は、事前に風評を耳にして、着任以前に山口まで会いに出かけたとする大西の回顧にそぐわない。しかし、大朝対策だとする噂に対抗した新聞社(大阪毎日新聞社も含めた)側の牽制とすれば違和感はない。つまり、重要な知事人事であるのに、維新の元勲を父とする大久保利武前知事と異なり、爵位もなく、位階・勲等も低いが、ただ鳥居と同郷で幼馴染だというだけで抜擢して、鳥居対策を講じようとしていると揶揄しているのならば了解できる。

それよりも興味深いのは、林が実業界への転身を考えていたように読み取れる点である。宮崎敬介は、林と同年の一八六七(慶應三)年大阪生まれで、熊本県人宮崎勇太郎の養子となった人物であり、この時点で大阪実業界の重鎮である(三善 二〇〇〇：一一三一)。だが「同郷の関係より最も其人物性行を知悉せる」との紹介は少し苦しい。もちろん林は退官後、日本信託銀行の初代頭取に就任し（『大阪銀行通信録』二七〇、一九二〇、二一四）、宮崎はその重役（監査役）も務めていたのは確かである。(4)

つまり、この宮崎の談話は事実無根であったわけではなく、林の着任以前からすでにそのような状況が用意されつつあったかもしれない。というのは、この頃に次章で検討する信託法制問題があり、林市蔵の動向はそれと全く無関係ではないようにも見えるからである。そこには原敬が林の去就に関わったとする伝聞も生起しているのであるから、大阪実業界が注目する理由もあったのだろう。

だが、林市蔵の知事着任時点で林の実業界への転身といった事態を正確に予測することは困難であったはずだ。同銀行自体が、一九一九（大正八）年一二月の設立で、その二年前に頭取人事が決まっていたとは考えにくい。だとすれば、大阪実業界には、林は非政友会系官吏だという経歴や背景を踏まえて、知事退任もしくは退官後に、何らかの役割を担わせようとする期待があったとも考えられる。宮崎の談話は、そのための観測として述べられた可能性が高いかもしれない。

林市蔵自身は、この人事にどう対処しようとしていたのであろうか。同じく『大阪毎日新聞』は、「新知事来る」の見出しで任地に向う特急列車に箱乗り（同乗）取材した記事を掲載している。それによれば林市蔵は、取材に対して、とぼけた態度で以下のように答えている。

「僕が大阪へ転じたのは、寺内首相の深き意味の存する所だッて、サア何うでしょうかね。僕なぞは、皆目何の内相談にも預からず電報一本で転任を命ぜられた唯の雇人です。何の意味があるものですか。」とまたペロリと掌を嘗め更に飛田遊郭問題、或は感化救済事業問題と人気のありそうな話題を担ぎ出して論じ立つるも、肝心の急所になれば避けて仕舞う処は予期の通りであった。（『大阪毎日新聞』一九一七年一二月二六日朝刊六面）(5)

もちろん林市藏自身は、この時点では府知事退官後の実業界入りまでは見通していなかったとしても、大朝対策は重要な職務だという程度の認識はあったはずだが、その点は記者の指摘するようにとぼけている。だがここではむしろ「感化救済事業問題」が、前知事大久保利武退任の一因にもなったとされる「飛田遊郭問題」と並べて「人気のありそうな話題」と書かれていることに注目したい。つまり、米騒動直前のこの時期に、貧困問題に対して、知事がどういう考え方をし、どう行動するかは注目されていたはずなのであり、林市藏も当然それは承知していたに違いない。

後年の林の述懐によれば、「大阪は、田舎と違う位の考えはあったが、其の実情には全く盲目であった。それで、早速勉強を始め、先ず民衆生活の底を見たく、行李は其の儘として、警視中村光徳君に案内を頼み、大晦日の晩長屋街を方々あるいた」のである（林 一九三八：二）。林は、一二月二五日早朝に大阪着の特急列車で山口県から赴任し、二八日の通常大阪府会開会式において式辞を述べている（無署名 一九三三：一一五六）。したがって「大晦日」に細民街を視察することは可能である。さらに新年には「風邪のため引籠もり療養せられしが、既に全癒して二三日来登庁執務せられつつ」という状態であった（研究 一九一八：六①一一〇）。その風邪の原因は、寒風下の細民街視察であったかもしれない。もちろん「人気のありそうな話題」に対するパーフォーマンスのようにも感じられる行動でもあるが、同時に「感化救済事業問題」を軽視していなかった証拠でもあろう。

第二節　米騒動と白虹事件

さて、着任翌年の八月に起こった米騒動を収拾した後、林の取った態度は、どういうものだったか。『大阪朝日新聞』に「進退伺いを出した両知事――林大阪と清野兵庫」という見出しの記事がある。

今回の米騒動に関し、其の責任上、林大阪府知事、清野兵庫県知事が水野内相の手許まで進退伺いを差出したることは別記の如くなるが、之れにつき両知事は語る。林知事は曰く。我輩の進退伺い提出――夫は何かの訛伝だろう。東京方面でいろんな噂を立て丶いるようだが、私はまだ進退伺いを出した覚えはない。大阪の騒ぎは随分酷かったけれども被害の程度は案外少ないようだ。無論、事を未然に防ぎ得なかった上から知事として十分の責任を負わねばならぬが、而し如何して良いかはまだ考えていない。従って今後の処置については言明の限りではない云々。（『大阪朝日新聞』一九一八年八月二三日）

この後に続く清野知事の談話に比べると強気のニュアンスである。ところが、正確な時期は不明ながら、おそらく第四師団への出兵要求直前と思われる段階で、林が師団司令部に問い合わせた「出兵要求手続に関する質疑応答」と題する資料がある（吉河 一九三八：三六八）。内容は、出兵要求の手続は書面によるのか、一日毎に手続が必要なのか、出動に必要な時間はどれ位か、出兵許否の権限は誰にあるかといったものである。そもそも出兵要求は、地方官官制に基づく知事の職務なのだが、前代未聞の緊急事態でも、実務的細部を確認するという慎重な態度である。これが、翌日には「軍隊出動要請は手遅――府の要請がモウ少し早かったら好かった――木村第四師団参謀談」の見出しで、「軍隊側の意見としては、当夜モウ少し早く知事からの交渉があり、出動することが出来たならば、アンな大きな騒動は持上らずに防遏することが出来たかも知れぬと思っている」と、軍側から非難される結果になった（『大阪毎日新聞』一九一八年八月一四日）。

ところで「米騒動による民衆の力の示威は、当時のキャビネット・メイカーの山県に閥族政治、官僚政治を一時的にせよ断念させ、政党政治の開始を承認させる一因となった。この時代をつうじて、政治勢力としての民衆は次第に強力となり、政治体制を変動させるほどの存在になっていったのである」とする見解がある（副田 二〇〇七：三七〇）。これと同様の認識は、騒動の渦中で第一線に在った内務官吏としての林市蔵も持ったに違いない。事実、寺内内閣はこれによって崩壊し、「平民宰相」原敬の登場になった。非政友会系と看做されている林市藏としては、その立場を自覚して、自己の進退も意識せざるを得なかったであろう。

では同時期のこれも政治的事件である白虹事件に対する林の関わりについてはどうだったか。たとえば、少し長いが次のような資料を紹介する。引用文中の「翁」は、事件当時の小林芳郎検事総長である。

林市藏氏は、語る――『自分は、本省から訓令をうけ、某紙の或日の記事を俎上に上せ、これを司法処分に問わんとして、検事長の官舎を叩いた。……略……』翁の面目が躍如として居る。此時、翁は、いかんの意見を吐露したか。炯々たる眼光が、先づ閃一閃した。『検事長は、こう云った――、朝日に弾圧を加えんとする政府当路者の方針もさることながら、公平に考えて見て、こういう場合、一々、新聞の発行を禁止しては、際限もないことであるし、且又、政治的処理としても何等の妙味がない。却って、動あれば反動あり、弾圧を加えた後の結果は、決してよいものではない。自分の意見としては、この際、此の記事に対する責任をとらせる為、主筆始め幹部を罷免させ、新聞社としては、将来かかる奇矯なる記事をかかげざるように、その態度を改めさせ、これを吾々に誓わせたら、それで、十分懲罰の目的は達して居るではないかと思う。政府の方針に必ずしも楯をつこうというのではない。併しこれが最善の処理であって、天下の何人が与り聞こうとも、中正公平の見解であると考えるが、君は、どう思うかなと、真衷を披瀝された。自分は、この時成る程と感づいた。流石に一代の名検事の名に背かず、其見識の高邁なると其態度の公正なるとは、到底自分等の単純さ、無力さとはね比較にならない。思わず冷汗背をうるおしたが、自分は、翁の此の主張に対しては、一も二もなく同意した。よって自分は、地方長官として新聞社側幹部に自責の態度をとらしめ、翁は、上京して、司法大臣の訓令に対し、検事長としての意見を具陳された』（望月　一九四〇：一三〇－一）

すなわち「本省から訓令をうけ」た林は、その意向に沿って事態を収拾しようとした。つまり「これは事件の行方を決定づける策である。ただ、大阪検事長の意見具申によって政府上層部が始めて裏取引を認めたとは考えにくい。寧ろ、内務省内部でも暗黙の中に同様な裏取引が考えられていたところに、小林の意見具申があり、小林、林、鳥居というパイプが利用された」のである（有山 一九九五：三一一）。また「小林芳郎は、最初から事件の裏側の筋書きを作った張本人の一人であったのだが、彼の『得意気』な『上機嫌』は、彼と林市蔵の考えた通りに事が運んだことを示している。検事長と裁判長とどのような話があったかは全く不明だが、判決は『予想通りであった』のである」ということだったのだ（有山 一九九五：三三六）。

「白虹事件」に関して今日では「後藤（新平―筆者）は言論取り締まりの総元締めである内務省を握っていた。検閲官の増強や統制機関としての新聞局設置構想などを推し進める一方で、後藤が密かに画策したのが、見せしめ的に特定の新聞雑誌に制裁を加えることだった。その標的として選ばれたのが大阪朝日新聞だった」という評価がなされているが（今西二〇〇五：三二）、おおよそこのようなものであっただろう。林はその渦中でキーパーソンのひとりであったわけだが、彼は内務省の訓令を受け、その意向に沿って動いたのである。

要するに、林市藏の府知事就任は、それまで寺内内閣に対する民衆の怨嗟を象徴していた大朝あるいはその他の新聞に対して、寺内や後藤が何らかの手を打ってくるとの記者的観測があり、それが大阪実業界の利害とも多少の関連を持ちつつ、林就任の風評になっていた。しかし、実際にそうなってみると意外であると報道された。もちろん、林はそういう政治的思惑を理解しつつ、内務官吏としての役割も明確に認識していた。つまり、大朝対策は政治色の強い職務であると理解していたが、「人気のありそうな話題」である「感化救済事業問題」も、内務官吏として認識していたのである。その証拠に、大阪赴任から三週間後（一月一九日）の「救済事業研究会」例会の挨拶でも「社会の渇望する所は意義あり生命ある救済事業に他ならず。特に大工業都市たる大阪に於ては、最も此都市の特色に適応すべき意義ある救済事業を要求せずんばあるべからざるなり」と述べている（林 一九一八ａ：六‐七）。そして着任後に遭遇した米騒動を通して、「政治勢力としての民衆」とそれを煽る新聞に対する対策の必要性を実感し、それへの早急な対応が内務官吏の職務であると悟っただろう。それに加えて非政友会系と看做される立場では、原敬内閣成立後は特に、そのハンディーを補うだけの業績を本省に示す必要があると自覚したに違いないのである。

第三節　大阪府救済課の設置

次に大阪府救済課の設置について検討する。これは、スムースに実現したわけではない。その間の事情について、二〇年後の一九三七（昭和一二）年五月開催の「第八回全国方面委員大会」での当時の篠原英太郎内務次官の講演記録がある。

所が茲に一つの難点が起こったのであります。是はこんなことを申してどうかと思いますが、勿論此救済部と云う、警察内務の両部に対抗した一つの部は地方官制に依るものではないのでございまして、便宜の処置と致しまして知事の権限に依って庁内の庶務規程《ママ》で設けられたのでございます。而も是は全国に率先を致しました極めて新しい制度であったばかりではなく、実に当時の長官林先生の大英断であったのであります。即ち方面事業の将来に対する透徹せる識見の現れであったように私共は考えているのであります。即ち両部組織に対して之を三部組織にし、そうして其重さは内務部及び警察部に対抗するだけの重さを持つものにして行こうと斯う云う非常なるご英断であったのでございます。斯様になりますると之を本当の形に致すにはどうしても知事だけの権限では参らぬ。是は内務大臣の承認を経なければならぬ。内務大臣を経ることによりまして、其基礎を愈々鞏固にしようと云うような御意図に基きましては、之に関する特別な部を設置する申請書を内務省に提出を致したのでございます。是は私の前任者であると申して差支えないと存ずるのでありますが、現神奈川県知事半井氏の如きも是の承認を経べく林長官の旨を受けて数回東京へ来て承認を得なかったのであります。（堀口一九四一：

一八二）[6]

さらにこれと同様の内容を含む半井清の講演記録が残されている。「それから間もなく、前述の通りの救済課が生れまして、地方官制は無視してもよいから、救済部として自分の抱負を実現したいと云うので、大分内務省と其当時打突って居られたことを、私も其の打突った第一線に居りまして、能く記憶致して居ります」というものである（半井一九三八：七）[7]。

この一方で、すでに大阪府救済課設置前年の一九一七（大正六）年八月二四日勅令第一一五号によって内務省地方局に救護課が設置されていた。時の内閣総理大臣は、寺内正毅、内務大臣が後藤新平、次官が翌年には後藤の後を襲って内務大臣になる水野錬太郎である。この時点で地方局には局長の渡邊勝三郎、府県課長に潮恵之輔、そして市町村課長から初代救護課長になった田子一民がいた。潮は後に内務次官や内務大臣となる。また田子は、救護課が改名した社会課でも初代社会課長となり、課が局となった社会局でも第一課、第二課の課長を兼任し、一九二二（大正一一）年には社会局長となって、主著である『社会事業』を上梓している。つまりこの時期の内務省は、社会事業の分野で業績の顕著な官吏の蝟集していた社会事業行政の推進期であった。とりわけ、田子は草創期の社会事業行政において少なからぬ役割を果たしたことはもはや周知のことであり、「一九二〇年前後に社会事業にかかわる国家機構が大きく整備される中で、その中心にあったのが田子一民である。したがって、田子の提唱した社会連帯思想とそれに基づく社会事業は、救護課、社会課、社会局へと機構が拡大される中で展開されたわが国の社会事業の方向そのものであったというべきであろう」とまで評価されている（池本　一九九九：一〇五）。また生江が内務省嘱託として赴任した直後（一九〇九年）の地方局主催講演会の評価として「生江は外遊の際の調査・研究を資料として講演した。ここにも生江の面目が有るように思える。又、当時の地方局の一つの方向性も見る事ができると考える」とするものがある（木村　一九七九：二三七）。

さらに同様に直前まで籍のあった留岡幸助も含めて、社会事業のエキスパートがブレーンとして社会局に在任していた。

加えて井上友一がまだ事務官だった頃から田子や生江だけではなく、先進的な人材が多く集ったらしい。たとえば当時の内務省地方局の様子について「内務省地方局内の食堂談義――人物輩出」という文章がある（生江孝之先生 一九五八：九九－一〇四）。ここに書かれた様子では、「大阪府救済部」の可否について内務省地方局内で議論が行われる可能性はあったと判断できる。つまり明治末から地方局は先進的な側面もあり、林がそれを上回っていたとは考えにくいのである。具体的に引用すると「当時内務省地方局内に於ける床次局長及び水野局長時代及び井上書記官時代に於て、地方局内に特別の食堂を設けたのであるが、これがかくれたる事実として興味のある事であり、それが直接、間接に永くその影響を及ぼしたと信ずる」とされているような雰囲気があったということである（生江孝之先生 一九五八：九九）。また生江が「樺戸グループ」と称する原胤昭、大塚素、有馬四郎助、牧野虎次等が出入りし、一種のサロンを形成していた（生江孝之先生 一九五八：一〇二）。

ちなみに一九一一（明治四四）年、中央慈善協会が窪田静太郎、井上友一、生江孝之、原胤昭、留岡幸助等八人を調査委員として『救済事業調査要項』をまとめた。この報告書では救済事業を「統一し、監督する機関を内務省に設置することが前提とされており、『救済事業調査要項』は大正に入ってからの社会事業統一機関の設置を議論する出発点になったと位置づけることができよう」とされている（香川 一九八三：一〇）。内務省救護課の設置は、こういった動きの結果であろう。つまり、半官半民的機関のお墨付きを得た委員会や地方局内のサロンにおいて相当重なり合うメンバーによって議論されてきた結果が救護課の設置だったのであり、当時の社会的状況を認識した進歩的社会派官吏やそのブレーンたちによる社会事業行政の拡充だったと言えよう。そして大阪府警察部救済課の設置は、その路線の上に設定された府県組織への拡大に過ぎないのではないか。つまり内務省においても大阪府においても救護課の設置は、内務省地方局において相当の時間をかけ議論し、構想し、計画してきた結果として現実化したのだろう。

このように、府救済課が設置された段階において、すでに内務省救護課が、ある程度の構想期間を経て設置されていただけではなく、早くも九ヶ月の実際的経験を有していた。もちろんこの救護課設置の直接的契機は、軍事救護法の事務取扱を目的としており、所掌事務は賑恤救済に関する事項、軍事救護に関する事項等であった。だが前後の経緯は「内務省内部でも、すでに社会行政の立ち遅れが認識されており、その後の対応は速かった。それまでは地方局府県課の一隅で細々と扱われていた救済事業について、大正六年八月はじめて専管の救護課が設置され、賑恤救助、軍事救護、社会事業施設に関する事業を担当することになった。この課は大正八年一二月に社会課と改称され、大正九年八月には社会局（内局）に格上げされ、さらに大正一一年一一月には内務省の外局に移されて、内局当時の担当事項……中略……の外に、他省庁から……中略……移管を受け、いっそう充実した社会行政を執行できるようになった。わずか五年のうちに一係から外局へと飛躍的に拡大したのである」という急激な経過を辿る（植松　一九九六：一二一‐四）。そういう事情であるから府救済課の設置そのものには内務省が否定的でないのは、先の講演内容からも解る。問題は、その管掌事項や組織的位置づけである。林市藏によれば、大阪府の救済課は、以下のようなものと考えられていた。

特にまた我大阪府に於ては、大正二年度以降府庁内に救済事業に関する監督指導の機関を特設せる外、之が補助機関として救済事業研究会及び救済事業同盟会と名づくるものを組織し、斯業直接の当事者、又は斯業に関係趣味を有する実業家、宗教家、教育家、学者、官公吏其他各方面の篤志者を網羅して斯業の研究調査に当り、且つ各種事業の連絡統一を図り、其の内容の充実改善に力むると共に益々進んで時代の要求に応ずべき各般の新施設を遂行するに至らしめむことを奨励し、今や着々効果の視るべきものあらんとするに至れり。是等の状況及び経験に拠りて之を徴するも、此際大阪府庁内に於て、労働問題を中心とする社会政策的救済施設の指導監督と及び之が研究調査を為すに必要なる組織権限を有する独立の一部局を設け、有ゆる感化救済に関する事項を管掌するは勿論、工場、衛生、保安、教育、地方改良等法規上当然内務部又は警察部の管掌に属するものと雖も、苟も其の社会政策的施設に関する所のものは、之と密接なる連絡を保ち得るの権限を有する

に至らしむることを喫緊の急務となさずんばあらず。（林 一九一八b：四－五）

これは、後の内務省社会課、そして社会局が管掌する事項を、早くもこの段階で含めようとしていたことになる。これを林の発想とするのが、篠原や半井の講演内容なのであるが、大阪では、すでに救済事業に関する監督指導の機関、つまり小河滋次郎が大久保利武知事時代から感化救済事業の「指導監督」をしているのである。したがって、「小河抜きには営まれるはずのない大阪府の社会行政である以上、府会において敢えて小河の存在を無視する姿勢には、何か強い意思表示を感じざるを得ない」とする見方も生じる（小野［一九九三］一九九四：一〇四）(8)。ここに、林自身による以下のような文章が残されている。

実際又た本問題（社会問題―筆者）の解決及び研究に対し、最も適切なる材料を有することの多くして且つ之が実効を挙ぐることの至便なる地位に在るもの大阪の如きは恐らく他にこれなかるべく、大阪を以て斯事に対する自然の研究所《ラボラトリューム》と称するも、誰か又之を誇張なりとせん。若し克く之が解決を見んか、其の結果は単り我大阪を利するに止まらず、進んで帝国々運の発展に資することまた至大なるを疑わず。（圏点・ルビともママ）（林 一九一八a：三－四）

この中で注目すべきは、先の講演のように後年の思い出話ではなく、府救済課設置とほぼ同時期にそれも林自身の論考で、大阪を「帝国々運の発展に資する」ところの「自然の研究所」だとしている点である。先に検討したように出兵要求には慎重な態度を取った林が、それと性質が異なるとはいえ、府救済部設置という知事専決でない事項に、強い態度を取っただろうか。あるいは、林が内務省地方局メンバー以上の先見性を保持していて、その意向に抗してまで「部」の設置に固執したのだろうか。現実に事態が推移する状況を見ても、府救済課は、その課員の多くが警察部・内務部との兼任から出発している(9)。つまり「実験的」であるのだ。

だが五月七日に改正（六月一日施行）された府処務細則の附則一一〇条で「大阪府救済課」について「本則に於て部に関る規定は救済課に、部長に関する規定は救済課長に、課に関する規定は知事官房及救済課の係に、課長に関する規定は知事官房主事及救済課の係長に、第八条警務課第一八号の文書取扱方に関しては文書係に関する規程を準用す」[10]となっていた。ここに林と内務省による苦心の結果を見ることができるのではないか。すなわち大阪府の機構は、当時の地方官官制（大正二年六月一三日勅令第一五一号）に基づいている。したがって、それは「知事官房、内務部、警察部」なのであるから、「救済部」はあり得ない。だがせめて「部に関る規程を準用する」ことで所管業務の重要性を庁内外に認識させ、またその設置に含まれる意味を鮮明にしたのではないか。

もちろん、その位置づけを内務部にするか警察部にするかの判断が困難だったという程度のことはあったかもしれず、結果的には警察部が選択されたが、翌年には内務部に移管された[11]。これは米騒動前後の感化救済事業の位置づけを窺わせるものであり、その前夜の物情騒然とした雰囲気の中で、当初は治安対策的色彩が濃厚であったからだと言えよう。

内務省史では、この辺りの事情を「大正時代にはいって顕著なことは、行政体制の整備をみたことである。大正八年一二月、内務省地方局救護課は社会課と改称され、翌九年八月には、社会課を昇格させて社会局を設けたが、これに対応して、地方でも救貧行政担当の組織が整備された。大阪府では、大正七年六月に救済課を設置し、同九年一月社会課と改めた。大阪府につづいて、各府県とも、この種の組織を設け、大正末年には全道府県に設置されるにいたった」と簡単に記述しているが（大霞会 一九七一：四六九）、大阪府が先行していたことについては特記している。

その後、一九一八（大正七）年一〇月二三日に開会された臨時大阪府会において林は、大正七年度大阪府連帯歳入歳出追加予算書について「救済事業に就きまして、相当の吏員を御要求致して置きました」と説明している（無署名 一九三二：一二五二）。六月に動き出した救済課の吏員に関る予算を一〇月の臨時府会で要求しているのは、米騒動を経た結果として、一刻も早い救済課の充実に対して内務省関係者の意向があったとするのが合理的だろう。つまり、米騒動以前から大阪を「自然の研究所」と考えていた内務省が、騒動後により早急な研究成果を求めたのではないか。その結果、スケジュールを前倒しして、壮大な社会実験を開始したと判断できる。そして方面委員規程もまたその同じ一〇月に制定されているのである。

第四節　大阪府方面委員規程の制定とその後

林は、米騒動直後の九月に左のような論考を書いている。

大阪に於ける騒擾は八月一三日深夜を以て其最高潮に達せしものと見るべきか。此際予は秩序を維持すべき責任者の一人として、万感交も臻れる間に於て、社会並に個人に於ける道徳的生活の奈何に必要なるかを深く感ぜずんばあらざりき。……中略……国民の各種階級互に矯奢を戒め同情を以て相交わり、相倚り相輔けて文明の恵沢を享くることに力め、此に初めて平和なる共同生活を遂ぐべし。国家社会に於ける道徳的生活の必要なる、亦た以て知るべきなり。……中略……弱者を扶け、貧しきを憫れみ、人生の下層に沈淪せんとするものを励まし、其心身の向上を指導せんとする救済事業の如き、真に必要なる道徳的生活の最たるものとなすべし。（圏点省略）（林　一九一八ｃ：二－三）

今必要なのは道徳的生活であり、救済事業はその最たるものとする宣言である。そしてその直後、一〇月五日に「大阪府方面委員規程」が制定された。

それは、林によれば「此の救済事業に関係する方面委員の規程と云うものを先般府の救済課に於て研究致しました。それは専ら小河博士が担当されまして、此の規程を成案致しましたのであります」と説明されるものであった（林一九一八d：二一－三）。そして小河もまた「今次大阪に於て府知事林市藏氏の立案の下に初めて実施を見るに至った方面委員なるものは、我が社会政策の上に最も重大の関係を有する所の新施設」であるとしている（小河 一九一八：一）。だが、大阪府方面委員制度創設をめぐる林と小河をめぐる関係については、一般に言われるような好意的協動関係であったのではなく、確執があったという次のような指摘があったことは本書「はじめに」等で既述してきた。再度その状況を検討してみよう。

小河は、前知事大久保利武の時代に招聘され、「救済事業研究会」の活動を通して、すでに以前から岡山県の済世顧問制度にも倣った「救済委員」制度を考えていた。しかし林は、救済委員制度を無視し、小河をして方面委員制度を考案せしめた。時あたかも米騒動の収拾とその後の対策を要求されていたが、小河と林の救済事業に対する考え方は隔たっていた。小河の位置づけも、大久保知事時代は、救済事業指導監督、林知事時代は、救済課事務嘱託であり、待遇も異なっていた。給与面からだけであれば、林は小河を自分以上の高給で遇したが、それは、小河の技量に対してのものであり、思想に対してのものではなかったとするものである（小野［一九九二］一九九四：五八－一二七）。

小河在職時は、それでも救済委員を胸中に秘めた小河の指導による方面委員の方向付けもあっただろうが、小河の逝去により、その指導から離れた方面委員活動は、必然的にその後も方面顧問として関わりをもっていた林の路線を進んだだろう。

事実経過からすれば、小河がイニシアチブを取ったとされてもよさそうな制度の創設物語について、方面委員・民生委員制度の年史では林の役割が重要視される所以は、この辺りにも一因があると考えてよい。実際に「夕刊売り母子の挿話」に示されているように、林の発想から始まったということになってしまっている。(12) もちろん、林が済世顧問や救済委員の構想を全く知らなかったとすれば、それもあり得ただろう。しかし、そうではないと考えるのが常識的な判断である。しかも、林は、警察監獄学校教授時代から小河と面識があった。

だとすれば、当然のことながら内務官吏としての林は、方面委員制度をあくまでも内務省地方局メンバーの意向に沿った形で推進しようとしており、それこそが小河の思想とは異なっていたのではないか。[13]だがここで注目したいのは、「自然の研究所」で実際に両者のどちらが実験を試み、その結果どちらの考えが定着したのだろうかということである。

さて、当初の三ヶ月ほどは、小河は精力的に行動した。「方面委員設置以来府幹事の一人として其指導に多忙を極められ、幾んど連日各所既設の事務所視察並に方面委員会に臨席の為め出張せられつゝあり、一八日夜救済事業調査会に出席の為め上京ありたるが、二三日の同会を了り二四日帰阪の筈」という有様であった。[14]

ところが小河は、制度が漸く動き出した翌一九一九（大正八）年二月下旬より一〇ヶ月近く病気療養せざるを得ない状態となる。その間の詳細を『救済研究』の「消息」欄等で辿ってみよう。

二月「……廿日帰阪ありしが風邪の気味あり、目下引籠療養中なれども、遠からず快癒あるべき容態なり。」（七②：一〇九）

三月「前号消息欄に報ぜしが如く、小河博士は……略……其夜遂に全身の劇痛を感じ発熱あり。翌朝直に田結済生会支部病院長の来診を受け、両三日旅館銀水楼に在りて静養せられしが、終に肋膜炎の兆候顕著なるものありしが為め、二三日赤十字大阪支部病院に入院せられたり。」（七③：一〇四－五）

四月「前々月来引続き赤十字社大阪支部病院に在りて療養中、近来は快気次第に著しく、熱度も三十七度を超ゆること稀にして、漸く室内の歩行を容るさるる程度に恢復せられたれど、衰弱の為め本稿締切迄未だ一度も離床せられたることなく、依然面会を謝絶して専心静養に力められつつあり。」（七④：一〇八）

五月「前号消息欄に報告せし如く本会副会長小河博士は、宿痾漸く癒るに至りしを以て、本月四日赤十字社大阪支部病院を退院し、即日自働車により兵庫県下武庫郡魚崎町明治橋畔岡島氏別邸の仮寓に入り、爾来同所に在りて静養

せられつつあり。」（七⑤：一〇〇）

六月「摂州灘魚崎町明治橋畔の岡島別邸に病気静養中の小河副会長は、其後次第に元気を恢復し、時には屋外散策を試みる程になられたれど、少しく永き対談の後には疲労太だしきものあるが如き有様なれば、梅雨中は勿論盛夏の間も尚引続き専ら静養に力めらるべく、主任医師よりも勧告中なり。」（七⑥：一一五）

七月「爾来倍々健康を恢復せられつつあるも、頃日来胸部癒着に基因する劇痛の為に、時には終夜安眠を得られざることあり。別に憂うべき病状にはあらざる由なるも、尚お引続き静養を要すること勿論なるべし。」（七⑦：一一七）

八月「依然魚崎町の岡島別邸に於て静養中、近来頗る健康を恢復せられたる如く見ゆるも、胸部の疼痛未だ去らず、時々激烈なる発作あるが為、医師の勧告により運動を見合はせ、秋冷の候迄引籠り加療の筈。」（七⑧：一一三）

九月「近来は最も経過良く殆ど快癒の状況に近づきつつあるが如く見受けらる。多分十月より時々府庁へ出でらるることとならん。尚ほ博士は此程住居を兵庫県武庫郡住吉村字反高林（魚崎停留所西堤北二丁）へ移されたり。」（七⑨：九四）

一〇月「小河博士は其後の経過愈々良好にして最早懸念すべき患部の病状消失したるにより、本月に入りて以来研究会及常務委員会へ出席ありたる外数回府庁へも出勤ありたり。」（七⑩：一〇一）

一二月「寒気漸く酷烈ならんとするに至りしも、博士の健康は次第に恢復し来り、頃日は別に違和を感ぜらるゝが如きことなき模様にて、殆んど毎日登庁課務に鞅常せられつゝあるは真に慶ぶべし。」（七⑫：九七）

つまり、小河は、規程制定後数ヶ月を経た段階からの基礎固め時期に、ほとんど関与できない状況であった。この間、林知事および前述の篠原、半井等の内務官吏は、内務省地方局関係者、つまり井上、田子、生江、相田等と連絡を取っていたであろう。そしてともかく大阪という「自然の研究所」で成否を占う実験ができる状況にあったたし、そうしただろう。

ここで、この間の大阪府方面常務連合会の状況を『救濟研究』の報告および『大阪府方面委員第一期事業年報』の記事で確認しつつ、一年間の様子を辿ってみよう。(15)

まず一九一八（大正七）年一〇月二六日には早くも方面委員の嘱託が行なわれ、翌一一月一三日には府庁で田中千里救済課長（警察部長兼任）による常務委員嘱託辞令交付式（式中に知事帰庁し臨席）があった。一一月二五日は、府庁で知事も出席し、小河の司会で、常務委員連合会規則及び方面書記服務規程を制定している。一二月二〇日には、篠原英太郎が救済課長専務になった。翌年一月一六日から常務委員連合会が定例（本来は毎月一〇日）で開催されるようになり、この日は府庁で、市医師会長、救済事業同盟会長、府会議員等が臨席し、知事が諭示し、小河が議長を努めた。

二月一〇日は、知事官邸で開催（以降は定着）されており、各警察署長、岡島伊八救済事業同盟会長等が臨席し、在京の林知事からは電報による督励が届き、篠原課長の司会で進行、会の後で知事夫人より手作りの茶菓、酒食が提供された。

三月一〇日、控訴院長、兵庫県・和歌山県両知事、大阪市長、住友本店理事、留岡幸助、各警察署長等が臨席、篠原課長司会、知事が議長を努めた。この日から小河は欠席となる。

四月一〇日には、本山彦一大阪毎日新聞社長、本願寺慈善財団理事長、府・市議会議長、知事・内務部長夫人、各警察署長等が臨席して篠原課長が司会、知事が議長になっている。

五月二〇日（定例日二〇日に変更）は、砲兵工廠中将、区裁判所判事二人、実業家・新田長次郎等臨席、篠原課長の司会と知事の議長は前回と同様である。

六月二〇日、第四師団少将、前文部次官、商業会議所会頭、救済事業同盟会長、実業家・武藤山治、各警察署長等が臨席し、今回も篠原課長司会、知事は議長であった。

七月二一日（二〇日は日曜）、第四師団長、地方裁判所長、星野行則・加島銀行理事、救済事業同盟会長、各警察署長等の臨席、またもや篠原課長司会、知事が議長であった。

八月二〇日は、救済事業同盟会長、貿易商・安宅彌吉等が臨席した。知事は体調不良で欠席のため、篠原課長が司会し、議長も努めた。

九月二〇日、貴族院議長、銀行頭取、救済事業同盟会長、実業家、知事・内務部長夫人等臨席、篠原課長は欠席のため知事が司会、新任上田内務部長が議長を努めた。

一〇月二〇日は、知事は府会で、上田内務部長も用務で欠席であり、この日から小河が再び出席したものの、救済課主事補中尾属が司会している。一一月二七日（軍事演習のため延期）は、知事は出席、田子一民内務省地方局救護課長、留岡幸助、救済事業同盟会長等が臨席し、小河が司会、新任救済課長の阪間棟治氏が紹介された。

一一月二十七日（二〇日は陸軍特別大演習）田子一民救護課長、相田良雄内務省嘱託、留岡幸助家庭学校校長、平塚明子（雷鳥）等が臨席、田子と平塚が演説している。司会は小河であったが、林も出席しており、田子の演説を促した。なお田子は、翌月には救護課長改め社会課長になる。

一二月二〇日は、前田内務監察官、実業家・伊藤萬助、堺市助役、銀行頭取等が臨席し、小河が司会したが、知事は府会のため欠席であった。

この常務委員連合会には、知事、府救済課幹部、各警察署長はほぼ出席し、内務省や軍関係者、大阪実業界の大物、知事や府幹部の夫人、救済事業関係者等の臨席も含めて五〇人から七〇人くらいの参加者があったことがわかる。会合では府からの報告がなされ、留岡幸助や内務省幹部、実業家の談話もあり、記録にも残されている。協議内容は、方面委員活動を実際に進めていく中で遭遇する課題に関するものである。

このように小河の不在期間、林と篠原がこの常務委員連合会のイニシアチブを取っていたと言える。その上、生江孝之が、すでに三月四日「九條第一方面事務所につき篠原府救済課長同行方面委員事業視察」し（年報　一九一九：一〇五）、加えて七月一八日には「内務書記官田澤義鋪氏天王寺第三方面事務所につき方面委員事業を視察」しているのである（年報　一九一九：一三三）。さらに九月七日には「床次内務大臣、堀田（貢）土木局長、石丸（重美）鉄道院副総裁の一行九條第一方面事務所に就き方面委員事業を実地視察せられ」たのであり、（年報　一九一九：一三六）、一一月には、既述のように田子が方面事業を督励する演説までしているし（年報　一九一九：二六九―七九）、田子や相田の出席は一再ではない。これらのことは、内務省地方局関係者の意向を踏まえた実験として期待されていたことを示しているのではないか。林や篠原は、司会や議長として、彼らの方針を体現し、協議の内容を一定の方向で整理することによって、その後の方面委員制度のあり方に影響を与えたと判断できるのではないだろうか。

おわりに

以上のように、内務省地方局救護課設置から大阪府方面委員規程制定までを見ると、時間的には一年二ヶ月という期間しかない。内務省救護課が設置された一九一七（大正六）年八月、大阪では林市藏の前任知事である大久保利武のもとで小河滋次郎が府救済事業指導嘱託を務めていた。その林は、前年一一月に東洋拓殖会社理事を退任し、同年一月から第一三代山口県知事として、その地にあったが、一二月にはもう大阪府知事として着任した。そして翌一九一八（大正七）年六月に府県における初の社会事業主管課として大阪府警察部に救済課（翌年内務部に移管）を設置し、同一〇月には大阪府方面委員規程を公布せしめたのである。その年八月には、米騒動が起こっていた。このように林の府知事着任から救護課設置までは六ヶ月でしかなく、また方面委員規程公布まででも一〇ヶ月でしかない。その間に米騒動への対応という知事としての危機管理能力を問われる大きな事件もあった。さらに林は、それまでの経歴からしても、感化救済事業や社会事業のエキスパートであるとは言い難い。

一方で小河は、確かに府嘱託として一九一二（大正元）年には着任しているのだから、府方面委員規程公布までは相当の研究期間があった。だとしても、規程公布後は、病気療養が長引き、復帰後は関東大震災への対応を余儀なくされつつ、一九二四（大正一三）年八月には、林知事の時に救済事務嘱託となっていたその地位を離れ、翌年四月には逝去するのである。つまり府方面委員規程の制度設計に小河が相当の貢献をしていた可能性は否定できないのであるが、公布後の制度運用への関わりはいかほどのものであったかと思わざるを得ない。しかもその制度設計に関してすら「従来の小河滋次郎研究は小河と林市蔵との間の少なくとも潜在的な対立、ないし方面委員制度成立以前の小河滋次郎と成立以後の小河滋次郎との言動の異同を問うてきていない」とする指摘を思えば（小野 一九九二［一九九四］：九五）、制度設計が小河の思想に沿ったものであったように理解することは、見直すべきではないだろうか。

さらに白虹事件や米騒動の収拾、大阪府救済課の設置といった林市蔵の府知事在任中の治績には、いずれも内務省の方針に忠実で、しかも慎重な態度が見て取れる。したがって、ひとり大阪府方面委員規定のみが林の独創であったとは考えにくく、これもそれらの治績に関するのと同様であったばかりではなく、本省の意向を受けて「自然の研究所」たる大阪において社会実験を試みた可能性さえある。その際、小河が療養を余儀なくされる状態に陥らず、その関与が最大限であれば、府方面委員のあり方も違っていたかもしれない。しかし現実には、それがまだ社会的実験段階であったとしても、林市蔵知事およびその部下たる内務官吏中心に進めざるを得なかったのである。これらのことは、その後の方面委員の性格に影響を与えたと考えられる。

林は退官後、大阪実業界で活躍しつつ、方面委員制度については、その後も長く影響を持ち続け、民生委員制度の発足まで見届けている。

さらにまた退官の前年一一月には末子となる六男が誕生している。これは退官のわずか二ヶ月半前のことであり、この時点で林が人生の黄昏を迎えようとする気分ではなかったと思える出来事である。しかし、政界入りせずに、着任前後の風評通り実業界入りをした理由は何だったのだろう。(16) この点については、次章で改めて検討する。

注

（1）これは、小野（[一九九二] 一九九四）および小野（[一九九三] 一九九四）で解明された見解である。方面委員以前に小河が救済委員を構想していたとする点からは、本章の論旨に重要なヒントを与えられた。

（2）「白虹事件」とは、一九一八（大正七）年八月に起こった政府による大阪朝日新聞に対する言論弾圧事件である。当時大阪朝日新聞は、米騒動の報道禁止措置に対して抗議の論陣を張っていた。そこで寺内正毅内閣は記事中の「白虹日を貫けり」の一句が皇室の尊厳を冒涜するものであるとして問題視し、発行禁止を示唆した。事態を重視した大阪朝日新聞社の村山龍平は、一〇月一五日に上野理一と社長を交代した。さらに編集局長の鳥居素川や社会部長の長谷川如是閑等の編集局幹部が退社した。

（3）これ以外にもたとえば、新妻莞（一九六九：一八七‐八）や小説ではあるが、城山三郎（一九七五：一八四‐五）にも同様の記述があるが、いずれも風評以上の信憑性を確認していないようである。

（4）この日本信託銀行は、大和証券の前身である。この部分は、大和証券（一九六三：一六〇‐七一）による。

（5）なお同日付の『大阪朝日新聞』（朝刊二面）にもほぼ同内容の列車内でのインタビュー記事が掲載されている。

（6）「本大会を名実共に記念する企ては内務次官篠原英太郎氏並びに神奈川県知事半井清氏を煩わす特別大講演会であろう。篠原次官は、現在連盟副会長で当時大阪府知事たる林市藏氏の下に救護《ママ》部長の職に在られた鬼才であり、又半井知事は同じく庶務《ママ》課長として令名を謳われた俊秀であり、その講演内容は蓋し本大会の白眉であった。演題は篠原次官の『二十年前の昔を想うて』半井長官の『方面委員制度創始当時を回顧して』である」とあるので（全日本方面委員連盟 一九四一：一五四）、篠原、半井両者とも「第八回全国方面委員大会」での講演の採録と判断できる。ここで「救済部長」「庶務課長」とされている点は意図的だとも考えられる上に、同じ大会で同じような内容を含む講演が二つも為されたとしたら、なおさらその意図を感じざるを得ない。

（7）言うまでもなく篠原も半井も林市藏が大阪府知事時代の部下であるが、当時の状況についてことさら林が本省に先行していたとする印象を与えようとしている感がある。これは篠原の講演や半井の論稿掲載の場を意識したもの、つまり方面委員制度創設の立役者として林を印象付ける必要があったからではないだろうか。

（8）これに関連して「（感化法の）上程以前に小河が起草した感化法案が修正されたことは、同時に公布された治安警察法、精神病者監護法にも象徴されるように、起草者小河の意図と政策化過程との間にずれがあったことを示している」という指摘は興味深い（小林 一九八九：四二）。小河の思想が具現化される政策化過程において、ずれが生じるという見方は、方面委員制度においても妥当するように思えるからである。

（9）この間の詳細は、小野（［一九九三］一九九四：一〇二―三）に明らかである。

（10）この附則は、「本府救済課の新設」（研究 一九一八：六⑤一一五―六）とする紹介記事に主な内容が掲載されている。本稿では、これを参照した。

（11）飯田直樹は、方面委員制度の「前史として警察社会事業を位置づけなければ同制度の歴史的意義も理解できない」としている（飯田 二〇一二：一三六）。だとすれば、大阪府救済課が当初は警察部に位置づけられたのもまた当然であったかもしれない。

（12）これについては、本書第九章で検討する。

（13）この点については、小野（［一九九三］一九九四：一一二）を参照。ただし、林個人の思想と小河のそれが「同床異夢」であったとする点には完全には同意できない。

（14）「消息　小河博士」『救濟研究』六（一二）、一九一八、一一一二。

(15) 以下、『救濟研究』（研究 一九一八：六⑫から研究一九二〇：八①）の各号に掲載された「方面常務委員連合会」の報告、及び『大阪府方面委員第一期事業年報』による。

(16) 香川（一九八五：三―六）に、これについて一つの見解が示されている。その結論としては、小倉正恒、岡島伊八、島徳藏等との交流によって「石田梅厳の唱えた『心学』の精神が溌剌として発揮せられるを見て大阪財界入りに、大いに新しく意欲を燃やされたようである。それに大阪に留ることは方面委員制度の育成に大きな責任を感じておられたことも、忘れてはならないと思う」とされている（香川 一九八五：六）。しかし、それほど単純なことではなかったはずだと想像できる。

第四章　大阪府方面顧問林市蔵の思想的基盤

――大阪府知事退官後の林市蔵

はじめに

林市蔵は、大阪府知事時代の一九一八（大正七）年に府方面委員規程を公布せしめたことによって、「民生委員の父」と評価されることになった。(1) もちろんそれだけではなく、府知事退官後も大阪府方面顧問となり、(2) 一九三一（昭和六）年発足の「全日本方面委員連盟」では、副会長や最後の会長となる第四代会長を務めたことも無関係ではないだろう。加えて、被占領期には、方面委員制度を引き継いだとされている民生委員制度の存続に功績があったとされることにも関連している。(3) つまり林は、一九五二（昭和二七）年の逝去まで三〇年以上、方面委員・民生委員制度と関わりを持ち続け、指導的役割を果たしていたことによって「父」としてのイメージが形成されていったのだろう。

しかし、府方面顧問の当初一〇年間における林の生業は、日本信託銀行頭取や大阪堂島米穀取引所理事長等である。(4) もちろん、大阪府の方面顧問も単なる名義的な肩書ではない。だが、方面顧問としての林だけを見ているのでは、林の考え方は理解できないのではないか。

本章では、府知事退官後の林市藏の実業界での経歴と大阪府方面顧問としての発言を検討することによって、林のいう「方面精神」の基盤となる考え方について考察することを目的とする。その際、方面委員またはその類似制度が全国に普及し、さらに救護法の制定される直前の一九二八（昭和三）年までを一応の視野に入れる。というのは、この時期は、「大阪府方面委員制度を基軸としつつも、地域ごとに多様な形態で制度が設置された時期」だからである（菅沼二〇〇五：六七）。そして林自身も、救護法制定後の方面委員は、その補助機関と位置づけられ、さらに方面委員令の制定によって全国的に統一された制度となったため、大阪府方面委員制度そのものも変質していったと考えていたように思えるからである。(5)

第一節　日本信託銀行頭取としての林市藏

林市藏は、前章で述べた通り、一九一七（大正六）年一二月一七日から一九二〇（大正九）年二月三日まで大阪府知事として在任した。退官した直後、一九二〇（大正九）年三月に日本信託銀行（以下、「信銀」）頭取に就任している。この銀行は、「戦前のことを知る人ならば、日本信託銀行と聞けば、大正九年に大阪に設立され、多くの話題をまいた大銀行を想起するであろう。それは信託の語を商号に含んでいるが、信託業務を主業とする会社ではなく、むしろ大阪株式取引所の機関銀行というべきであった。信託業務としては担保附社債信託業を営んだにとどまる」とされる新設されたばかりの銀行であった（麻島 一九七四：三六）。(6) 当時の業界誌は「新銀行の設立は近時経済界の膨張に伴ひ国債及び其他有価証券の民衆化を期する為め証券取引の隆盛を図り且内外の投資及び殖民地の開発等此種金融の中枢となりて活動し以て国運の伸張に資せんとするものにして信託及び銀行業務を営む」と紹介し（『大阪銀行通信録』二六八、一九一九、五九七）、殖民地への開発投資の実行も企図していたことを示唆している。設立にあたっては、「政府も側面から援助した。すなわち頭取の選考は島徳藏の依頼によって井上準之助日銀総裁が現役の大阪府知事林市藏を推薦、原敬首相及び高橋是清蔵相も積極的に同案を支持し、首相自身が林市蔵に勧誘した。その結果、林もこれを承諾、九年三月一〇日に大阪商業会議所で開かれた創立総会とその後の取締役会で役員は頭取林市蔵、常務取締役横山昌次郎、取締役島徳蔵、小川為次郎、監査役宮崎敬介、小西新右衛門、夏秋十郎と決定した」という経過を辿ったとされているのである（大和百年二〇〇三：一四六）[7]。

ここで言う「国債及び其他有価証券の民衆化」とは、国債や有価証券が一部有力な資本家のみによって独占されるのではなく、一般民衆によっても売買されることを意味する。つまり「政府は、私有財産制＝家族制度維持の点から信託制度確立を社会政策の一環と認識し、信託会社には社会奉仕的ないし非営利的な財産管理運用機関という性格を予定した」のであり（麻島一九七六：三三四）、信託業そのものについては、中産階級以下の財産管理をさせようとしていた。そのために「第三次大隈内閣のあとを受けた寺内内閣は、有価証券割賦販売業法を制定したが、信託法制の検討も前内閣から引継ぎ、成案をえたといわれる。……中略……さらに次の原内閣は、貯蓄銀行法を制定したが、信託法制にも真剣に取り組んだ。……中略……第四一帝国議会（大正七年末）で信託法制立法促進の質問を受けた原内閣は、第四二帝国議会（大正八年末）に提出を予定して法案作成をいそいだ」（一部注記省略）のである（麻島一九六九：九八－一〇一）。だが現実として信託業は「大口財産所有者、つまり富裕階級のための財産管理運用機関と規定せざるをえない」という結果になった（麻島一九八〇：二一八）。その理由は、「『中産者以下』という初期の対象が、上層の富裕階級になぜシフトしていくのか、正確にはどの時点で起こったのか、おそらく明治末年以降変質を遂げていく『社会問題』の性格と関連するのであろう」とされている（麻島一九八〇：二一八）。

さて大阪府知事着任時に、林市藏がすでに実業界への転身を考えているように報じられたことは、前章で述べた。その時の新聞取材にコメントしたのが、大阪実業界の重鎮たる宮崎敬介であった。林市藏は、寺内正毅内閣から原敬内閣に至る時期に山口県知事から大阪府知事となり、依願免本官となる。その直後に信銀頭取に就任するのであるから、林市藏の動静は、信託法制問題と関連しているようにも見える。そこに原が林の去就に関わったとする伝聞が生起する理由もあったのだろう。林の異動は、早くも前任の山口県知事に着任（寺内内閣時）して数ヵ月後、一九一七（大正六）年春頃には、大阪朝日新聞の記者に把握されていたようであることは前章で述べた通りであるので、なおさらである。

しかし、林自身は原内閣に対して、後年に次のような評価をしている。

大正の御代になって、段々と政党臭が津々浦々を通り越して、山や川にも瀰蔓して、野分の様に吹きまくった、原内閣に至りては、加速度を以て濃厚となり、自分は或るとき、地方官の更迭を見て、政党起りて民生亡ぶと、矯激の批評をしたことを記憶する。自分は、時代の変化性を否定しない。デモクラシーも宜しい、分配論も認める。議会政治も宜しい。併し真剣でない国民に幸福が来るか。社会を指導する地位に在るものも、我々の民政時代の如く親切でない。（林　一九二八ａ：六二）

この時代の官吏は、「公に奉仕するという観念に関して、とくに内務官僚についていわれたことは『牧民官』ということである。……中略……この考え方が内務官僚、とくに知事はじめ地方庁に勤務する者にとっては、一時も忘るべからざる目標であった」とする証言がある（大霞会　一九七一：六八三）。また「牧民官とは、地方長官を示すといっても、実際のニュアンスとしてはたんなる地方長官の意ではなく、儒教道徳に基礎をおいて、日本では『天皇の代理人』として、『民をいつくしむ』精神で誠心誠意地方行政をつかさどる地方長官」ともされている（百瀬　二〇〇一：九八）。そして「大正中ごろまでの内務省には、江戸以来の『牧民官』や『名君』の心構えがなお支配的だった」のである（水谷一九九九：二〇一）。それらを踏まえた上で「貧民救済行政は内務省の役人が『進歩的、民主的牧民官』だったことを証明しやすい行政事項だったのに、それが正反対と思える方向に進んだ」のだとすれば、どういうことになるか（植松一九九六：一五）。つまり、「牧民官」を目標としながら、それを最も示せる貧民救済行政において、牧民官たり得ていなかったという結論になるのではないか。

林は、大阪府という「一等県」の知事にまで上り詰めた。(8) そして「天皇の官吏として統治行為の一翼を担うのであるから、特権意識を帯びることは不思議ではない。牧民官意識も民に対する後見主義的な側面は否定しえない」とする指摘のうちにあった（代田一九九八：七二八－九）。つまり、林市藏が牧民官としての意識を持ち、貧民救済行政に取り組む責務を感じていたと考えても不思議ではない。たとえそれが儒教道徳的で後見主義的なものに過ぎなかったとしても、牧民官意識が基本であるという点は重要であろう。

一方で林市藏は、先の原内閣への批判に見られるように、政党には一線を画していたというより、非政友会系、有体に言えば清浦奎吾に近く山縣系であると看做されてきたことは繰り返し述べてきた。それに対して原内閣は、林に退官を促し、信銀頭取としての椅子を用意した。その背景には、寺内内閣の下で、東洋拓殖会社という国策会社勤務から山口県知事に復帰し、さらに大阪府知事に抜擢された経緯があった。寺内正毅は山縣系とされており、その内閣は、「立憲政友会」と協調したとはいえ、「非立憲内閣」といわれていた。これらのことを勘案すれば、退官後に貴族院議員は時期尚早としても官界等でそれなりの処遇をするというのでもなく、新設の一民間銀行頭取ポストを用意するだけという扱い方は、非政党人たる林に対する初の本格的政党内閣たる原内閣の冷淡な態度であるように感じられる。林は、その人事に「政党臭」があるとしつつも、それを承知で、大阪に止まり、余生を実業界の御意見番位で過ごそうといったんは決意したのかもしれない。

また一方で信銀設立の立役者である島徳藏との関係から林市藏を見ると「大正三年から東拓の監事を務めていた島は、

同時期に同社の理事を務めていた林（明治四一年一二月～大正五年一一月在任）とは知己の間柄であった。殖民地開発銀行の性格を持っていた信銀が東拓に出資を仰ぎ、同社の役員経験者を役員として招いたことは不思議ではなく、林の外、当時東拓の理事であった夏秋十郎も信銀の監査役に就任している」となる（山田　二〇〇七：九〇）[9]。つまり、島は政府による信銀の設立許可という条件と引き換えに自身も関係の深い林に頭取ポストを用意した。そして、それは原内閣にとっても不都合ではなかった。この頃の島と政友会の関係に言及して「（島が設立に関わった―筆者）これらの外地・海外取引所は、政友会系の人物が有していた利権を島が具体化したものであった」とするものや（山田　二〇〇七：八六）、「彼はいわゆる『清濁合せ呑む』という、大胆なやり方で、特に海千、山千の政党関係者と呼応したことは後日上海、天津両取引所や、門司築港株などの思惑や権利稼ぎとなり、群疑を招く結果となったのである」とするもの等がある（松永　一九五九：一八〇）。つまり非政友会系の元勅任地方官たる林市藏の引き受け手としては好都合な存在であったといえよう。

ともかくも信銀設立時の本店は、北浜の大阪株式取引所内に置かれたが、五月五日に北浜一丁目の仮店舗に移り、さらに新社屋が大正一一年八月三一日に落成したので、九月一日「東区今橋二丁目一番地に於て近代式五層の堂々たる建築物としてその偉容を出現しこれに移転」して、新店舗での営業を開始した[10]。発足直後の様子は、「社員はみんなで五〇人足らず、総務部、営業部、証券部の三部にわかれ、（太田垣―筆者）士郎氏の配属された証券部は、部長を加えて一二、三人であった。証券部は、株式、公社債、証券などの売買を取り扱い、部長は、五高、京大ともに先輩に当る吉原政義さんであった」という状況であった（太田垣　一九六六：三一八）[11]。林もまた「五高」の第二期卒業生なので、後輩がいる気強さはあっただろう。「近代式五層の堂々たる建築物」の中でそれなりの落ち着き先を得たと感じたかもしれない。

だが頭取としての林の評判は、それほど良くない。たとえば左のようなものがある。

仮へ官海の遊泳に長けては居ても、全く畑違ひの銀行に来ては、林氏の頭取としての無為無能振りは今更汲々する迄もない。併し吾人が林氏に最も慊らないのは、その人格である。その嘘つきである。……中略……表面如何にも温厚の君子人らしく、「一象」とかいって俳句の一つも駄句って見せるので、慌て者は大抵感心してしまふ。御自分もそれをよいことにして、飽く迄も君子人を氣取るといふ始末である。（高木生　一九二四：一五七）

かなり厳しい評価である。この「高木生」というペンネームの文章を掲載する『銀行論叢』誌を全面的に信用はできまい。(12) しかしながらこの雑誌は、「民間商業ベースによる学術専門誌的な性格をもった金融評論誌という意味において、大正期における金融雑誌の典型的タイプ」とされているのであり（本間　一九八七：二二五）、根拠がないとも言い切れない。それは、この後に林が頭取を辞任するに至る経緯にも表れている。

つまり、事態は「順調な滑出しを見せた日本信託銀行は開業のわずか四年後、大正一三年一〇月には資本金を一七五〇万円へと大幅に削減せざるを得なくなるが、その原因となったのは大正時代の代表的『バブル』関連係争案件とも言うべき石井定七事件であった」という局面を迎える（大和　二〇〇三：一四八）。その前後の信銀は、「石井定七事件の責任をとって一三年一月に横山常務、同年三月には林頭取がいずれも責任をとって辞任し、……中略……信銀の最高首脳は林市蔵頭取、（実質上は横山昌次郎常務）から河合松之助常務、門脇正常務と短期間で交代した」という経過を辿ったのである（大和　二〇〇三：一六二）。

だが、ここで注目すべきは、すでに周知の林辞任の経緯ではない。むしろ、現在の信頼すべき資料である『大和証券百年史』という公式資料に「実質上は横山昌次郎常務」と書かれている、その評価である。この裏付けは明示されていないが、当時における信銀の内部事情から推して判断されたことであろう。だとすれば、これは「高木生」の評価を裏付けていることになるのではないか。

第二節　大阪堂島米穀取引所理事長としての林市藏

林は、この後一九二五（大正一四）年六月、大阪堂島米穀取引所理事長となり、一九三一（昭和六）年二月まで務めた。林の前任者は、宮崎敬介で、林とは既述のような関係であった。林と島徳藏、宮崎敬介らとの関係、信銀頭取や後述するような米穀取引所理事長就任の経緯等を考慮すれば、林と大阪実業界の大物たちとの因縁は、相当深いものになっていたようだ。

大阪堂島米穀取引所のルーツは、堂島米会所に求められるが、全国の米穀取引所は、一八九三（明治二六）年の取引所法制定によって近代的な機関として展開した。当初は全国で一八ヶ所であったが、一八九九（明治三二）年には九六ヶ所となり、「地方投機市場の弊害を除くため政府は小取引所の撲滅策を採ったので、四四年末には四三ヵ所に減じ一応主要米穀集散地にその設立が許可されていた」のである（鈴木 一九六五：六五）。さらに一九二一（大正一〇）年に米穀法が制定され、取引所機能が縮小し、一九三三（昭和八）年の米穀統制法の制定によって米価変動が政策的に抑制された結果、取引所機能も衰退していくという経路を辿る（鈴木 一九六五：六五‐六）。大阪では一九二七（昭和二）年一二月に、堂島川河畔に「大阪正米市場」または、「玉江町の正米市場」（正式には「大阪堂島米穀取引所正米部正米市場」）と言われた「スケールの大きい正米市場」を開設した。しかし、「玉江町の正米市場は不振のなかに営業を続けていた」という状態であった（岩佐 一九八五：九七‐一〇一）。つまり、林が理事長であったのは、米穀法が制定された後、取引所機能の縮小・衰退期であり、しかも新設正米市場の不振がそれに拍車をかけた時期だった。

さらに言えば、前述したように林が信銀時代に遭遇した「石井定七事件」は、大阪堂島米穀取引所を舞台としている。この事件は、最新の大阪市正史では「石井定七の大買占は多数の銀行に損失を与え、金融界に警鐘を鳴らしたことで、特筆に価する」とさえ評価されている事件である（新修大阪市史　一九九四：三九五）。にもかかわらずその金融界における当事者たる林が、責任をとって辞めた銀行から事件の舞台である取引所理事長に就任するのは、何かしら不自然な気もする。しかし、事件とほぼ同時代に書かれた市正史では、「其後一〇年九月頃より石井定七の大買占が行はれ、一一月限には五〇万石余の大受渡が敢行せられた」とあるだけで（大阪市　一九三三：六〇六）、むしろ好意的とも取れる。当時は、現在感じられるような不自然さは無かったのだろうか。いずれにしても信銀の場合と同様に、ここでも林は、実力を期待されたのでなく、どちらかと言えば閑職に身を置かされていたと言えよう。

このように林の経歴を検討してくると、その退官後の経歴と方面顧問としての活動が林の中でどう調和されていたのかがわかる。人事は意図的であったとしても、林が府知事として「米騒動」に直面したのは、歴史的偶然である。しかし、知事としてその収拾に取組んだ経験は、牧民官として「社会問題」に取り組む意義を再認識させた。この米騒動が林の以後の人生に進路を示したとしても不思議ではない。したがって林は退官後も「牧民官」としての意識を継続し、その生業である信銀頭取として、その信託部門に中産階級以下の「社会奉仕的ないし非営利的な財産管理運用機関」の役割を発揮させ、「社会問題」を緩和させる可能性を少しは考えたかもしれない。だが、そうはならなかった。信託業そのものが目論見とは違った展開をしただけではなく、信銀は初めからそういうことを目指していなかった。さらに信銀でも取引所でも林の存在は大きくなかったからである。一方、府知事としてその創設に関わり、定着期に顧問として指導する立場にあった方面委員制度は、米騒動を引き起こすに至った「社会問題」をそれによって緩和できるものだと期待できた。後年、自ら「此の米騒動は方面委員の出来ます動機と致しましては何うしても見逃すことの出来ない関係でありまず」とする明言のうちには「社会問題」の存在を感じ取っていたはずである（林　一九二五b：六九－七〇）[13]。つまり、信銀頭取・取引所理事としては「社会問題」の緩和に期待したような仕事はできないとしても、「方面顧問」としては、それが可能である。しかも自身の官吏としての経歴を有効に生かせる。そうであるならば、表向きの生業はともかく、「牧民官」としての意識が、余生を方面委員の指導に尽くすことに継続したとしても矛盾しないのではないか。

第三節　大阪府方面顧問林市藏の思想的基盤

林の大阪府方面委員に対する考え方は、「無報酬の報酬」「慈善は人の為ならず」「方面道場」といった言葉で伝えられてきた、いわゆる「方面精神」に示されている。これらの考え方は、林自身が方面常務委員会の初期から主張してきた。さらに方面委員・民生委員関係の文献等においても林の考え方として紹介されてきた。これらももちろん林の思想的基盤と言える。しかし、本章では、それらについての言及や検討を繰り返すことはしない。

大阪府方面委員制度発足から一〇年間の大正・昭和初期は、方面委員や社会事業にとってどういう時代であったか。この時期の日本の社会事業は、家制度や共同体による相互扶助、つまり隣保相扶を前提として残しつつ、人道主義、民主主義、公的扶助といった考え方を導入しつつあった。さらに社会化・組織化・専門化・科学化・予防化を目指した。こういう背景を踏まえて、方面委員に対する林の考え方を検討してみたい。その際、当時社会事業の課題であった事柄を考慮して、家族制度、生存権思想および内地への朝鮮人移住者の処遇の三点について取り上げる。

一　家族制度の維持に対する考え方

大正から昭和初期における大阪の都市支配に関して方面委員活動を分析し、その特徴として「(方面委員制度は―筆者) 明治期以来設置されてきたこれらの社会事業施設や、隣保事業など新たな都市社会政策などと一体となり、それらを地域社会に媒介することで実質化し、有機的に機能させていく役割をもって展開されたのである」とする見解がある（佐賀［一九九五］二〇〇七：二七七）。

林自身も知事在任中の一九一九（大正八）年七月一二日救済事業研究会第七三回例会の挨拶で「被救済者と慈恵施設との間に密接の関係を造り相互の連絡克く相通ずる」ようにするのが方面委員の仕事だとした（林 一九一九：一三）。さらに一九二二（大正一一）年六月の常務委員連合会では、次のように発言した。

独立したる社会事業といふものが斯の如き階級に向って果して何れだけの福音を持来すであらうかといふ事であります。……中略……方面委員が保護して居る所の一のカードを単位として社会的に働くといふ事になり、学校に於て授業料を免除して貰ったとか、病人が出来たのを早く治して働くやうにして貰ったとか云ふ様な事の為に得た金の一部を割いて之を向上の方面に用ゐしめる方法を講ずる事にしたら何うであらうか。此点より考へて私は斯の如き階級の人に對する社会事業の組織が各々其の事業本位で獨立して居るといふ事は其の効果の点に於て果して何うであらうかといふ感を起したので、是れは日本の社会事業として大に研究すべき余地があると思ふ。（年報 一九二二：一三〇）

これらは同じく先の活動分析の結果示された結論と共通している。それは「方面委員制度による貧困者把握の特徴は、……中略……世帯もしくは家族を単位とした点にある。……中略……都市下層住民における世帯形成という動向をふまえ、彼らを一個の世帯として『自立自助』させていく志向性を方面委員の活動が持ったことを示している」ということである（佐賀［一九九五］二〇〇七：二六七）。

つまり、林は方面委員の役割について、「カード単位」＝「世帯単位」で貧困家庭の生活上のニーズを把握し、その上で社会資源、すなわち社会事業の提供するサービスによって合理的にニーズを充足させていくと考えていた。

この背景には「方面委員が家庭状況を調査し、生活困難な場合できるだけ自立する方向へ指導するということは、家族形成をすこしでも押し進めていこうとする点に密接に絡んでいたといえる。それが、わが国における〈防貧〉の第一歩なのであった」とされる社会的期待があった（玉井 一九九二：四四）。林も防貧に対するこのような考え方を超えていたわけではなく、むしろ方面委員の活動による家族形成または強化で防貧を積極的に推進しようとしていたと判断できる(14)。

だが、この時期の家族は、「大正時代の工業化と共に形成された日本の『近代』家族には、私生児の出生という、まことに奇妙な現象がつきまとう。それは、この時代の工業化が、日本の特殊な文化の脈絡の中で生じたからだ。おそらくは当時の日本に固有の、こうした特異な家族をつくった伝統文化は、明らかに西欧の文化とは違っていた」とされる現実があった（木下 二〇〇七：一五七）。つまり、西欧近代の幕開けにおいては、伝統のもつ形式と恣意という両義性を拒否するプロテスタンティズムがあったが、日本でそれに代わったのは「絶対的な他者のまなざしを独占しようとした国家であり、それが民衆に押し付けようとした家制度の理念と、そのうえに成り立つ法の体系であった」のだ（木下 二〇〇七：一五八）。したがって、林の言う方面委員による家族形成の強化は、国家による類型的な家族形態への囲い込みを進行させた。

二　生存権思想に対する考え方

大正初期の米騒動以前のこととして、友愛会の鈴木文治の生存権理解について、以下のような指摘がある。それは「『生存権の観念』を主張しながら、それを法律的権利とはしなかった」とし、「生存権をなお道徳的権利と解していたのは、当時の日本における労働運動発展の弱さを反映したものといえよう」とするものや（石田 一九八九：二六〇）、「生存権が、法律的権利、政治的権利ではなく、道徳的権利、又は社会的権利として位置づけられている」とするものである（池本 一九九九：一四一）。

鈴木より十数歳年長であり、経歴から考えて保守的であろう林は生存権について、どう考えていたか。一九二四（大正一三）年一二月二〇日方面常務委員連合会例会席上の年末挨拶において、次のように述べている。

この生存の権利と云ふのは、今日の時代に於ては何うしても叫ばざるを得ない。弱き者であっても、より弱き者であってもどうしても生存の権利を有し、衆と共に暮して行かなければはならなぬ、弱いものはどうしてもよい、強い者ばかりが贅沢をし、自分は自分の造った金で自由にするのだと云ふゆうな訳には行かないのであって、弱い者でも生存して行かなければならぬと云ふのが即ち今日の時代である。これを称して相互主義と云ふのであります。……中略……さふ云ふ相互主義の目的を達成せしめんが為めに、諸君が動いて居られるので、この目的の下に多々ます々々努力をして行くと云ふのが我々方面委員の主義であるのであります。……中略……只今申しますやうに、より弱い者でも生きて行かなければならぬ、乃ちその生存権を認めなければならぬやうな時代で、これに対して国家も相当の手を尽して居り、今日種々の機関もありますけれども、それは全く駄目です。我々方面委員が現に扱って居る事柄に対しては、国家としてこれを救ける訳には行かない、また地方の団体と雖も、直接これを救ける途がない。今日方面委員の手に掛らなければ、その生存権を全うする事の出来ない者が沢山にある。そこで現在の社会の状態に於て、即ち今日我々人類間の潮流たる相互主義の場合に於ては、弱い者でも見捨てる訳には行かないので、これを救ひ、彼等をしてその幸福を得せしめんが為めに努力し得るところの者は、独り我々方面委員の制度より他には無い。（林 一九二五ａ：七七－八）

これによれば、生存権の認識はあるが、やはり「道徳的権利」を超えて考えてはいない。生存権を実現するためには、国家や地方は「全く駄目」であり、「方面委員の制度より他に無い」という。

ところが「恤救規則に当嵌まれば、少しも遠慮することは要らぬ。今日生存権を要求して、当然国家から貰ふのが至当だと思ひます。それにも及ばずお世話が出来れば結構ですが、さういふ困ってをる人には当然ドシドシ貰ふがよいと思ふ」とする発言も残されている（年報 一九二七：一五）。さらに言えば、一九二五（大正一四）年の衆議院議員選挙法の改正、いわゆる「普通選挙法」の制定に関連しては、以下のように発言している。

公私の恤救を受くる者は失格者とする、即ち国民としての公権を剥奪すると云ふことは何と云ふことであるか、今日お互が社会事業をやってをるのは何の為めであるか。即ち最後の一人までも共に国民として栄江なければいかぬと云ふのが、今日の社会事業の精神である。私は現在日本の法制の上に斯くの如き恤救と云ふやうな言葉を使ってあるところは殆んど無いと思ふ。今日の社会事業は、元は救済と云ふた。その前は慈善と云ふた。その前には恤救とか云ふたやうですが今日ではさうでなくしてこれを手伝う人も手伝われる人も思想が非常に変ってをる。然るにそれを手伝えば…、手伝った為めに公権を剥奪される。かう云ふ事は如何であらうか。（年報 一九二五：一六〇）

これらを勘案すれば、林市藏は、恤救規則で保障される国家的救済は、「法律的権利」としての生存権だと考えていた。

したがって、方面委員制度の創始者たちが誇りとしたのは、日本独自のものであるという点であり、そのオリジナルな性格は、「消極面では救済に関する権利性を否定し、公的支出をおさえる『制限的救助主義』の伝統をひきついだ点であり、積極面でいえば家族主義と隣保相扶の『美風』による教化的色彩を持ち続けた点である」とする見解には違和感がある（石田 一九八九：二六四－五）。後半は妥当性を疑うものではない。しかし、前半は、林に関して言えば、「救済に関する権利性を否定」したとまでは言えず、恤救規則程度の法的権利を保障しつつ、基本的には道徳的権利として生存権を認識していたのであり、これは「権利的救済論」であろう（冨江 二〇〇七：一〇〇－四）。

それは、一九二九（昭和四）年の救護法制定時の林の見解にも示される。次の通りである。

救護法は洵に有難い、我々の事業としての法でありますけれども、法は死物である。法は生きたものではない。その法は死物であるといふことは昔からだんだん歴史家なり政治家なりが体験をしてをります。現に現在におきましても、今日市町村制の如き、或は産業組合の如き、我国は六〇年の間においていろいろと法律制度の翻訳を致して来たのでありますが、その精神が無いのでありますからしてマア死物である。……中略……救護法が出来たから救護法の力によって金を配るといふやうな事を以て全部の事業と考へてをるということは、これは私は従来の翻訳法律の弊に囚はれた結果になると思ふ。……中略……相変らず方面委員のつまり精神によって無報酬で、さうして精神的に我々同胞のために手伝ふといふことは、決して法律による救護委員とかいふものがあっても、これは我々の事業は決して無用ではない、相変らず国家社会のために必要であるといふことを考へました。（年報　一九二九：一九七－八）

救護法の実施促進に関して林が果した役割は、次章で検討するが、林も含め方面委員関係者が実施促進運動を展開したことはよく知られている。それを踏まえて「方面委員は精神的に其の家庭に生気を与へ又物質的に生活の手段を講じてやり只管生活向上を目標として働かせる。足らぬ分は救護法の手伝を受ける。之が人間の実際に触れた行き路である」とする林の文章を読むと（林　一九三二：一三）、なおさら生存権に対する考え方が、「道徳的権利を基本にした法的権利」であったと理解できる。

結果的には、このような道徳的権利を基礎にする封建的救済関係の維持は、「方面委員制度との関連で言えば、行政責任の曖昧な立法化がなされるなかで、地方自治体、並びに国家はそれぞれ別個に要救護層に対し、体制的秩序の保全策として、あるいは資本主義の発展過程で、彼らの経済的自立能力を奪いつつ、儒教的道徳観を支柱として、もっぱら社会的教化の対象として扱い、結果的には経済的窮乏化を永続、かつ一般化することとなった」と評価されて当然であろう（遠藤　一九七四：四六）。しかし、救護法制定前の段階において、方面顧問としての林が、方面常務委員連合会で、たとえ制限的であれ「法律的生存権」についての認識を示したことは、少なくない影響があったといえよう。

三　内地への朝鮮人移住者の処遇に対する考え方

一九二四（大正一三）年七月の方面常務委員連合会において、鶴橋第二方面常務委員の紀本善次郎は、以下のような発言をした。

私は朝鮮人取扱に就きまして皆さんにお諮りすると共に府の幹事の方にお諮り致したいと思ひます。それは本月八日鶴橋第一方面の月番会が開かれました時、その席上で林顧問の述べられた御話の一節であります。林顧問の言に曰く「朝鮮人を世話する等の事は方面委員の仕事以外の仕事である」かう云ふ事を明かに述べられたのであります。（年報　一九二四：二九〇）

紀本は、方面委員として朝鮮人に対する活動を活発に行ない、常務委員連合会でも報告した。したがって、朝鮮人を世話することは方面委員の仕事ではないと言い切る発言があったならば、「大阪府社会課が明確な方針を出さない中で、また、林市蔵のような重鎮の発言の圧力の下で、多くの方面委員が朝鮮人の『救済』に取り組めなかったことは間違いない」とする指摘に反論する余地はない（塚崎　二〇〇七：四〇）。だが、同じ連合会において、鶴橋第一方面の月番委員会を担当した常務委員である岡本彌藏は、「方面委員は朝鮮人と雖もカード階級に属するものは、これは矢張り内地人と同様に取扱をして差支へないものと私は信じて居ります。林顧問が言はれました事もさうであったと私は解して居るのであります」と紀本に対して反論している（年報　一九二四：二九三）[15]。

このような林の朝鮮人救済否定発言には二つの意図があるとされている。すなわち一つは、方面委員の任務は日本人にとっての秩序の維持であり、朝鮮人の渡来は秩序の不安定化に繋がるので、特別扱いはすべきでないということである。もう一つは、林が朝鮮人に対して差別的な認識をしており、面倒は内鮮協和会に委ねるという姿勢があるということだ（塚崎 二〇〇七：四二）。

だが林市藏は、この時点から一三年前の一九一一（明治四四）年二月、東洋拓殖会社理事として東京麹町区の中央亭で行われた「斯民会懇談会」において「（朝鮮に―筆者）這入る日本人が不健全であって、朝鮮人に接触が甚だ悪いと、縦令土地には余地があっても、所謂心田に余地がない、必ず感情を害する。日本人を入れる為に会社は我々の土地を取り上げるのであると元からやかましくいって居った位でありますから、縦令土地に余地があっても、さういふ訳であるからいかぬのであります」と述べている（林 一九一一：四七）。これは朝鮮に移民してくるいわゆる内地人が適切な人物ではなく、そのために感情的な縺れを生じて、朝鮮人との協力関係が成立しないという訴えである。これを読む限り、当時のいわゆる内地人の一般的な見解と比較して、特に差別的であるというより、むしろ理解があると感じられる。

さらに一九二〇（大正九）年六月時点の方面常務委員連合会では、早くも「方面委員の事業は、其の出発の趣意の通り第一の意義に於てカードに依て其方面の社会事情を測量して、そうして此のカードに取込まれたる者若くは之に準ずべき者の如きは方面委員の手に依て徹底的に救済する。斯う云ふ事にして而して其上に各種各様であるから、多少の余地があれば他の事業にも関はると云ふ事は然るべき事であらうと思ひます」と発言している（年報 一九二〇：二七一―二七二）。制度が発足して二年足らずの段階で、すでにカード階級の救済以外に手を広げることに危惧を持っていたことがわかる。

さらに一九二三（大正一二）年七月の同連合会でも、以下のように同様の発言をしている。

私共今日まで御嘱託を受けて乗出して来て居りまする船の目的と云ふものは、カード階級の徹底せる保護救済と云ふことが方面委員の目的……その目的の為めには今日この事情に精通しない人の批評を受けるやうな事は苟もしない。斯う云ふのが方面委員の権威を世間に認められた原因であると思ふ。然るに誠に調子が好いものでありまするからして世間でも方面委員はあれもしたら宜からう、これもしたら宜からうと云ふやうな訳で、少しく評判が好過ぎて困って居ると云ふやうな訳であります。でありまするから方面委員の目的たるカード階級若しくは之に準ずべきもの丶徹底したる保護救済と云ふ範囲を脱し、さうして茲に種々なる要求を社会から受け、またウカウカとそれに乗出して行くと云ふ事柄は必ずしもないとも限らぬ、……中略……どうしても多岐に亘ると云ふ事があれば続かない、またさうすれば事柄が徹底しない、随って世間の批評を受けると云ふ訳でありまして、方面委員事業の本体にひびを切らすのであります。（年報　一九二三：二九八－九）

この同年、同じく連合会での大阪府内務部長平賀周、社会課長中村忠充の発言から「一九二三年なかば、在日朝鮮人労働者の集中する大阪市で、当局者はこのように在留朝鮮人を方面委員事業の対象として明確に規定し、同化政策の社会的基盤をつくりだし始めたのである」とする指摘がある（岩村　一九七二：八〇）。これは先に指摘されたような林の救済否定発言を是とすれば、それと異なる方向性である。だが、方面顧問としての林は、当局者と軌を一にしていると解釈する方が妥当であろう。そうであれば「日本社会事業は、時には積極的に、時には消極的に朝鮮人に社会事業を励行した。それは、社会事業によって朝鮮人労働者を救済することに力点が置かれていたのではなく、主に同化政策を促進する一環として行われたのであった」とする理解だと矛盾がない（愼　一九八四：四九九）。

つまり、林がカード階級の朝鮮人を方面委員によって救済することを認めたのは、同化政策に沿ったものであった。だが林が、朝鮮人の渡来を阻止することが内地の安定化に繋がると考えていたとか、朝鮮人に対して当時の水準を超えて差別的であったとかいうことでなかった。つまり、林は、紀本のような急進的な人道主義者ではなく、国策に沿った融和的対応を考えていた。その意味で言えば「重鎮の発言の圧力」は、有効に作用していたであり、「牧民官」としての枠を超えていなかったとも言える。

おわりに

百瀬孝によれば牧民官とは「地方長官を示すとはいっても、実際のニュアンスとしてはたんなる地方長官の意ではなく、儒教道徳に基礎をおいて、日本では『天皇の代理人』として、『民をいつくしむ』精神で誠心誠意地方行政をつかさどる地方長官」としている（百瀬 二〇〇一：九八）。また植松忠博は、牧民官とは「民を牧う者」という意味で、『管子』の冒頭の章「牧民」にあるという。意味は「領民が礼節を知り、栄辱をわきまえる人間になるために、行政の長たる者は、国家の財を豊かにし、土地を開墾し、穀物が倉庫にあふれるように、たえず心がけていなければならないということ」としている（植松 一九九六：六）。

近代日本では、一八七三（明治六）年五月二四日の「地方勅奏任官ヲ奨励セラルルノ詔」によって地方長官が天皇の牧民官であることがあきらかにされたという（大霞会 一九七一ａ：六八四）。この思想が「この後長く内務省の地方行政思想にながれて」いたのであり（百瀬 二〇〇一：一〇〇）、「知事はじめ地方庁に勤務する者にとっては、一時も忘るべからざる目標」だったとされているのである（大霞会 一九七一ａ：六八三）。

これを知事の心構えとしてみると「もともと牧民官とは一国の君主の意味なのだから、内務官僚が牧民官を自任していたというのは、君主として『民を牧う』心で任地の府県に臨んだということであろう。……略……内務省の役人は、霞が関から人民を見下していた諸官庁の役人とは違って、率先して府県に下って、日常に親しく接する人民の訴えを取り上げて、国政に反映させるべく努力しようとした」ということになる（植松 一九九六：八）。当時の勅任地方官たる知事はそういう心掛けで府県に赴任したということであるようだが、それが自身の信念にまで至っている場合もあったようだ。

たとえば小野修三は、具体的に笠井信一を評して「笠井においては明治天皇在世中の岩手県知事時代に自分は県守＝牧民官であるとのアイデンティティ、言い換えれば牧民官たる自分は、天皇、自分、民という順序関係で結ばれているとの意識が抱かれていた。笠井においては天皇は民を気遣い、民を愛撫し、しかし民を牧する仕事は自分たち県守に任せる存在」とする信念を持っていたのだとしている（小野［一九九〇］一九九四：二二二）。

いずれにしても明治維新以降昭和戦前期までの内務官吏、特に地方長官にとっては、「天皇の牧民官」という意識が倫理的基盤であり、退官後も特に公的な場面では、その倫理観が継続していたのではないだろうか。

さらに方面委員の自発的活動としての地域住民組織の創出に触れつつ、それは民本主義の時流への迎合・同調がみられるとしながら「その反面、階級協調の支柱をもって任ずる委員たちの国家主義的心情によって、『社会改造』『住民自治』の概念が安易に矮小化される傾向があらわれがちである」とする指摘もある（大森 一九八二：七二）。この場合、「牧民官」林にとっては、「政党臭」のある自治に対する反感が、方面委員の心情と一致していたと考えられる。

大阪において在郷軍人として米騒動の警戒にあたり、その後方面委員に任じられた田中半治郎という一方面委員の活動分析がある。それを通じて「田中半治郎は、その軍歴からうかがえるように社会的上昇志向の強い人物であった。……中略……このような上昇志向や民衆への同情心・共感を取り込むことによって、米騒動後に創設される方面委員制度や地域支配の再編が成り立っていたということが重要であろう」と結論されている（飯田 二〇〇九：二四四）。「牧民官」林は、「方面道場」において、時には叱咤激励し、時には訓戒しつつ、「無報酬の報酬」「慈善は人の為ならず」といった方面精神を説き続けた。しかし、方面委員の一人ひとりは、それぞれの思惑の中でその活動に従事していた。そして、その総体として地域支配の再編が行われた。

大阪府方面顧問林市藏は、時代の息吹を取り込みながら、時にはそれと対峙しつつ、前半生の官歴を支えた「牧民官」意識を抱いて、自ら創設に関わった方面委員制度に関する責任を全うしようとした。本章の対象時期以降、方面委員制度を取り巻く状況の変動期に、林はどう対応したか。それについては、次章で検討する。

注

（1）たとえば、唯一の伝記である、香川（一九五四）は、「民生委員の父」とタイトルがつけられている。

（2）「大阪府方面顧問」は「大阪府方面委員規程」に一九二〇（大正九）年九月三〇日に府告示三一一号により追加された「第八条ノ一　知事ハ特別ノ須要アル場合ニ於テハ学識経験アル者ニ顧問ヲ嘱託スルコトアルベシ」を根拠としている。なお、この改正は、林を顧問にするために為されたのであり、翌一〇月二〇日の方面常務委員連合会で推薦され就任した。「此度方面委員の規程に改正を加へられて新たに顧問を置くと云ふ制度を開かれたのであります。それで林前知事閣下を方面委員の顧問として推戴する事になったのであります」となっている（年報　一九二一：二九六）。

（3）柴田善守は「戦中戦後を通じて方面委員制度の存続に努力した。戦後のアメリ《ママ》カ占領軍との折衝は、特筆しなければならない」としている（柴田　一九八八：三八八）。この点についての詳細は、第七章で検討する。

（4）府知事退官の時点で恩給受給に必要な在職年数は充たしていたと思われるので、普通恩給は最低限の収入として確保されていたはずである。しかし、自宅は借家であり、知事退官直前に生まれた六男を初め、まだ成人していない子も多く、それだけでは十分ではなかったと考えられる。

（5）この裏付けとして、林の考えが、「日支事変となる頃までの方面委員は、たしかに先生が望んでおられた通りに、民間篤志奉仕者としての基本線はかたく持していたのである。ところが前にもいったように、いろいろと彼らが発起となって、作らせた法制を実施する段になって、その法の実施機関になってしまった。国家行政とか、地方自治体の行政機関に、いろいろと、献策している間は良かったのであるが、みずから準公務員的な立場になって末端行政にあたる段になると、俄然その性格に異変を生じてきた」とするものが残されている（香川　一九五四：九五）。

（6）なお、この「日本信託銀行」は、昭和戦後期の日本信託銀行とは無関係で、現在の大和証券グループ本社に至る前身の一つである。

（7）この引用部分だけではなく、たとえば「首相みずから林市蔵に勧誘するところがあったといわれている」というように原が林を説得したとする伝聞記述はいくつかある（大和証券　一九六三：一六一）。しかし、『原敬日記』を見ても、一九一九（大正八）年一一月一五日の項に「晩に大阪に於ける有志者二〇〇名斗りに招待され大阪ホテルに赴き晩餐の饗応を受け一場の演説をなし内閣組織以来執り来れる方針を説明し」とあるのが強いて言えば関連するという程度である（原　一九五〇：三九〇）。それ以上の裏付けとなる資料は発見できていない。

（8）百瀬は、「一等～三等県といった奇妙な区分」としているが（百瀬　一九九〇：一〇五）、そういう区分があったことは確かだという指摘になっている。

（9）林市藏は、知事退官直後には「北区網島藤田男爵南邸に仮寓」した（研究　一九二〇：八②八三）。これは正確には「藤田男爵淀川邸」であり、現在の「太閤園・藤田美術館」である。しかし、その後半年ほどで「南区天王寺烏ケ辻九七四一番地へ移転」した（研究　一九二〇：八⑨八六）。「信託銀行の関係者であった島徳蔵氏の弟定次郎氏の家を借りた」のであり（香川　一九五四：四四）、その後約一〇年間居住する。このようなことからも島との関係は、深いといえる。

（10）この経緯は、大和百年記念プロジェクト（二〇〇三：一六六）による。引用箇所は、『株式会社日本信託銀行小史』と注記されているが、一九四三（昭和一八）年の内部資料とされていて、現物は確認できていない。

（11）太田垣は、後に京阪神急行電鉄（阪急）社長、関西電力社長、会長を歴任した人物である。

（12）林市藏は、「一象」という俳号を持つホトトギス派の俳人であった。敗戦後のことになるが、一九五〇（昭和二五）年に師である高濱虚子の喜寿に列席したと認められた林自身の筆になる葉書が二女美恵の子息堀田健彦氏のもとに遺されている。このようなことからすれば、ここで「俳句の一つも駄句って見せる」とされている評価は、少しばかり揶揄し過ぎかもしれない。

（13）これは、一九二五（大正一四）年三月の庶民信用組合協議会における談話の要旨を筆記したものである。

（14）佐賀朝（［一九九五］二〇〇七：二六七）では、これは小河滋次郎の「家庭」論に対応するものであるとし、その注において、玉井金五の議論を紹介しつつ、次のような批判をしている。それは、方面委員が世帯の自立のみではなく、公的救済からの自立を基本にしていたこと、家族は当時の状況下では貧困の原因にもなりうるというものである。

（15）残念なことに、この月番委員会における林の発言は、記録されていない。報告には「林顧問は当方面は後れて出来たる方面に拘らず非常に良好なる成績を挙げ居れるを讃称して将来一段の奮励を望む旨の挨拶あり」となっているのみである（研究一九二四：一二⑩六五）。これは「月番委員会記事」にある「鶴橋第一方面」に残された記録である。また方面常務委員会当日、林は欠席であり、当然ながら説明も反論もなされていない。

第五章　大阪府方面委員制度創設期における林市蔵

はじめに

林市蔵は、一九一七（大正六）年一二月一七日付けで第一五代大阪府知事に就任し、一九二〇（大正九）年二月三日に依願免本官となったこと、そして免官になった年の一〇月から大阪府方面顧問となっていることは前章で触れた。さらにまた退官直後の三月には日本信託銀行頭取となり、その後も一九二五（大正一四）年六月から一九三一（昭和六）年二月まで大阪堂島米穀取引所理事長を務めたことも同様に検討した。つまりこの間、実業界に主たる経歴を重ねたが、その方面では、それほど目立った仕事をしたわけではない。

この時期の方面委員制度は「地域ごとに多様な形態で制度が設置された時期」であり（菅沼 二〇〇五：六七）、「そのすぐれた点の多くは全国的に普及するまで」とされる独自性を発揮しやすい時期でもあったのだ（永岡 一九九三：二〇三）。この時期に林は、官を退いてなお政党臭のある自治に対して反感を持ちつつ、「牧民官」意識に生きていた。

前章ではこのような点を検討した。

さて林は「方面道場」において、時には叱咤激励し、時には訓戒しつつ、「無報酬の報酬」「慈善は人の為ならず」等の方面精神を説き続けたが、大阪府方面委員一人ひとりは、実際にはそれぞれの思惑の中でその活動に従事していたのであった。だが林と方面委員には階級を越えた貧困問題の深刻化に対する危機感は共通しており、それが彼らをして協働して方面事業に取り組ませ、救護法制定運動や実施促進運動を行わせたのだろう。

もちろんここでも小河滋次郎の存在を忘れたわけではない。しかしこれも第四章で検討したように、小河は感冒をこじらせた肋膜炎のために、規程制定後数ヶ月を経た段階からの基礎固め時期に、ほとんど関与できない状況にあったのであり、その後も体調不良で頻繁に感冒になり、気管支疾患を持病としていた。またすでに一九二一四（大正一三）年八月には府を退職したが、その一年前には、関東大震災への対応で繁忙状態であったたし、退職翌年の四月二日に逝去している。「決して口外されることのない公私間の葛藤ないし矛盾を一身に荷い通すことが、方面委員制度遂行のために尽力するということ」であったとしても（小野［一九九二］一九九四：九六）、実際には制度の運用に主導権を握っていたとは言いにくいのではないか。大阪府方面委員制度は「小河滋次郎らによって精緻な制度設計と定式化がなされた」のであろうが（菅沼 二〇〇五：六八）、そうだとしても制度の運用や委員の実践活動が、小河の設計通りに行なわれたわけではなかろう。

ところで同じ大阪府方面委員であっても、一般の方面委員と「常務委員」を一括して同等に扱ってよいのだろうか。少なくとも「方面道場」において林が直接的に対峙していた相手は、常務委員であった。そして林と常務委員は、方面道場において創設期の労苦を共有しつつも、意識的あるいは無意識に主導権を争い、制度を深化させていったのではないか。

本章では、このような問題意識に基づき、制度創設から救護法実施までの期間において林市藏が方面委員制度に果たした役割を方面理事沼田嘉一郎との関係を中心に検討する。

さて常務委員に焦点化した研究としては、たとえば常務委員の担い手について言及したもの（菅沼二〇〇五：六九）、常務委員の経歴等を分析したもの（佐賀［一九九五］二〇〇七：二六〇―三）、米騒動が常務委員の任命に関係していることを述べたもの（島田 二〇〇四：二四七）、といった主として常務委員の性格を明らかにしようとしたものがある。

これらと異なった視点では、大阪府方面委員制度の特徴として、方面常務委員の設置や方面常務委員連合会（以下、常務委員会）の組織化を指摘し、それによる調査研究活動と自発的な研究姿勢が重要だとするものがある（永岡一九九三：二〇二）。この指摘からは、少なくとも常務委員が一般方面委員と異なる性格も持つことが読み取れる。また前章で見たように、朝鮮人移住者に対する方面委員の活動に対して林と常務委員間に意見の相違があったと指摘して「林市蔵のような重鎮の発言の圧力の下で、多くの方面委員が朝鮮人の『救済』に取り組めなかった」とする研究もある（塚崎 二〇〇七：四〇）。この研究からは、「重鎮の圧力」で実践の方針が決まった、つまり林は常務委員会で主導権を握っていて、一般の方面委員がどう活動するかもコントロールできたと理解できるが、その根拠は示されていない。

もちろん大阪府方面委員制度は、規程の公布によって完成したのではなく、そこからスタートした。そして方面委員制度も「大正期を中心とした初期方面委員活動は、創設当初の地方的・自生的な性格と理念的な性格の並存が、制度化の進展にともなって徐々に組織的で技術的な性格を見せはじめようとする過程としてとらえることができる」とされている（遠藤 一九七三：三九）。だとすれば創設当初は知事であり、間もなく方面顧問となった林市藏と、彼と毎月のように方面道場において直接対峙していた常務委員の関係は、制度運用や実践活動に反映しただろう。そして、その時期の林の位置づけは、どのようなものであったのだろうか。そう考えれば、この時期、つまり全国のモデルとなった創設期大阪府方面委員制度の展開期に林市藏が果たした役割について検討することは不可欠であろう。

第一節　大阪府方面常務委員の性格

ここでまず先行研究や前章までの検討を踏まえて、この時期の方面常務委員の性格を再度考察してみよう。一九一八（大正七）年一〇月二六日、大阪府各方面で選考され府庁に召集された人たちが、知事からの大阪府方面委員の嘱託状（一六日付け）を受け取り、引き続いて常務委員の互選について指示を受けた。翌月一三日、知事応接室において田中千里救済課長より常務委員嘱託状が交付された(1)。この時に嘱託されたのは、九条第一方面・筒井善吉、第二西野田方面・廣岡菊松、天王寺第三方面・安本作兵衞、日本橋方面・木田新三郎、恵美第一方面・岩井岩吉、栄方面・沼田嘉一郎等一六名であった。翌年一月一六日には、府庁における第四回常務委員連合会の席上、新設方面の常務委員について知事から嘱託状が交付された。三軒家第三方面・福原吉兵衞、天王寺第四方面・玉野永之助、天王寺村第三方面・岩田民次郎等一九名であった。彼ら三五名が最も初期の常務委員である(2)。

この時点で方面委員総数は、四七五名であった。その選考は「庶民からかけ離れた地域の名士等を極力避けるように配慮された。したがって、できるだけ庶民との接触が日常的に行える人々、たとえば医師、質屋、小売商等の職業に従事する、いわば中産階級が中心的な存在となった」とされてきた（玉井　一九九二：三五）。これは、小河滋次郎が一九二〇（大正九）年一一月二六日の「方面事業創設第二周年記念総会」における講演で、「なるべく頻々に細民と接触することを努め」と公言していることも根拠になる（年報　一九二〇：九）。しかし小河は同時に「実際に当ってみますと執務の円滑を計るの便宜とか適任者を求むるの困難なる事情があると云うような訳で、官公吏の中からも之を選びまた現に名誉職を帯びて非常に多忙であらる丶身分の人達をも方面委員になって戴いておる向が少くないのでありま す」とも述べている（年報　一九二〇：一二）(3)。確かに肩書きを見ると、すでに区会議員等の名誉職である者も多くいる

（年報　一九一九：二九－六六）。また制度創設時の府救済課庶務係長半井清の回想によれば、最初に難波方面の委員を警察署長と相談しつつ選考したが「三、四回知事から其人選を改めることを命ぜられまして、ほとほと署長と困惑したことを今でも能く記憶致しております」という具合であったという（研究　一九三八：二六―八）。[3]

つまり初期の方面委員選考では、相当の妥協もあったのだ。このような一般方面委員の選考を考慮すれば、その中から「互選」によって選ばれる常務委員については、とりわけ有力な人物が選ばれたとさえ言えよう。先に氏名を明記した常務委員も、岩田民次郎、廣岡菊松を例外として、すでに一九一六（大正五）年時点で、少なくとも区会議員であった（山本　一九一六：二五四－一〇三二）。また岩田は成功した実業家でありつつ、一九〇二（明治三五）年に「大阪養老院」を創設し、廣岡も同様に一九一五（大正四）年に底辺労働者向け低額宿泊施設「大阪暁明館」を開設した社会事業家であり、一般の委員とは異なる評価をされていたと考えられる。[4]

その結果「方面常務の肩書にも示されるように各方面には地元の有力者で公職に関っている官民一体に適する人物が配置」され（永岡　一九九三：二〇一）、したがって「常務委員は区会議員・区会議員が過半を占め、ついで校長や衛生組合役員が担った」という状況になった（菅沼　二〇〇五：六九）。推測としつつも「方面常務などの重職はいわば大名望家が引き受け、新興の中小企業経営者が一般の方面委員に就任することで、安定的かつ機動的な構造を構築しえたと考えられる」とする指摘さえある（菅沼［一九九四］二〇〇五：二五三）。そして林の関与は、この委員の選定から始まっていたのである。

とりわけ本章では、彼らの中から栄方面常務委員となった沼田嘉一郎を重点的に取り上げて、彼と林市藏の関係構築や救護法制定・実施促進運動へのコミットメントについて考察する。沼田は、米騒動時に「今宮署は、西浜内に巡査を配置するとともに、市会議員の沼田に騒動の勃発を抑えるように依頼した。沼田は西浜の各地で騒動を起こさないように演説し、また有力者を動員して人びとが外出しないようにし、さらに米屋に指示して小学校や寺での米の安売りを行わさせた」とされる（朝治 一九九六：二二二）。その後、沼田は府方面委員制度の最初期に常務委員となっている。これは「廉売における『尽力』を報告された人々は、米騒動後に創設された大阪府方面委員制度において常務委員または委員に任命」されたとする指摘そのままの行動と結果である（島田 二〇〇四：二四七、佐賀［一九九五］二〇〇七：二六〇）。つまり沼田は、方面常務委員としても典型的な存在なのである。また加えて、「方面道場」での発言も多く、方面理事に就任し、常務委員の中でもリーダー的な存在であったと考えられる。しかしそれだけではない。彼は、大阪市会において長期間にわたって有力な存在であっただけではなく、救護法制定時に代議士として国政の場にあった人物であり、さらに実施促進運動においても、重要な役割を果たした人物であった。

したがって沼田嘉一郎との関係を軸にこの時期の林市藏について考察することは、それによって林の思考と行動を輪郭付けることになるであろう。

第二節　沼田嘉一郎について

沼田嘉一郎は、一八七八（明治一一）年生まれで、一九〇二（明治三五）年に起こった本願寺派布教使たる龍華智秀の差別発言事件を契機として融和運動に取り組み頭角を現した。本業は「榮屋」（皮革業）であるが、西浜土地建物株式会社の創立に加わって、その重役も務めた。一九〇四（明治三七）年に栄小学校の維持運営にあたった西浜連合学区の区会議員となって活躍し、西浜の有力者となった。一九一三（大正二）年からは栄連合青年団長となり、市会議員にも初当選した。市会では「新澪会」等の与党に所属し、連続七回当選、一九三七（昭和一二）年の逝去まで務めた。その間に中断もあるが三期九年六ヶ月は、衆議院議員も兼務していた（吉村［二〇〇四］二〇一二：一五二－七、佐賀

［一九九五］二〇〇七：二六三－四）。この時期の大阪市会は「デモクラシー状況の広がりと制度の改編が交互に作用し、市会の動向という側面においても、この時代はダイナミックな流動期であった」とされるが（芝村［一九八九］一九九八：一六〇）、沼田は新澪会以降も「各派連盟―更正会―尚正会―市政連盟と政友会系会派に属した。一貫して市長擁護派の与党の一員」であったのである（吉村［二〇〇四］二〇一二：一五六－七）。つまり關一市長就任後、その裏で市会構成が変化し、その際には与党の重鎮として動いていたのだ（芝村一九八三b：一一〇－五）。

さて米騒動時の沼田による行動は、後の大正天皇一〇年式年祭における方面事業功労者表彰において「愛児の死を顧みず、挺身十数ヶ所に路傍演説を敢行して、之が鎮圧に努め、府市当局の間を往来して種々献策する所があった」と（社会局一九三七：五〇）、さらに劇的な要素を加えられ顕彰されている。愛児の死を顧みなかったかどうかはともかく「府市当局の間を往来して種々献策」したとすれば、その当時府知事である林市藏の印象に残ったであろう。少なくとも西浜には相当の有力者がいるというくらいの認識は持ったに違いない。

さらに水平運動に関連して「沼田らの部落支配の特徴は、経済上のみでなく、西浜の支配秩序を維持するために真宗四か寺の檀家総代等となり、種々の講などを通じて住民を支配したところにあった」とされており（鈴木［一九九七］二〇〇五：一九一）、先の布教使事件では差別を糾弾したが、水平運動には与しなかった。結局のところ「沼田は、都市部落の重層性への認識を十分にもちつつ、まさに『予選体制』を基本とする在来の地域秩序が、政党政治中心の新たな秩序へと再編される時期に活動した人物」なのである（吉村［二〇〇四］二〇一二：一七四）。

さて代議士としての沼田は「国政での所属会派は、内務官僚行政を体現した代表的人物である床次竹二郎の政界路線と軌を一にするもの」とされる（吉村［二〇〇四］二〇一二：一五七）。この点について検討してみたい。床次は、もともと内務官吏であり、一九〇六（明治三九）年に第一次西園寺内閣で内務省地方局長に就任している。当時の内務大臣は原敬で、そのため政友会との関係を強めた。原のもとで一九一一（明治四四）年に内務次官となったが、翌年第二次西園寺内閣の総辞職に伴い次官を辞任した。一九一三（大正二）年一一月には政友会に入党し、その翌年には郷里の鹿児島県から衆議院議員補欠選挙に立候補して初当選する。以後、一九三二（昭和七）年の総選挙まで連続八期代議士を務めた。米騒動の翌年一九一八（大正七）年には原内閣の内務大臣兼鉄道院総裁となった。この時期には内務省に社会局が新設されている。一九二四（大正一三）年一月の清浦奎吾内閣を支持し政友会を脱党、政友本党を結成し総裁に就任した。しかし党勢は振るわず、党内で憲政会に接近する動きが生じた。一九二七（昭和二）年、政友本党と憲政会が合同して立憲民政党が結成された。さらにその翌年八月、民政党を脱党、新党倶楽部を結党した。一九二九（昭和四）年七月に政友会へ復党し、翌々年一二月に犬養毅内閣で鉄道大臣に就任したが、一九三四（昭和九）年七月、岡田啓介内閣の逓信大臣となり、政友会を除名された。その翌年九月八日、在任のまま六八歳で逝去している。

次に沼田の代議士としての経歴である。まず一九二四（大正一三）年五月の第一五回衆議院議員選挙で政友本党から出馬して当選、翌年六月民政党に入党した。一九二八（昭和三）年の第一六回選挙でも連続当選するが、その年の九月には、新党倶楽部所属となった。しかし、一九二九（昭和四）年一二月には無所属・中立となり、翌年二月の第一七回選挙では落選している。一九三二（昭和七）年の第一八回選挙では、政友会に所属して当選、一九三六（昭和一一）年一月まで在職したが、同年二月の第一九回選挙では次点となった。都合当選三回であった（宮沢 一九九〇：一一一九、吉村［二〇〇四］二〇一二：一五六）。初当選以降は既述した吉村による指摘通りの遍歴である。沼田は市会では、新澪会に属していたが、その新澪会は「領袖の動向から、一応政友会・政友本党系だといえる」のである（芝村［一九八九］一九九八：一四五）。その領袖には沼田自身も含まれており、第一五回選挙の直前には「政友会大阪支部支部長」であった（中川 一九二三：七二六）。しかし「政友会の分裂に際し、政友会大阪支部の大部分は政友本部《ママ》に移ったが、……沼田と赤田も政友本党に属した」のであるから（芝村 一九八三ａ：八四）、政友本党から立候補したのは当然であった。

第三節　大阪府方面常務委員会における林市蔵の位置

前述したように、林は米騒動に際しての沼田の行動を認識していたと考えるのが自然である。そして沼田は、制度発足と同時に常務委員になったのだから、林に期待されていたと考えるのが妥当だろう。そこで林と沼田がその後どういう関係を構築したかを『大阪府方面委員事業年報』および『救濟研究』『社會事業研究』の記事を通して明確にする。[5]

一　一九一九（大正八）年七月常務委員会

この日、沼田が南部一三方面の代表として「栄え日」について報告している。これは、松竹合名会社の白井松次郎が同年の七月一日に細民一〇〇〇名を無料で、職工四〇〇〇名は低額で浪華座、角座、中座、弁天座での観劇に招待したというものであった。沼田は、席の確保や招待の条件、趣旨の徹底等の配慮を強調し、観劇マナーも良好で慰安の目的も達したと報告している。当日の帰途は雨になり、近隣女学校から約六〇〇本の傘を調達し貸し出したが、翌日には方面事務所等に全部届けられたこと、細民といえども良心もあり好意には報いるのが事実で、世評とは異なることも付け加えている（年報 一九一九：頁欠－一五〇、研究 一九一九：七⑦一一〇－四）。この報告に対して、林も所感を語っており、傘には印を付けようという考えもあったが、そうしなくても全部返却されたことを補足した（研究 一九一九：七⑦一一三）。この「栄え日」のエピソードは、傘の返却を主題として、この後長く林が適宜話題にした。そして沼田も、救護法実施促進運動時に貴族院議員が実状視察に来阪した際、実施が濫救を誘発し惰民養成に繋がるとする見方への反論として「栄え日の観覧券」を持ち出している（年報 一九三〇：二六五）。[6]細民に対する共通した視点が感じられる。

同じ日に天王寺第三方面の安本作兵衛が貯金奨励を提案した。安本は、担当方面の細民に「郵便切手貯金」を奨励しているが、制度上一ヶ月一円が限度となっているので、府当局に善処を要望したのである（年報　一九一九：頁欠）[7]。これに対して九月の常務委員会で中尾清主事補から、逓信局への確認で上限額は変更できないとする報告があった。林はそれを受けて「下級民の金融機関を研究」することを勧めた。安本は一円以上への増額要請に拘るが、沼田は林の提案を引き取った。研究のための委員数や委員指名は座長に一任となった（年報　一九一九：一九二一－八）。その結果、沼田は安本の他、岩井岩吉、木田新三郎、木下平（西区九条第二方面）とともに「小口貯金制度調査委員」の一人となり、一二月委員会で信用組合制度が適当と報告した（年報　一九一九：一四八－九）。結果的には「この制度の発案者は林市藏であったといわれる」とされている（森　一九七八：三七）[8]。これが翌年一〇月一五日の大阪庶民信用組合誕生に繋がり、林はその理事長に就任したのである[9]。

二　一九二〇（大正九）年五月常務委員会

この常務委員会では、林が知事退官にともなう会長退任挨拶の中で「臨時に各方面に巡回報告と云う事も亦気を新しくする一の方法でないかと思います」と提案している（年報　一九二〇：一九八）。これを受けた形で五月には小河滋次郎から月番委員会規定について提案があり、沼田は即座に原案賛成の声を上げ、可決となった（年報　一九二〇：二二六－三〇）。その直後に沼田は「林前知事と斯の会とは今日はどういう関係になって居りますか」と質問をした（年報　一九二〇：二三三）。それに対して小河が、今現在は直接的な関係はないが、林には大阪庶民信用組合理事長も内諾を得ているし、財団法人大阪府方面委員後援会の役員も依頼する予定なので「方面委員とは浅からぬ関係が依然として継続して居る」と応じている（年報　一九二〇：二三四）。そして九月三〇日付け府告示三一一号による「大阪府方面委員規程」への追加条項（顧問制度）を根拠として林が方面顧問に就任した。小河の回答時点で顧問制度を考えていたようではないので、沼田の質問が直接の契機になって方面顧問制度が誕生したと考えるのが自然であろう。林は方面顧問となってからも「差支えのない限り常務委員連合会に列席して、常に忌憚のない所感を述べられているが、偶々取扱の不徹底な事例報告などある場合には、歯に衣を着せることなく、痛切にその反省奮起を求めることが屡々」であったし（大阪府一九五八：五二）、月番委員会に出席することもあった。つまり結果として、沼田は府知事退官後の林が常務委員会で位置づけを得、大阪府方面委員制度の舵取りを続ける可能性を高めたと言える。

三　一九二〇（大正九）年一〇月常務委員会

この年に初めて国勢調査が実施された[10]。その後一〇月の常務委員会で林が、国勢調査の結果として新たにカード階級として把握できたケースは無かったかと質問した。それに対して沼田は「大阪府市の関係者は特に細民部落において完全な調査をすることは至難な事であると考えて居た。……略……其の細民の多い処には方面委員の事務が行われて居た為に却て細民の居る処の方が国勢調査が完全に且つ容易に行われ得た」と答えた（年報　一九二〇：二九九）。さらに調査委員よりも方面委員の方が信用されているし、カード階級に関しての情報は、方面委員の情報を参考にするよう勧めたと実例を挙げて自画自賛した（年報　一九二〇：三二一－九）。この回答は林の質問に応じた体裁ではあるが、ある意味では迎合した態度である。それに対して林は「国勢調査の材料を以て予て御尽力になって居る方面委員のカードと対照して、そうして其の行き届いて居る程度如何、若くは我々の方面の事業との関係を対照して考慮すると云う事は必要な事であろうと思います。……略……若し方面委員と云うものが無かったらそう云う有力な材料を実社会の参考に資する事は出来ぬが、方面委員と云うものがあるから出来る。是は方面委員制度の有る大阪市《ママ》でなくては出来ない事であろうと思います」と述べてそれに応じている（年報　一九二〇：三二〇－一）。

四　一九二二（大正一一）年六月常務委員会

この日、沼田が突如として家賃値上げに対する方策を報告している。それは、家賃交渉で値上げが無期延期になったため、上がったものとして月一円を庶民信用組合に貯蓄させ、「家守を止めて方面委員で世話する」という方策を披露し推奨するものであり（年報　一九二二：一二五）、これ自体は前年三月にも報告している（年報　一九二一：八一－二）。この日は、林が大阪庶民信用組合の理事長として難波第二方面の佐藤大藏委員の受持ち区域を視察した報告がなされた（年報　一九二二：一二四）。沼田はこの年施行の「借地借家調停法」による借地借家調停委員になっていて（年報　一九二二：四〇）、それを意識した報告とも取れる。しかし林は、この日の閉会挨拶冒頭で「不断お集まりにならぬ方にまでも特に御出席を請いましたような訳で、私としては多少聴いて頂きたい事があるので御座います」と前置きして「私は信用組合の組合長を嘱託されて居るのでありまして此の事業の成績に就ては知事閣下では勿論、私としても頗る責任を感じて居ります」と切り出している（年報　一九二二：一二六）。そして大口の特別出資は順調だが、方面委員の努力によって普通組合員つまり貧困者の成績も良いと報告した。「貧乏人の貯蓄は行われ難いというのは学者の理論に過ぎないという事に心を留めてやって頂きたい、熱心にやれば何処でもできることであります」と啖呵を切っている（年報　一九二二：一二九）。先の沼田の報告は、林のこの発言と軌を一にしており、予め打ち合わせたようにすら感じられる。つまりそれだけ沼田が林の意を汲んでいたのではないか。

五　一九二三（大正一二）年一〇月常務委員会

この常務委員会で沼田が関東大震災に際しての寄贈品（毛布など）の集積と配布等避難者の救護についていろいろ齟齬があり、それについて新聞報道等もなされたと指摘し、この際「取扱の統一を図る」という点からも「常任の幹事を各区に何名かずつ置く」ことを提案、意見交換の後、承認された（年報　一九二三：三〇七－一一）。検討委員を議長一任で選ぶこととなり、沼田は当日議長の小河の指名で木田、玉野、筒井、谷等の常連に加えて、井出勉（西区市岡方面）、奥野徳次郎（済美第二方面）、岡本彌藏（東成郡鶴橋町第一方面）、長谷川眞徹（西成郡長柄方面）とともに九人で検討委員に選ばれる。翌月には沼田が代表して結果報告し、「方面理事会規程」を提案、決定した（年報　一九二三：三五一－五）。理事選定は府当局に一任となり、一二月に木田、筒井、奥野、岡本、長谷川とともに六人の方面理事の一人になった（年報　一九二三：三七四）。任期は二年であった。

なお一九二八（昭和三）年一月には、方面増加により規程が改正され理事八人となり、沼田は再選される。他は、筒井、奥野、岡本、玉野、谷といった古参常連常務委員に加えて、堀畑利三郎（堺市第二方面）、大石乕吉（鷺洲第一方面）であった（報告　一九二八：三九－四〇）。

この事実からは、沼田が自らリードして少数の常務委員有力者による常務委員会の主導権掌握を行おうとしたらしいことがわかると言えよう。

六　一九二六（大正一五）年六・七月常務委員会

六月の常務委員会で沼田が、たまたま出席していた上山善治弘済会長に弘済会が端緒となった事件に関して質問した。その内容は、天王寺第二方面佐々木芳太郎委員（常務委員は、玉野永之助）が、弘済会から依頼された母子にいかがわしい行為をしたとする『大阪今日新聞』に掲載された記事についてであった。この記事は弘済会の育児部・小学校長への取材に基づいて書かれているが、事実無根だと追及したのである。上山は「揣摩憶測」であったと弁明したが、沼田、玉野はもちろん岡本、筒井、谷等の古参常務委員が反発し、方面理事と社会課によって善後策を検討することになった。この日、林は欠席している。

翌月には沼田は欠席していたため、筒井が経過報告した。それは六月二三日に七名の理事等と上山弘済会長で話し合った上で、本日（七月二〇日）第二回目の会合を持ったというものであった。対応策は、弘済会は誤りを認めて謝罪しており、二大紙も含めて謝罪広告掲載の案も出たが、中川望知事の調停を受けて、『大阪今日新聞』のみ掲載とするというものであった。林は、「天が生ける生命を我が方面委員に注入する為に斯る事件を惹起した事を切に感ずるとて其所以を解説し尚方面委員は終始意気乃ち己れを棄てて人の為に働くという其烈々たる意気を以て立たなくてはならぬ」とする所感を述べている（研究　一九二六：一四⑨一〇八‐九）。沼田が上山を相手に口火を切ったのは、カード階級への救療に関する弘済会の方針（有料患者制度の導入）に遺恨があったと思える節もある。しかし、それを考慮してもなお林の意に沿った追及であり、解決の仕方であったのではないか。

七　一九二八（昭和三）年七月常務委員会

この年一月には、天皇御大典が方面事業一〇周年にもあたるとして林の提唱もあって一〇〇万円の方面事業基金を作るため財界に働きかけること、記念事業として記録をまとめて出版することが報告された。[11] ところが、同年七月の常務委員会に出席していた林が、月番にあたっている沼田の無断欠席を叱責する。「一寸お尋ね致します。今日は月番に当っておる栄の委員がご欠席のようですが、何か通知でも」という問いかけであったが、無断欠席だとわかると「方面委員制度設置一〇周年の今日に当って、後援会の資金として一〇〇万円の金を集めておる際、……略……無断で欠席しておるということは、私はこういうことはこの常務委員会の規律にも関する事であるから、これは相当お考えを願いたいと思う、これは次回においてその事情のご報告を願いたいと思います」と厳しく追及した（年報　一九二八：二三六）。確かにこの月二四日午後二時から栄方面の月番委員会が新築された栄第一小学校図書閲覧室で開催されているので栄方面が月番であることは間違いない（研究　一九二八：一六⑩一一）。この林の追及に対する沼田の返答は結局記録されておらず、報告されたのかどうか、どういう理由であったのかは不明である。林は、たびたび常務委員会での無断欠席や私語等に表れた真剣さの欠如を指摘して綱紀粛正を訴えているが、事実上の名指しで非難することは珍しい。意識的か無意識かはともかく、方面理事を咎めることによって場を引き締める効果はあった。

八　常務委員会における指導力

これまで検討してきたように沼田は、方面顧問設置に積極的に動き、後に重要となる「栄え日」、大阪庶民信用組合の設立、月番委員会設置に際しては、林の提案実現に一役買った。また国勢調査における方面委員の活躍を持ち上げ、スキャンダルに対するマスコミ対応においては林以上に方面委員を擁護して、林の意を汲んだ言動をした。沼田の方面理事の任命・再任に際しては、林は前面に出ていないようであるが、それ自体が沼田の主導権掌握を容認していると取れる。さらに御大典記念として実施された大阪府方面委員一〇周年基金募集では、本人不在にもかかわらず林によって場の引き締めに一役買わされている。これらのことからは、結果的に沼田に対して林が優位性を保持していることがわかる。

既述のように沼田が方面常務委員の中でもさらにリーダー的な存在の理事であることを考慮すれば、府知事退官後も常務委員会における林の指導力は、相当程度強いものであったと推論できよう。

第四節　救護法制定・実施促進運動における林市藏の位置

救護法は、内務省社会局が設置された翌一九二一（大正一〇）年に新しい救済制度の検討から始まって一九二五（大正一四）年に法案検討が公表された。紆余曲折を経て一九二九（昭和四）年三月に漸く法が成立したが、それから一九三二（昭和七）年一月に施行されるまで二年九ヶ月かかっている。この間、全国の方面委員は、法の制定促進運動を展開し、また実施促進運動を行なった。法の制定や実施促進運動については、すでに多くの先行研究がある。[12]ここでは、沼田がそれらの過程で果たした役割について林との関係を中心に検討する。

先述のように沼田は、一九二四（大正一三）年五月に初当選したが、その年二月常務委員会で林は「諸君の中から衆議院の議員にでも出て見たいとか、或は府会議員に出たいとか云うような事で、世間が以て名誉とする事柄に向って、その勢力を注がれる方もあるのでありますけれども、これも必要かもしれませぬが……略……」と述べ（年報一九二四：四六）、続けて方面委員活動に地道に尽力することが重要だと強調している。この時点で沼田の出馬が明確であったかどうかは不明である。しかし林が「必要かもしれませぬ」と付言しているところに必要であると認識しつつも歓迎していない容認があると言えよう。

初当選後の沼田は、当初の民政党代議士から新党倶楽部に鞍替えし、一九二九（昭和四）年一二月には無所属・中立となったものの、翌年二月の選挙では落選している。つまり救護法制定運動期には代議士であったが、実施促進運動の途中で落選したことになる。

ではこの頃の沼田は、どういう動きをしていたかを検討しよう。まず法制定促進期の一九二七（昭和二）年一〇月には、第一回全国方面委員大会が開催され、「恤救規則の適用拡大と給与額の増加」を建議したが（全国社会福祉協議会一九六四：一三八）、沼田はこの時に設けられた第一から第三委員会のうち、第一委員会（方面委員制度の整備）の委員長を務めた。ちなみにこの大会には、大阪府方面常務委員の中から岩井および谷も参加した。その後は目立った活動は無いが、一九二九（昭和四）年二月の常務委員会で「救護委員」の項目を削除要求する陳情をすることに決定した。「陳情についての委員は一つ林顧問さんの御指名にお任せすることにご賛成を願いたい」とする大谷繁次郎社会課長の発言によって（年報一九二九：九七）、委員は方面理事を主として岡本、筒井、玉野、谷、岩井、福原、本郷、四谷が指名された。委員は二二日に東京に着き代議士である沼田とともに社会局長官等に陳情した。この後、三月一〇日に沼田より小菅秀直幹事に電報で報告があり、三月一四日には沼田より林と常務委員への上京要請があった。この時、林は孫が危篤で行けなかったが、岩井と福原で上京して沼田と行動を共にする。その直後、救護法案が上程された第五六帝国議会では、三月一八日の委員会で沼田が質問している。その質問内容は、救護法における方面委員の位置づけ、名称、予算の見通し等についてであった（寺脇二〇〇七a：三七八‐九〇）。そして一九日には衆議院を、二三日には貴族院を通過し、四月二日に救護法が公布された。この日程では沼田の質問が直接法案に影響したとは考えられない。

なお八月一一日公布の救護法施行令で委員の選任要件などが案から削除されたのは「委員には方面委員を宛てるという社会局の方針を貫くこと、そのためには方面委員関係者の意見を取入れることが必要だった」という理由からで「施設関係者からの選任をという要望は受入れられず、既存の方面委員から選任するという方針が明確にされることとなった」という（寺脇 二〇〇七b：三二七）。沼田はこの間の事情を四月の常務委員会で説明し、質問は予め打ち合わせたもので「八百長質問、八百長答弁」であったと言っているため（年報 一九二九：一八四）、両方の意向に沿う内容であったとも言えよう。(13) 同じ常務委員会で林は以下のように述懐している。

沼田君という我々全国方面委員としての唯一人の代議士を有っておるということがこの救護法のためには非常な力になったことは申すまでもない事であります。私が屢々御注意したというお話でありますが、私の御注意までもなく沼田君自身におかれまして非常に御熱心でありました。只私は婆心として或は東京において、或は遠方ながら大阪から早朝沼田君の出先を襲うて電話で屡々ご面倒を煩わしたようなわけであります。（年報 一九二九：一八七）

これは沼田の役割を賞賛する意図からのみの発言ではない。林は大阪府方面常務委員である沼田が国会審議において活躍したことだけではなく、その代議士に自分が「御注意」する立場にあることを言いたかったのだ。(14) これと同時に林と内務大臣や社会局長官との遣り取りもあったと付け加えているためなおさらの感がする。

さて救護法は施行日について勅令委任となったため、場面は実施促進運動へと移る。この年一一月一四日から三日間、中央社会事業協会が第二回全国方面委員会議を開催した。一日目には、林が「大阪府方面委員制度創設当時の事情及び委員の使命と心情について」と題した講演をするが（柴田 一九四〇：七六）、この時点で大阪府方面委員制度および林がすでに重要な位置づけにあることがわかる。二日目には議長（大野録一郎常務理事）指名の沼田を委員長とする救護法実施促進の建議陳情委員二一名が陳情に回る。その後も運動継続のために六大都市市長と府知事に委員選出を依頼し、継続委員一八名が選出された。大阪からは沼田と筒井、福原が選ばれた。一二月二三日には第一回継続委員会を開き内務・大蔵両大臣への陳情などを実施した。翌一九三〇（昭和五）年二月一日には、衆議院解散を受けて第二回委員会を開き、救護法実施期成同盟会を結成することになり、沼田は、筒井、福原とともに引き続き委員となっている。同年一〇月二三・二四日の救護法実施促進全国大会では、沼田が議長を務めた。一一月二七日には中央社会事業協会と期成同盟会の合同で全国方面委員代表者会議を実施した。さすがに議長は大久保利武であったが、沼田が救護法実施促進の協議という動議を出して採択された。一九三一（昭和六）年二月一三日に期成同盟会主催で全国方面委員代表者会議を開催した。議長は沼田である。この会議で上奏が決定され、二月一六日に決行することになったのは周知のことである。つまり「方面委員らの運動は三〇年秋の大会以降には、問題を一挙に社会問題化・政治問題化させる梃子になった」とされる成果はあったといえよう（寺脇 二〇〇七：二六六）。

ただここで指摘したいことは、林と清浦奎吾や床次竹二郎との関係である。清浦は、この直後に全日本方面委員連盟発足にあたって会長（林は副会長）に就任した。林は清浦と同郷（熊本）で、清浦の配下、したがって非政友会山縣系と看做されてきたことはすでに度々触れてきた。また床次は前述のように政治活動において沼田が私淑していたとされる。その床次は内務官吏として林の先輩であり、林の退官時には内務大臣であったし、その時期に大阪府方面委員制度の視察に来阪していることも前章で見てきた通りである。

つまり、ほぼ一昔以前のこととはいえ、内務省高等官たる勅任地方官であった林は、清浦はもちろん床次とも相当の関係を有していて当然である。沼田が代議士として救護法案の審議や促進運動で果たした役割は、沼田自身の代議士としての政治活動であった。しかし林は林で自身の回路を通じた情報収集や行動があったことは容易に想像できる。沼田は制定・促進運動において目立つ役割を果たしたが、林も運動の「張本人」であると自負していた。「林君は請願運動の黒幕だから、勅選に奏請するには畏れ多い」と後に柴田善三郎が安達謙蔵に伝えた話に、黒幕ではなく張本人だと林が答えたとされる談話が残されているくらいである（香川 一九五三：一二）[15]。

沼田は、救護法制定・実施促進運動において、リーダーとしてだけでなく、ある時期には代議士としても活躍したが、それは政官界における林の人脈に接することでもあった。その結果、運動の「張本人」という林の自負を否定し去るほど、自分たちの政治力が大きくないと自覚したであろう。それは沼田が林の存在に対して、一層の脅威を感じた出来事であったと思えるし、林への態度にも表れただろう。前節において大阪府の方面常務委員としての沼田が、林の影響下にあったとしたこととと、同一線上にある事柄である。

おわりに

初期の大阪府方面委員は、制度設計上の適任条件から妥協した人選で地域の有力者が少なくなかった。さらに方面常務委員は、互選であることによって、すでに名誉職である人が多く選出された。ところが林は、知事退官後に方面顧問となってからも、方面理事・沼田を初めとする常務委員に対して指導性を有していた。つまり林は、たとえ大阪府方面委員制度が小河の設計や定式化に基づいていたとしても、それを実体化させる場面において事実上の有力なキーパーソンであった。まして小河の制度設計は当初から活かされていなかったらしいことは既述してきた。これらの結果として林は、大阪府方面委員制度創設期の方向性に影響を与え続ける位置を保持し続けたといえる。だとすれば、「牧民官」林市藏の抱負は、相当程度に実現されたことになる。

しかしこの後、大阪府方面委員制度が救護法体制下でどういう変質を遂げ、林を初め大阪府方面委員はそれをどう感じていたか。それはさらに次章で検討する。

注

（1）この時点で田中は警察部長であり、兼任の課長であった。一二月二〇日には篠原英太郎が専任課長になっている。

（2）一九二〇（大正九）年に郡部を含めて一〇方面、翌年一方面（廃止七方面）、一九二四（大正一三）年に堺市を含め三方面、翌年に堺市二方面、一九二七（昭和二）年に岸和田市に二方面と順次追加し、一九二八（昭和六）年一二月には七九方面であった（大阪府編 一九五八：一九八）。

（3）この講演内容は、小河（一九二四：一七三‐九七）に再録されており、しかも冒頭に「今改めて此に之を補説する必要あるを認めず」と明記されている。つまり小河滋次郎は、方面委員制度創設から数年を経てもこの見方を変えていないということである。

（4）ただ廣岡は、一九一九（大正八）年一〇月一五日に急逝しており、常務委員在任はごく初期のみである。その後は短期間大野徳三郎が引き継ぐが、翌年六月一四日からは区会議員たる谷幸吉が長く同方面の常務委員として活躍した。

（5）ここで取り上げたエピソードのいくつかは、『大阪府民生委員制度四十年史』にも掲載されているが（大阪府 一九五八：九九‐一六〇）、本稿では林と沼田の関係という視点から取り上げている。

（6）なおこの「栄え日」については、『救濟研究』で「方面制度」の記事とはあえて別に「労働者及細民観劇『栄へ日』」として掲載されているし、林の命名であるとされているため、制度創設初期において重視されたエピソードであったのであろう。

（7）「郵便切手貯金」とは、一九〇〇（明治三三）年三月に施行され、一九二三（大正一二）年まで続いた小額郵便切手（三銭、二銭、一銭五厘、一銭、五厘のみ）による貯金制度のこと。安本は、自分の受け持ち方面で少額貯蓄を奨励したが、それはこの制度によっていた。しかし、一ヶ月一円以内という制限が創設以来変更されないままで、大正初年には低額過ぎる状況であったため、その増額を府から逓信局に要請するように提案したのである。

(8) 林市藏自身は「小口貯蓄の制度を考へなければならないと云ふことになりました。当時日本銀行の大阪支店長結城君が斯の如き事業の調査をしたことがあると云ふので結城君などの智恵を藉りまして、調査委員を設けて研究した結果現在の制度中郵便貯蓄と云ふ訳にも行かず、銀行と云ふ訳にも行かず、斯の如き貯蓄の方法としては産業組合法の下に於て信用組合を造ると云ふことが最も適切な方法であると云ふことに意見が一致しました」と述べている（林 一九二五：二五七）。

(9) ちなみに第五章で検討したように、小河滋次郎は、一九一九（大正八）年二月から同一〇月まで、病気療養によって府庁登庁はもとより、常務委員会にも欠席していた。したがって、これらごく初期の出来事には軽重を問わず関与できていないことは本書第三章でも検討した。

(10) 国勢調査は、一九〇二（明治三五）年に「国勢調査ニ関スル法律」が施行され、三年後に第一回が予定されていたが、日露戦争と第一次世界大戦の影響で実施が延び、一九二〇（大正九）年に第一回が行われた。

(11) この時の「記録」が村嶋（一九二九）であり、天皇に嘉納された後、創元社から出版された。しかし本書は、例の「夕刊売り母子」のエピソードを方面委員制度創設の動機と誤伝し「この誤りの文章上の最初、またそれを広めた」とされた（碓井 一九七〇：二五）。これは第八章で検討したい。

(12) 特に戦前の柴田（一九四〇）は、同時代の資料的価値がある基本文献であるが、近年の研究成果としては、とりわけ寺脇（二〇〇七a）と寺脇（二〇〇七b）を参考にした。

(13) 『内務省史』では、「画一化を避ける意図から、あるがままの同法による『委員』として、活用することを規定《ママ》の内容とした」と表現されている（大霞会 一九七一：四一五）。

(14) 沼田の活躍については、原泰一が後に左のような証言をしている。

　ある時、国会で井上（準之助—筆者）大臣を見つけてちょっと来てくださいといってみんなのいるところへ来てもらった。そうすると沼田（嘉一郎）君という大阪の民生《ママ》委員ですが、陳情だと言って、とうとうとして、「困るものを助けるために救護法をつくってあるのに、その予算を出してくれなければ救護の実を挙げることができない」と開陳したのです。そうすると井上さんはなかなか利口な人ですから、あの人（沼田―筆者）はあんなことを言っているけれども、あれは地方のボスだから口だけで言うんだろうと思って、それならどういうふうに困っているか言ってごらんと井上さんが言われた。沼田という人は代議士として出ていた人でしたが、方面委員としても熱心によく働いた人でしたから、井上さんの質問があるとすぐとうとうとして、大阪の船場の某《なにがし》は家族親子六人で、船場の人足で毎日の稼ぎを得ていたところ、病気になって収入がなくなったので、わずか一椀の米をお湯で割って食べているような状況だと言って説明をした。さすがの井上さんも、「やあわかったわかった」と言いながら逃げるように退出なさった。（吉田・一番ヶ瀬［一九七三］一九八二：五七）

この証言からも沼田に関しては、方面委員たる代議士としての役割を担っていたことがわかる。

(15) 林は一九三四（昭和九）年に勅選議員候補となっている（『讀賣新聞』一九三四年六月二日。朝刊、二面）。おそらくこの時のことであろう。

第六章　全日本方面委員連盟副会長たる林市藏の思考と行動

はじめに

前章まで見てきたように、林市藏は、大阪府知事時代の一九一八（大正七）年に小河滋次郎をブレーンとして府方面委員制度を創設した人物とするのが通説であった。だがそれだけではなく府知事退官後も大阪府方面顧問として指導性を有していたことも確認できた。ところが一九三二（昭和七）年三月の全日本方面委員連盟発足と同時に副会長になり、長期間にわたって全国組織の主要な役職者であったことはそれほど注視されてこなかった。そしてこの間に方面委員制度は、救護法の施行、方面委員令の制定、戦時下方面委員制度存続の危機といった問題に当面した。

全日本方面委員連盟発足に当って、会長は正二位・勲一等・子爵の澁澤榮一が擬されたが、その急逝により正二位・勲一等（当時）・伯爵の清浦奎吾が就任した。さらに、ともに「元大阪府知事」で、維新の元勲を父とし貴族院議員・正三位・勲二等・侯爵・ドクトル大久保利武と従四位・勲三等・元熊本藩士族・学士・民間会社重役の林市藏が副会長となった。ただ実際の連盟運営は原泰一が担ったとされ、「連盟発足当初における中央社会事業協会総務部長で、実質的な指導に当たり、昭和一〇年代の初期に連盟常任理事に就任してからは、事実上の会長代行役として指導力を発揮した」というような実情であったのかもしれない（全民児協 一九八八：一七六）[1]。しかしその一方で林には、方面委員制度に関連して数度の天皇拝謁や陪餐の栄誉に浴するといった評価もあった。つまり、林と方面委員制度は、そういう待遇が相応とされる雰囲気の中で共存していたのだろう。だとすれば清浦や大久保の役職には、その栄誉・栄典に反映された立場ゆえの名義的な意味が大きかったとしても、林のそれには実際的な役割があったのではないか。

本章は、このような問題意識を持って、昭和戦前期に方面委員制度が当面した課題に対する林の思考や行動を考察しようとするものである[2]。

さて方面委員制度の歴史的研究は、相当の蓄積があることはすでに言及してきたが、これらの蓄積の上に立って、一九一七（大正六）年の済世顧問誕生から一九五〇（昭和二五）年の生活保護法改正による民生委員の協力機関化までを①形成・普及期（一九一七～二八年）、②地域確立・安定期（一九二八～三七年）、③銃後体制期（一九三七～四五年）、④被占領・非軍事化期（一九四五～五〇年）の四期に分かち、さらに第二期を、一九三二（昭和七）年に救護法が実施されるまでの前半とそれ以降の後半に区別するのがより適切だとする研究がある。各期の特徴は、形成・普及期が「濃淡はあれ『徳目』『道徳生活』がうたわれ、生活規範を強制する性格を有していた」時期、地域確立・安定期の前半が「大阪府方面委員制度が有力なモデルであったが、しかし、地方公共団体の多様性が相当程度存在していた」時期、同後半が「『皇室の御聖慮』の発露としての方面委員という観念が定着」した時期、銃後体制期が「軍事援護活動に方面委員も従事すべき」であった時期、被占領・非軍事化期が「『無差別平等の名誉職裁量体制』という形容矛盾ともいいうる体制が形成された」時期であったとする分析に異存はない（菅沼 二〇〇五：六六－八二）。

林市藏は、大阪府方面委員制度創設期から救護法施行直前まで、すなわち先の時期区分に従えば、形成・普及期から地域確立・安定期前半まで府知事・府方面顧問という立場で、この期間を通じて実際に常務委員会に出席し、少なからぬ影響を与えていた。この時期の林は、牧民官意識を維持し、大阪府方面常務委員に対して指導性を有していたのはすでに前章で確認した通りである。

しかし、その後に結成された全日本方面委員連盟に副会長として位置づけを得た後の林市藏については、研究が見出せない。もちろん、以下のような指摘はある。

方面委員個人の資格要件を厳格に維持しようとする姿勢（エートス）は、知事退任後も顧問として指導育成に並々ならぬ情熱を傾けた林市蔵の影響に負うところが多く、やがてそれは一定の「方面精神」として、活動の性格を規定し、ドグマ化していくことになる。（遠藤　一九七三：三七）

ただこれは方面精神の形成に林の姿勢が影響したとする指摘ではあっても、方面委員の全国的普及と制度化にあたって林が果たした役割に触れているものではない。本章では、救護法施行から、いわゆる戦時体制が確立する頃まで、すなわち先の区分に従えば、地域確立安定期後半および銃後体制期を扱う。この時期の林が、どのような考え方をして、どう行動したかを検証しつつ、彼の果たした役割を明らかにしたい。

第一節　この時期における生業

この時期の林は、大阪府知事退官直後に就任した日本信託銀行頭取を経て、次の大阪米穀取引所理事長も一九三一（昭和六）年二月に退任していた。これらの役職で林が活躍した様子がないこともすでに第四章で検討した。その後は民間会社数社の重役をしていた。確認できた役職としては、①熊本電氣（後に九州電氣、現・九州電力）取締役（一九二五年一〇月二九日就任・一九三五年九月二八日から会長、一九四〇年一月三一日退任、翌日から九州電氣取締役となり一九四二年三月三一日会社解散により退任）、②三越監査役（一九二七年九月二〇日就任・一九四三年九月二五日退任）、③大阪電氣軌道（後に関西急行鉄道、現・近畿日本鉄道）監査役（一九二八年四月二八日就任・一九四四年三月二八日退任）、④帝國製鐵取締役（一九三一年頃就任・一九五二年退任）、⑤中山製鋼所監査役（一九三七年六月八日就任・一九四五年五月頃退任）であったが[3]、これらに本気で取り組んで実績をあげた様子はない。

たとえば、戦前からの財界人である小野義夫が、まだ林存命中のことになるが、一九四六（昭和二一）年の中山悦治（中山製鋼所会長）逝去に際して、回顧談を残している。

僕は林市藏先生と共に君のブレーントラストの一員として林先生の御相伴で御馳走になりながら、色々の愚見を述べたり、また時には林先生の苦言をも傍聴した。あの剛腹な君も先生にはあたかも慈父の礼を以て接し、一言も反駁論難するようなことはなく唯々諾々と拝聴していた。勿論一から十までそれを是認し或いは肯定していた訳ではない。只徒に相争うことなく尊敬する先輩の意見として傾聴したまでであろう。（三品 一九五四：二九二）

これは、中山が林を人間的に尊敬して、監査役として遇したが、実業家として評価していたわけではないことを物語っている。林自身も「先生みずからもいっておられたが、先生は実業界においても大をなしておられぬ。蓄財はもとより、事業欲もあまりわかなかった」といった心境だったと考えて妥当だろう（香川 一九五四：四八）。

またメディアで取り上げられたことも少なくない。たとえば、貴族院勅選議員候補と報じられたのは、少なくとも一九二四（大正一三）年（『東京朝日新聞』六月六日朝刊二面）と一九三四（昭和九）年（『讀賣新聞』六月二日朝刊二面）の二度はあった。ただし、いずれも実現していない。また一九三八（昭和一三）年の七月三日から五日にかけて死者六一六名を出した「阪神大水害」では、一時行方不明が伝えられ（『東京朝日新聞』七月六日朝刊一一面）、翌日には夫妻が避難して無事だと報じられた（同七日夕刊二面）。この月二〇日の府方面常務委員会で林自身が「御存知の通り私は老人でありまして隠居の身であります。それにも拘らずかくご同情を全国より賜るといふことは、畢竟私が聊かながら皆様の御手伝をして居るといふ一点に帰するのであらうと感じたのであります」と感謝を述べた（年報　一九三八：一〇九）。

つまり昭和戦前期の林は、官吏として最終的に到達した大阪府知事を退官した後の第二、第三の職場も去って、もはや閑職に身を置きつつ悠々自適に過ごす身であった。だが災害に遭遇して自ら「私は老人でありまして隠居の身」と言いながらも、大阪府方面顧問や全日本方面委員連盟副会長は、退こうとしなかった。救護法施行の一九三二（昭和七）年段階で、すでに還暦を五年過ぎていた林であるが、その時点でも方面委員制度を自己の考え方に沿って発展させるためには、なお行動する姿勢を堅持していたと言える。

第二節　「皇室の御聖慮」発露期（一九三二～三七年）における林の役割

この時期は、救護法施行から方面委員令施行までで、直前の「大阪府方面委員制度が有力なモデルであったが、しかし、地方公共団体の多様性が相当程度存在していた」時期の特徴を引きずりつつ「『皇室の御聖慮』の発露としての方面委員という観念が定着」した時期であるとされる（菅沼　二〇〇五：七三－六）。

さて救護法施行の準備段階ですでに方面委員に法の具体的な執行を担わせるべく、それに向けて制度整備が進められていた。たとえば、救護法公布時点で救護法第四条に「市町村ニ救護事務ノ為委員ヲ設置スルコトヲ得、委員ハ名誉職トシ救護事務ニ関シ市町村長ヲ補助ス」と規定された「委員」は、一九三一（昭和六）年一〇月一〇日付け発社第八三号「救護法施行に関する件依命通牒」によって方面委員と「必ず同一人」とされていた。だが同時に「委員の名称は地方に於て適宜之を定め」ともされている。この状況は、『民生委員制度四十年史』（以下『四十年史』）において、以下のように記述されている。

救護法実施以後方面委員の活動は全国的に活発化すると同時に、組織は急速に発展して行ったが、もともと制度としては任意に設けられ個々に成長したものであっただけに、その経営母体においても、あるいは府県あり、市町村あり、私設団体あり、名称においてもあるいは方面委員あり、奉仕委員あり、社会委員ありというように複雑な様相を呈していたので画一的な救護法を執行するためには機能的に問題があったわけである。（全国社会福祉協議会　一九六四：一五二）

つまりこの段階では、「方面委員」を規定した法令は無く、救護法に規定された「委員」に方面委員または名称を異にする類似委員を充てたとしても、地域的濃淡が発生せざるを得ない状況であった。たとえば「在来の方面委員が救護法に拠れる委員になり、救護法に拠る委員の本体は何所までも在来の方面委員である」という大阪府方面理事、沼田嘉一郎の発言がある（年報　一九三二：二五）。これは、救護法に先立って方面委員が存在しているのであり、方面委員が主、救護法の委員が従であるという自負をよく示している。

さて、この時期の特徴としては「首長に権原をおく旧来のアイデンティティの弛緩」と、「全国横断的な組織を統合するシンボル」が「天皇制」に求められたことが指摘されている（菅沼　二〇〇五：七六）。その結果として「『皇室の御聖慮』がクローズアップされてきた」とされる所以である（菅沼　二〇〇五：七四）。これに対する林の考え方は、どのようなものだったのだろうか。林は「天の命を奉ずる之を天吏と謂う」と書経を引いた後で、以下のように記している。

我大阪は此制度の先覚として、曾て賜はりたる宮中の尊き思召に背かぬよう、救護法制度及び実施発起当時の主張を考へ、全国に率先してその実を挙ぐる責任があると思ひます。一四年前創立時代の清新の気象に復へり、天吏の誇りの為め、平常普段に受持区の調査を完全に実行さるゝ様切望に堪へません。（林　一九三二：五二）

「曾て賜はりたる宮中の尊き思召」とは、大阪府方面常務委員に対する天皇拝謁、常務委員会への侍従差遣および一九二九（昭和四）年に出版された、村島帰之の著作『善き隣人――方面委員の足跡』の嘉納等を指している。これはまさに「皇室の御聖慮」に応えることであり、林の思想はその線から外れておらず、「全国に率先して」それを示そうと言っている。

こうして林は、言葉だけでなく、府方面委員を念頭にした制度の全国的法制化に向けて行動していく。たとえば、一九三四（昭和九）年二月二〇日の府常務委員会に、当時内務省社会局嘱託で、前月に巌松堂書店から『救護事業指針――救貧の理論と實際』を上梓したばかりの小澤一が来会しているのを機として以下のように発言している。

全国的に見ますと、方面委員といふやうなものがなくても、救護法の実施については救護委員でよろしいといふやうな府県もあり、現に或府県の如きは方面委員と救護委員とが別々に出来てをる。しかも政府当局において其の如きものに対してその誤りを是正するやうな手段をお執りになったことを私共はまだ承知してをらない。……略……又私などはこの議会でも済みましたならば、或機会においてこの事業に関係のある内務大臣を首めその他の方々にお集まりを願って、さうしてこの方面委員制度についてのはっきりした認識をお聴きしたいと思ってをるのですが、この場合丁度小澤さんがお出でになりまして親しく救護法の実施について当市の模様を御視察頂きましたといふことは、私にとって誠に欣快この上もない事であります。（年報　一九三四：五七―八）

つまり林は、救護法の委員は徹底して方面委員を充てるべきだと考えており「内務大臣を首めその他の方々」の見解を糾すと言っているのだ。この後、小澤がどのような復命をしたかはわからない。しかし、林の発言は次節で述べるように政府要路への三回の関係資料展覧として具体化された。

第三節　大阪府モデルのアッピール(4)

一　第一回目展覧

一九三四（昭和九）年九月六日、大阪府方面常務委員森田伊兵衛（西野田第一方面）は、林からの突然の依頼を受けて、一八日に東京丸の内の日本工業倶楽部会館で後藤文夫内務大臣に対する方面委員関係の資料展覧に協力することになる。これには前段がある。この時の展覧で利用された資料は、前年に大阪で開催された第四回全国方面委員大会の第二日目（一〇月一〇日）午後二時から五時までの各方面に分かれた視察の際に西野田第一方面で作製された資料を基にしたのである。西野田の資料は、常務委員会で府方面理事・沼田嘉一郎が林の伝言として「一見して解るやうにして貰ひたい。一々説明をしてをったら、三〇人、五〇人の人にとても徹底するものではない」と指示した内容に良く応えたものであった（年報　一九三三：二一二）。事実この時の視察班配当表では、府内全五〇方面で、一方面五名乃至四〇名の視察者数であるのに、西野田第一方面のみが約一五〇名と記録されている（年報　一九三三：一八九－九一）。林はその時の展示物を利用しようと考えたのである。

森田は、一六日の夜行で大阪府の小菅秀直主事および西野田第一方面の南條茂方面書記とともに上京して準備する。

林の紹介で三越秘書課を通じて陳列係から二人が派遣されてきた。この時点で林は三越の監査役であり、展示の方法に専門家から技術的な協力を得ようとしたのだ。南條は、同じく社会事業主事補となるが、一九三八（昭和一三）年に『西野田第一方面十五年史』（発行者・森田伊兵衛）と題する一三〇〇頁を超える浩瀚な書物をまとめた人物である。林からは「南條君の斯ういふものを集めて置く癖が偶々役に立って」と評された（年報 一九三五：一七二）。森田は「方面委員制度創設以来の文献を保存整理し、斯業の全貌を展示する好個の資料を作製」と紹介されている（青柳 一九三九：二一八）。両者とも記録保存に尽力したのだろう。つまり西野田第一方面は、こういう仕事に適した常務委員と方面書記の存在ゆえにうってつけだったのであり、林はそれを承知の上で展覧を計画・実行したのだ。

この展覧会の参観者は、後藤文夫内務大臣、大森佳一内務政務次官、丹羽七郎内務次官、橋本實斐参与官、挟間茂秘書官（後に衛生局長、次官）、赤木朝治社会局長官（一九三五〜三六年内務次官）、藤野恵保護課長等であった。主催者の連盟側から清浦奎吾会長、大久保利武副会長、林市藏副会長、原泰一専務理事が出席した。

森田は、この時のことを府常務委員会で報告して「お見送りに出ますと清浦閣下が態々私の傍へ来られまして、御苦労であった、内務大臣は熱心に御覧になって、目にもよく這入りました、耳にもよく這入りました、お腹にもよく這入りました、と仰せられました」と語っている（年報 一九二四：一二三一）。

二　第二回目展覧

第二回目は、一九三五（昭和一〇）年、高橋是清蔵相、岡田啓介首相への資料展覧として具体化した。この時には、メディアでも取り上げられて、六月一三日の『大阪朝日新聞』朝刊一一面、同日『東京朝日新聞』朝刊一一面にも掲載されている。やはり大久保副会長、林副会長、原専務理事が対応し、内容的には第一回目と同様で、森田常務委員、小菅幹事、南條書記が実際面を担った。

ここに至る経緯としては「先月東京に参りました時分に中央社会事業協会の原君から、大蔵当局から社会局の方に、何か方面委員の仕事に関して書いた物があれば送って貰ひ度いといふ話があったといふことを聞きました」ということが発端であると林は理解していたが（年報　一九三五：一七一）、事実は若干異なって、沼田嘉一郎の関与があった。ちなみに沼田嘉一郎は、前章で既述したように救護法制定時に代議士であり、一度の落選を経て一九三二（昭和七）年二月に再選され一九三六（昭和一一）年一月まで再びその座にあった。つまり、この時点で衆議院議員である。沼田の関与については、沼田自身が以下のように述べている。

私は四月にこちらへ帰る前に内閣調査局の方で総務課長をして居られます川島君が池上さんの女婿であられる関係上、そのお宅へ参りました。その時私は方面制度といふものに付て少し話をしておきましたところが、之れに対して大蔵大臣も方面制度を御存知なく、総理大臣も御存知ないのだ。だからこれの解るやうな書類があったら出してくれんかといふことでありましたので、帰阪の上小菅幹事さんなり筒井さんなりに相談致しまして、「善き隣人」の続篇を一部送っておいたのであります。／ところが五月の中頃過ぎでありましたが、川島君が東京から私の宅へ電話を掛けて参りまして、事業はこれでよく分る。大蔵大臣は「善き隣人」を読まれて非常に感動せられた。それについては統計表を貰ひたいといふ話、大阪の統計表ならあるけども、全国の統計表ならば東京にある筈だ。内務省の社会局に全部纏ってある筈ですと申して置きました。其の後上京の時にも話を致しまして、西野田第一の資料のことも申しました。（年報　一九三五：一七九）

ここで「川島君」とされているのは、川嶋孝彦である。川嶋は、池上四郎大阪市長の六女紀子が配偶者で、後に内閣統計局長になっている。「善き隣人の続篇」とは、既述の『善き隣人』に続いて、一九三二（昭和七）年一一月一〇日に出版された「第二編」である。この報告は、常務委員会の席上であり、池上と沼田の関係（沼田は、市長擁護派市会議員でもある）を考えても信用できる。したがって、代議士でもあり岳父の擁護者でもある沼田が川嶋に対して働きかけたことが作用したということもあったのだろう。しかし、そもそも沼田は府方面理事で林の配下と言ってよく、林の面前で報告をしたのは、それを意識してのことであろう。つまり沼田の働きかけ自体が、林の心情に応えるという意味がある。しかも、実際の展覧では、前回と同様に林の役割は小さくない。蔵相や首相に対する展覧の機会を有効に活用したと言えよう。

この二回の展覧は、方面委員制度に対して直接具体的な結果は残さなかったが、参観した高級官吏が、これ以降に述べる局面でキーパーソンになっている点で効果があった。

三　第三回目展覧

第三回目は、一九三六（昭和一一）年九月九日、広田内閣への資料展覧として具体化した。『方面事業二十年史』においては「昭和一〇《ママ》年九月九日華族会館に廣田首相以下各閣僚、政府要人を招いて全日本方面委員連盟は方面事業懇談会並びに展覧会を開催した」と簡単に記述されている出来事であるが（全日本方面委員連盟　一九四一：四四）、この第三回目は重要な意味を持つ。

まず経緯から説明する。六月三日、府の大谷繁次郎社会課長を介して森田に展覧の要請があった。六月一三日には、社会事業調査会総会が行われており、諮問一一号「方面委員制度の法制化に関する件」が提示されている。したがって、その関係者に展覧を見せるという意図があっただろう。事実、七月中の予定ということで準備していたが、九月三日になって実施日程の連絡を受けている（年報　一九三六：一八五）。

実際に開催されたのは九月九日で、すでに七月三一日に答申案が議決された後である。したがって「方面委員制度要綱」の決定には直接的に影響しえない。しかし方面委員令の公布は、一一月一四日であるから、要綱が勅令になる過程では展覧内容が参考にされたに違いない。さらに「濫救防止の機能を担う方面委員を救護法実施の補助機関として位置付ける体制が、方面委員の側で一足先に整ったことになる。この点で、救護法の側からの位置付けが、課題として残されたことになるが、それは翌年の法改正の際の課題となる」とされる事情は残されている（寺脇 二〇〇七：四七四－五）。つまり翌年の救護法中改正、すなわち救護法第四条で方面委員を明確に位置づけることに対しては、アッピールになったと言えよう。

もう少しこの展覧情況を説明する。展覧は一九三六（昭和一一）年九月九日に華族会館で行われた。例によって、全日本方面委員連盟会長清浦奎吾、副会長大久保利武、同林市藏（委員・特別委員）、専務理事原泰一（臨時委員・特別委員）、小菅秀直、南條茂、森田伊兵衛が説明役である。参観者は、廣田弘毅総理、永野修身海軍大臣、潮恵之輔内務大臣（委員長）、平生釟三郎文部大臣、小川郷太郎商工大臣、大谷正男皇太后宮太夫、白根松介宮内次官、藤沼内閣書記官長、吉田内閣調査局長官、鍋島直縄内務政務次官（委員）、湯澤三千男内務次官（委員）、廣瀬久忠社会局長官（委員）、肝付兼英内務参与官男爵、山崎巖社会部長（委員・特別委員）、東京帝国大学教授穂積重遠（委員・特別委員）等である。

この中で、委員と付記したのは、社会事業調査会委員であり、委員長、臨時委員を含めて八人であった。特別委員としたのは、諮問第一一号特別部会の委員であり、四人である。特別委員の山崎は内務省社会局第二部長すなわち社会部長であり（後、厚生省社会局長）、穂積は初期からの委員である。要職にあった彼らが展覧を視察した意義は少なくない。

さらにこの時は、一八日になって宮内省でも展覧された。九日に皇太后宮太夫や宮内次官が参観者に加わっていたのは、その準備のためであろう。参観者は、松平恒雄宮内大臣、三矢宮松帝室林野局長官、佐藤恒丸侍医頭、杉榮三郎帝室博物館総長、松平慶民式部長官、金田参事官、河井彌八元帝室会計審査局長、岩波武信内匠頭、鹿兒島虎雄式部次長、荒木寅三郎学習院長、木下道雄帝室会計審査局長官、それに大谷皇太后宮太夫等であった。この展覧は、「皇室の御聖慮」に沿うことを方針とする方面委員関係者には、相当のアッピールであったに違いない。
この三回の展覧の様子について、南條は、以下のように記している。

方面事業を要路の大官に説明する資料作製の大役を奉じ林先生大谷課長小菅幹事の御指導を受けて、これまた寧日なき多忙を極めた。斯くして幾度かやり直した資料は四個の大貨物となって、東京に送られ、大蔵大臣官邸、華族会館、工業クラブと、時と所とを変えて歴代要路の大官に展覧に供し、更ら□《一字不明》宮内省にまで搬入を許され、皇太后宮太夫、宮内大臣その他各大官に展示の光栄に浴したのであった。その都度、編者も上京を命ぜられた。（南條　一九三八：四）

また森田は、一九四〇（昭和一五）年に社会事業功労者として厚生大臣表彰を受けたが、その理由には「方面精神の鼓吹、方面事業の認識を深むるため多年に亘って蒐集方面事業に関する貴重な資料を十余双の屏風に整理して、全国方面委員大会に出陳し、或は内務、大蔵両大臣に事業内容説明の用に供する等、斯業の社会的理解に努めた」と記されている（厚生省一九四二：三〇三）。

第四節　方面委員令関連の規則・依命通牒の対する林の行動

一　方面委員令の性格

こうして一九三六（昭和一一）年一一月一三日勅令第三九八号として方面委員令が公布され、翌年一月一五日から施行された。「全国的標準化が完成した」のである（菅沼　二〇〇五：七七）。一般的には「社会事業全体の運営に方面委員が重要になってきたこと、物的給付のみでなく要救護者の人格向上の要求が強くなってきたこと、地方的格差が甚だしかったので全国的統一が必要であったこと」とが全国的標準化の理由として説明される（吉田　一九九〇：一五四）。ここでは「勅令」であることによって、帝国議会の協賛をうる必要がないこと、つまり林はじめ関係者の行動が制定過程でより影響しやすかったことを指摘しておきたい。

この方面委員令の法的性格については、以下のような指摘が妥当であろう。

方面委員制度は各地に於て自主的に設置されたもので、それぞれ地方の事情によって特殊な形態で発展してきた。国の制度としてこれを規定する方面委員令は、他の法令とその点に於て異質なものをもっていなければならなかった。方面委員活動を画一的なものに規正してしまえば、本来の自由な妙味あるはたらきが不可能となり、それは同時に方面委員そのものの終末でさえある。……略……方面委員令においてはこの間の事情に充分苦心のあとがあり、いわゆる法三条式に制度の大綱を示しただけで、地方の特殊性に応じたダイナミックな活動を妨害することは極力避けることに努めている。（全国社会福祉協議会　一九六四：一五五）

林は、このニュアンスを以下のように表現している。

あのむつかしい法制局へ持って行った時分に、一字も変わらずそのまま通過した。しかも第一条の如く命令を規定した訳でもなく、第一条の如きは従来の法制局の立法技術からすれば斯ういふ箇条は通らぬだらふといふ考へでありました。……略……これは決して誰が説明を上手にしたとか、誰の文章の書き方がよかったという訳でなく、皆様が二〇年かかって、魂を打ち込んで御尽力になりました力です。そこで法制局の立法技術としては空前絶後の勅令が生れたのであります。（林　一九三八：四）

こうしてみると、それを実際に施行するに当っては、「法三条式」の方面委員令そのものよりも、施行令、施行規則や依命通牒レベルの内容が重要になる。

二　「名誉職」の意味と林の行動

林はここで「名誉職」ということに徹底してこだわる。常に主張する「無報酬の報酬」の具現化としての報酬の完全なる否定である。たとえば以下のような発言がある。

この勅令には、方面委員は名誉職であるといふことが書いてありますけれども、これは絶対に無報酬の名誉職であるのでありますす。……略……絶対に無報酬で、実費弁償は受けない……略……私は甚だ甚だ恐れ多いのでありますけれども社会事業調査委員会に対して私の意見を具申した。最初の原案としてはこれは「実費弁償を給することを得」といふことが書いてあったのであります。……略……その当時内務大臣たる安達君が社会事業調査委員会の委員長でありましたが、折角特別委員会の原案も出来てをったものですから直ちに私の意見を取り上げるわけにもいかんからして、それでは勅令が出来るまでには充分に研究しませうといふことでその場をさめた。結局その後私の意見が採用されまして、この「実費弁償を給することを得」といふ但書を取ったのであります。（林　一九三八C：四）

この林の言い分について検討しよう。安達謙蔵が内務大臣（社会事業調査会会長）であったのは、一九二九（昭和四）年七月二日から翌々年一九三一（昭和六）年一二月一三日までである。この期間は、救護法の施行のために必要な、施行令（勅令）および施行規則（省令）について準備が進められていた。

一九三一（昭和六）年四月二〇日に社会事業調査会特別委員会が決議した「救護法施行令案要綱（特別委員会案）」で

は、確かに「市町村は委員の職務の為要する費用の弁償を為すことを得ること。費用弁償額及其の支給方法は地方長官の認可を受け市町村長之を定むること」となっている。そして一九三一（昭和六）年八月一一日に勅令二一一号として公布され、翌年一月一日に施行された救護法施行令では、費用の弁償についての付記は削除されている。この間に種々の変更が行われた経緯については「（法四条の委員は方面委員だと—筆者）明文化されていないが、委員には方面委員を宛てるという社会局の方針を貫くこと、そのためには方面委員関係者の意見を取入れることが必要であったからであろう」とされている（寺脇 二〇〇七：三一七）。もちろんこの「関係者」には林も含まれる。さらに林も安達も熊本藩士族で濟々黌の学友という関係もあるから、安達が林の意見に従ったとまでは言えなくとも、影響はあったはずだ。つまり、救護法施行令制定過程では、安達が会長（内務大臣）なのだから、林の言い分も裏付けられる。

だが依命通牒レベルでは、かなり限定的とはいえ「実費弁償」を認めていたことは確かだ。つまり、救護法第四条では「名誉職」と明記されているが、第二三条は「委員ニ関スル費用ハ市町村ノ負担トス」となっている。そして既述の一九三一（昭和六）年一〇月一〇日付け依命通牒では、「法二三条に『委員に関する費用』とあるは委員に対する実費弁償、手当等を指称するものなるも直接救護事務執行の為要する費用に限るべきは勿論之が支給は委員の本質に鑑み出来得る限り最小限度に止めしむること」とされている。つまり、依命通牒のレベルでは、「実費弁償」はあった。ただこの実費弁償の範囲に関しては、茨城県社会課長からの照会に対して、社会局保護課長から、事務打ち合わせのための招集に必要な委員旅費は実費に該当しないとする回答がある。(5) したがって救護法本法での「名誉職」とは、「実費弁償」を全く否定しているわけではないが、事実上の支給は無きに等しかったと言える。

ここで肝心の方面委員令について考察しよう。方面委員令の制定については、社会事業調査会に対して一九三六（昭和一一）年六月一三日に諮問第一一号「方面委員制度の法制化に関する件」として提示されたことは既述した。この時の社会事業調査会では、林自身が委員になっており、諮問第一一号に関する特別委員会にも所属している。同年九月の

「社会事業調査会答申（方面制度要綱）」には、「方面委員は名誉職とすること」となっている。これを受けて制定された方面委員令では、第七条が「方面委員ハ名誉職トス」となっている。つまり、本法の表現に関しては、林の言うように「一字も変わらずそのまま通過した」ということである。そして同年一一月一八日発社一二一号「方面委員令施行に関する件依命通牒」では、方面委員に対する実費弁償に関して何も言及されていない。もっとも翌年の救護法の中改正では、第二三条はそのまま残っている。

したがって林の言は正確には、以下のようになる。つまり救護法本法で名誉職とされた委員は、施行令では実費弁償も削除されたが、依命通牒レベルではかろうじて活きていた。次に方面委員令制定の段階では「名誉職」と明記させるとともに、依命通牒レベルでも「実費弁償」に言及させなかったということではないか。これには傍証もある。「方面の常務さんが私財を投げうって、要援護者の人にお尽くしになった」（大阪市民生委員制度五十周年記念誌編集委員会一九七三：二二三）とか、方面書記に対して「どこへ行くのにもポケットマネーを出してくれました」（同：二二六）というものである。大阪府では、こういう状況であったのだから方面委員の「実費弁償」はあり得なかっただろう。したがって、その実績をバックにした「林委員」の主張にも、名実の伴う正当性が担保されたに違いない。

たとえば、方面委員令要綱が委員会で審議されている最中の一九三六（昭和一一）年六月二〇日に行われた府方面常務委員会で、林が中央社会事業協会の雑誌（『社会事業』のこと—筆者）で東京市の救護事務吏員が書いた論文を読んだが、東京市はまるで方面精神を知らないと指摘した（年報　一九三六：一三二）。これは同年一月に当時東京市高田方面事務所長であった大久保満彦が書いた論文であり、方面事業には「親切なる人格者の方面委員と技術的に訓練せられた職員とのチーム・ワーク」が必要だとする、一種の専門職化論である（大久保　一九三六：七三）[6]。それに対して沼田が以下のように応えている。

林さんの仰いました道場も一面斯ふ云ふ始末で、終ひには方面委員の信用を天下に失墜するやうなことになりはせんかと私共は感じてをった。連盟の常務理事の原君が方面精神を知らない。原君が日本全国を講演に廻って何を言ってをるか。欧州大戦ヴェルダンの一席を演じて、[7] 此古戦場弔ふ、此処で子供を亡くした老夫婦の事に及んで、そこで方面委員が必要だと結むでをる（笑声）。これではとてもぢゃないがやり切れぬ。（年報　一九三六：一三八－九）

つまり「方面精神」に関しては、原でさえ正しい見解を示せないと揶揄している。既述したように、委員会では、原も調査会臨時委員で、特別委員会委員である。しかし、正委員の林は、委員会名簿の肩書が「従四位勲三等」であるのに対して原は「従七位」といった位階の差があるばかりではなく、現に全日本方面委員連盟副会長たる林の発言が持つ重みは、常務理事の原以上であったと考えられる。

これらを総合すれば、林の自負には相当の根拠がある。この出来事は、『四十年史』では「無給ということは方面委員の大きな誇《ママ》であった、物質的報酬をもとめることなき善き隣人としての限りない奉仕、そこに方面委員としての法悦を見出したものである。救護法の施行細則案の中に委員に対する実費弁償の一項があるときいて、その削除を要望、ついに削除させたのもこの誇りからであった」と表現されている（全国社会福祉協議会　一九六四：一五九）。ここに林市藏の名前は登場しないが、短い文章の行間には、林の思考と行動の結果があったことは間違いない。

第五節　銃後体制期の林市蔵の行動

一　方面委員制度存続の危機

方面委員令施行と同年の一九三七（昭和一二）年七月に勃発した日中戦争以降、日本はいわゆる戦時下の状況が続いていく。この時期に方面委員制度が直面した問題として、『四十年史』では「戦時中における制度上の諸問題」に、以下の三項目を挙げている。すなわち①町内会、部落会等の隣保組織と方面委員制度との関係、②軍事扶助法と方面委員との関係、③銃後奉公会と方面委員の関係である（全国社会福祉協議会　一九六四：一三六－四二）。

なお軍事救護法の段階から傷病兵、軍人遺家族に対して、低所得階層を活動対象にしていると捉えられていた方面委員が関わることには拒否的な反応があったことはよく知られている。つまり、軍事的義務にともなう保障と救貧対策を同列に扱うことへの忌避である。これは軍事扶助法の執行にも同様であった。「軍事扶助に対する方面委員の関与は妥当でないとして、かなり強い批判が行われ、時として委員のこの面への活動に或る程度の制約さへ加えられたことも事実であった」のである（岸田　一九五一：六八）。ただこの問題は結局明確な解決を見ないままだった。また③については、一九四三（昭和一八）年八月一二日付けの軍事保護院からの通牒で「全方面委員は、銃後奉公会の特定の職務を担当し、それぞれの部門における軍人援護に当る『乙委員』として、同会の組織と直接に結びつける」ということになったとされる（全国社会福祉協議会　一九六四：二四二）。そこでここでは、林の行動が特に明確な①について検討しよう。

これについては、「林市蔵等の努力もあり、方面委員事業と銃後の隣保事業が様ざまな競合状態に陥ったことによって生じた混乱を除去するため、改善の試みが繰り返えされた」とされている（遠藤　一九九七ｂ：七二）。『四十年史』では、この林の努力について何も言及していないが、『大阪府民生委員制度四十年史』は「こうした情況のもとにあって、方面委員制度の存続確保のため、深く憂慮して努力を重ね、そして大きな支えとなられたのは、創始者林市藏氏自身に他ならなかった」と記述している（大阪府　一九五八：三一一）。「林市蔵等の努力」とか「大きな支え」とは実際には、どのようなことなのか。

中央社会事業委員会では、一九四〇（昭和一五）年六月二九日に諮問第一号「時局下扶掖を要する者の状況を鑑み之が保護指導徹底を期するの要ありと認む仍て其の具体的方策に関し其の会の意見を諮ふ」が出されて、九月一六日に答申を議決している。六月二六日現在の委員会名簿によれば、林市藏も原泰一も委員であった[8]。

この時の厚生大臣、すなわち委員会の長は、米内光政内閣時、つまり七月二二日までは吉田茂であったが、その後、安井英二が二ヶ月ほど内務大臣と兼任し、九月二八日から翌年七月一八日まで、第二次近衛内閣の金光庸夫である。つまり諮問された時点では、吉田であり、答申議決時は安井、後述する依命通牒が出た時点では、金光である。

林は、一九四〇（昭和一五）年九月二〇日の府常務委員会で以下のように語っている。

私は新体制の全貌が出来上がった場合に於て方面委員との関係を考えるといふことではこれは非常は《ママ》迂闊な話だと思ふ。即ち救護法第二《ママ》条に救護委員といふものがあって、それがまだ法律が出来上らないで、内務省の当局の机の上に案としてあった場合に我々が運動したからそれを取除くことが出来た。あれが一旦議会に出たならば取除くことは中々困難であったらうと思ふ。この点について我々御同様に考へなければならぬことは、方面委員の事業といふものを認識して居らぬ人が頗る多い。この間厚生大臣が会長をして居る中央社会事業委員会が開かれました場合に、社会事業協会の重要なる地位に在る人の如きは、五人組といふものが出来れば方面委員は要らぬぢゃないかと言った。かういふ幼稚な考を社会事業協会の当局が持って居るといふことから考へても、方面委員に対する認識を欠いて居る人も夥しいものであると思ふ。（年報一九四〇：一六三－四）

この背景には、一九四〇（昭和一五）年九月一一日付けの内務省訓令第一七号「部落会町内会等整備要領」によって公的根拠を得た町内会・部落会が、二年後には大政翼賛会の最末端組織として位置づけられ、その翌年には、市町村制の改正によって公式に行政組織となったことがある。この出来事によって「町内会は、選挙粛正運動（昭和一〇年以降）―国民精神総動員運動（昭和一二年以降）―大政翼賛会の成立（昭和一五年）という歴史の流れのなかで、大きな変貌をとげていった」のであり（田中重好　一九九〇：四五）、「町内会の行きつく先がついには昭和一七年の翼賛選挙であり、大政翼賛会の下部組織として、内務官僚の敷く路線を、一糸乱れず行進するほかなかった」ということになる（中川　一九八〇：一五三）。「新体制の全貌が出来上」るとは、この通牒をもとに「町内会・部落会」が方面委員制度を排除する方向で固定してしまうこと、つまり「町内会・部落会という翼賛組織、わけてもその最小単位である隣組、常会との調整がつかない限り活動の基盤はなかった」ことを言っているのである（高澤　二〇〇一：二八八）。こうした情況下で林が危機感を持ったのは、後に「方面委員の制度は所謂自由主義、個人主義に依って生まれたものであるから、是は新体制が育てば方面委員制度は解消して、さうして新体制に溶け合ったら宜からうと云ふ声が専らでありました。是が全国に其の声が盛んでありまして至る所動揺致しました」と回想していることからもわかる（年報　一九四一：一四）。

二　危機に際しての林の行動

中央社会事業委員会議事速記録によれば、第一回委員会は、一日目が一九四〇（昭和一五）年六月二九日、二日目が七月三日に開催された。当初一日だけの予定が二日間に延びた。二日目の最後に林は、諮問第一号特別委員に指名された。他の特別委員は、新居善太郎（厚生省社会局長）、中川望、緒方竹虎、赤木朝治、原泰一、生江孝之、上山善治等である。この速記録では林の指摘に該当する発言は見当たらないが「社会事業協会の重要なる地位に在る人」とは、当時中央社会事業協会理事長の赤木朝治であろう。[9] 赤木は、元内務次官であり、既述の通り第一回目の展覧にも内務省社会局長官として参加していた。そういう人物の発言であったために、林はより危機感を抱いたはずだ。この後の特別委員会の日程や審議内容は詳らかでないが、林は特別委員会委員として最善を尽くしたに違いない。そして答申は、九月一六日に議決された。

以下は、一一月二〇日の府常務委員会における林の報告である。

この前此処で申上げた後、私は五日間東京に滞在しまして、内務省、厚生省、傷兵保護院に亘って、上は大臣から次官、局長、課長に面会して此方の意見も言ひ、又向ふの意見も聴きました。……略……この間厚生大臣が西野田第一方面へ視察に来られた。これは半井長官が東京に於て方面委員の事務所を御覧になったらよからうといふお勧めによっておいでになったさうでありまして、その席に於て二〇有余年間働いた有りの儘を見て貰って、その時非常に感ぜられたやうであります。その時にも只今私が申しました宮殿下への御挨拶のやうなお話をなすったのであります。（年報　一九四〇：二一四－五）

つまり委員会とは別に九月二〇日から一一月二〇日までの間に五日間のロビイング活動をしたというのである。「宮殿下への御挨拶」とは、この前月一〇月一〇日から三日間、東京で開催された第九回全国社会事業大会で総裁を務めた高松宮が慰労のため二九日に晩餐会を開き、金光庸夫厚生大臣以下を招いた時の挨拶のことである。他の参会者は、厚生次官、社会局長、保護課長、中央社会事業協会副会長窪田清太郎、同理事長赤木、同事業部長大谷繁次郎等一〇名足らずであった。その厚生大臣挨拶は「新体制の問題の中に於て一時はこの方面委員制度を解消してしまって、新体制の下に於ては別なる運動が必要ぢゃないかといふ議論も一部にありましたけれども、この制度の意義があるのに鑑みて、近頃内務大臣と協議の上方面委員の制度は制度独自の立場に於て翼賛をするといふことに取り決ました」とする内容であった（年報　一九四〇：二一四）。

したがって一〇月末には後述する依命通牒の方針は固まっていたことになる。九月一一日には、内務省訓令第一七号が出され、九月一六日に答申が議決されていた。とすると、林のロビイング活動は、九月二〇日の府常務委員会で報告して以降、方針の固まる一〇月末までの間ということになる。半井清府知事の招きによる金光厚相の西野田第一方面視察は、一〇月一六日である。もちろん来阪は「興亜厚生大会」出席が主目的である。しかし「一事務所に国務大臣を迎ふることは未だ曾て先例を見ないのであって常務委員以下其の光栄に感泣し大臣も亦其の視察の結果に依て方面事業の重大意義を悉知」したとされている（『方面時報』九（八）、一一月一五日、二面）。もちろん林はその場にいたので、この間の動きに符合する。

九月一六日の答申では「方面委員をして充分に其の本来の機能を発揮し得るが如く方面委員制度の全国的整備拡充を図らざるべからず仍て之が方策として別紙要綱（其の一）を提示す」とし、「方面事業新興方策要綱」を示している。その中に「各種隣保団体との調整及連絡を慎重にすること」として、「町内会、隣組、部落常会、銃後奉公会等の隣保団体と方面委員との関係に付ては之が調整及連絡を慎重にし方面委員の職務遂行に遺憾なからしむること」となっていた。この後、一一月一五日に厚生省社会局長・内務省地方局長連名で厚生省発社第一六五号「方面委員制度と部落会町内会の関係に関する依命通牒」が出された。その通牒では、「部落会、町内会等の幹部組織に方面委員を加はらしむる等適宜の方途に依り両者の有機的連絡を図る」となっていた。つまり答申では不明瞭な表現であったものが、通牒では方面委員を部落会・町内会の幹部として位置づけるよう明確に要求していた。この結果について林は、自身のロビイング活動を念頭に「成行に任したならばかういふ風には行かなんだかも知れぬ」と評価したが（年報　一九四〇：二一三）、単なる自画自賛ではない。もっとも「最悪の『制度廃止』という結論は免れたものの、隣保組織との摩擦状態を依然残しながら、従前どおり戦時下における銃後組織として機能した」程度であったとも言える（遠藤　一九九七b：七二―一三）。

おわりに

　方面委員制度が存続の危機に直面する少し前、一九三七（昭和一二）年一一月一二日、林の同志とも言える沼田嘉一郎が急逝した。「我が方面事業創始以来、方面常務委員として多年熱心に御尽力されました沼田嘉一郎氏は、昨夜の方面事業に関する社会事業講座も、喜んで聞いて居られたのでありますが、又恐らく本日のこの光栄の記念日にも出席すべく考えて居られたのでせうが、測らずも昨夜一一時五五分突然亡くなられました」という（年報 一九三七：二三五）[10]。享年六〇歳であった。さらに一九四三（昭和一八）年三月一五日には、林の妻、茂が六四歳で逝去している。どちらも古希を過ぎた林には重い出来事であったに違いない。

　戦況も次第に悪化して、最早名目に近い会社重役も次々と退任し、一九四五（昭和二〇）年五月には長女の婿である重光葵の別荘に疎開した。「百里亭主人［林市藏］は記者（重光葵のこと―筆者）の招きに応じ、日光に空襲を避けることを決意、二三日朝記者等と共に大阪駅発東上の途に緒《つ》くこととなった」のである（重光 一九八六：五〇九）。そして敗戦を迎え、被占領期には原泰一や岸田到の活躍する時代となっていく。

　だが傘寿を過ぎた林は、疎開、敗戦、被占領といった事態に直面してなお逝去に至るまで、方面委員活動の再開、民生委員制度の出発に関心を持ち続けた。つまり林市藏の最後の旬年は、方面委員制度が民生委員制度に移行し、救護法が生活保護法に取って代わられる時期と重なる。この転換期における林の思考と行動については、改めて一章を設けるだけの意味内容を持つものであるので、次章で検討することにする。

注

（1）全日本方面委員連盟が任意団体として発足した当時、原は中央社会事業協会総務部長で連盟専務理事であるが、一九三七（昭和一二）年三月に財団法人化した時点で常務理事になったと思われる。「昭和一〇年代初期」は、その時のことであろう。

（2）本稿では、「社会事業調査会」および「中央社会事業委員会」については、復刻資料である社会福祉調査研究会（一九八五）を使用した。

（3）『熊電三拾年』（熊本電氣 一九三九年）、『五〇年のあゆみ』（近畿日本鉄道 一九六〇年）、『株式会社三越一〇〇年の記録』（三越 二〇〇五年）および各社・後継会社への問い合わせによる。帝國製鐵については、就任年は未確定。

（4）以下三回の方面資料展覧は、『大阪府民生委員制度四十年史』においても言及されているが（大阪府 一九五八：二七八‐八五）、ここでは背景を踏まえてより詳細に検証する。

（5）「救護法に依る委員の費用に関する疑義の件」（昭和七年六月二二日社発第三四号茨木県社会課長照会に対する昭和七年七月一二日保第八三六号社会局保護課長回答）による。

（6）有給吏員と名誉職委員の併存については昭和初年より議論のあったことが今井（二〇〇九：三‐五）によって詳細に論じられている。その根拠になったストラスブルク制度については小河滋次郎も承知していたが、名誉職制を採用したとされている。

（7）フランス・ヴィシー政府の主席を務めたフィリップ・ペタン元帥がまだ若い頃の一九一六（大正五）年にヴェルダンの戦いでフランス軍を勝利に導き、「ヴェルダンの英雄」と言われた。その英雄譚であろう。

（8）幹事の厚生書記官堀田健男（保護課長）は、林の女婿である。一九二九（昭和四）年八月一七日に二女が、当時新潟県内務部地方課長事務取扱の堀田に嫁いだ。

（9）林が同年一一月の常務委員会で「赤木君の如きは方面委員制度の解消といふことに付てはまんざら否定もしなかった」と語っている（年報 一九四〇：二一四）。

(10)「光栄の記念日」とは、一九三二(昭和七)年一一月一三日の常務委員会への侍従御差遣の記念日のこと。

第七章　被占領期における林市蔵の思考と行動

はじめに

前章まで林市蔵が大阪府知事退官後も方面委員制度に関わり続けた状況を検討してきた。林は一九三二（昭和七）年の全日本方面委員連盟発足以来、副会長となっていたが、会長の清浦奎吾は、一九四二（昭和一七）年一一月五日に逝去し、翌年三月になって、もう一人の副会長大久保利武が会長に就任したが、一九四三（昭和一八）年七月に鬼籍に入った。林は、副会長のまま会長代行を務めたが、戦争終結直後の混乱期に第四代会長となった(1)。しかし、翌一九四六（昭和二一）年一〇月には、民生委員令の施行に合わせて連盟が全日本民生委員連盟になったのを機に会長を原泰一と交代し、連盟初代顧問となった。

このような最晩年における会長や顧問への就任は、方面委員制度への功労者として、名義的な意味だと理解しがちだが、実際的な効用もあったに違いない。なぜなら、この時期の方面委員・民生委員制度は、敗戦直後の緊急援護、生活保護法施行、民生委員令施行、民生委員法施行、いわゆる三団体統合等の課題に連続的に直面したのであり、それらへの対処に際して、林の存在が影響を与えなかったとは思えないからである。

ところで被占領期方面委員・民生委員制度の研究は、吉田久一、仲村優一、木田徹郎等によって、被占領期社会福祉研究の一部として先鞭をつけられた。もちろん村上（一九八七）、多々良（一九九七）、菅沼（［一九九四］［一九九六］二〇〇五）や藤井（二〇一〇）でも言及されている。

とりわけ方面・民生委員制度に焦点づけた研究では、以下がある。まず三和（［一九七六］一九九九）が生活保護実施機関の観点から被占領期の東京都を例に過渡的状況を分析している。さらに六波羅（一九八四）は、旧生活保護法下においても民生委員がすでに協力機関化していたとした。田中（［一九九七］二〇〇五）は、ＰＨＷ（連合国総司令部公衆衛生福祉局）担当官の制度に対する姿勢を検討し、制度を廃止する意図は無かったと結論づけている。新家（一九九九）は、中国軍政部においてドロシー・デッソーが民生委員に与えた影響を検討している。最近では岡田（二〇〇五）が群馬県の状況を具体的な方面委員・民生委員の個人史と絡ませて検討し、本田（［二〇〇四］二〇〇七）は福島県で永井健二というキーパーソンを軸に論述した。また橋本（二〇一一）は、埼玉県浦和市における地方軍政部の実験的な取り組みを論じている。被占領期の社会福祉行政を実態に即して把握するには、地域社会福祉史レベルの研究が不可欠という意味では、これらは重要であろう。一方、谷澤（二〇〇六）は戦前、戦後の公的扶助政策にともなう方面委員から民生委員への継続性を実証的に論じ、寺脇（二〇〇九）は「木村文書」を駆使して民生委員令、民生委員法の制定過程を明らかにした。だがこれらの論考には、林市藏は具体的に登場しない。

資料としては、ＰＨＷや社会局関係者に対する吉田・一番ヶ瀬等による一連のインタビューがある。その中で葛西嘉資の証言には、林の名が登場する（吉田・一番ヶ瀬［一九七四］一九八二）。他資料でも葛西の証言には、林の名前がたびたび出てくる（葛西　一九五二、厚生省　一九八一等）。しかしこれらは限定的な場面の回想である。

菅沼隆は、この時期の林の思考や行動について、民生委員令下の一九四七（昭和二二）年に林が書いた文章から「生活保護法が国家責任原則を確認したことによって、民生委員の裁量の余地は狭められる可能性が強まった。このことは民生委員が生活保護法の取り次ぎ機関化への危惧という形で表明された。林市蔵は『国宝達磨の像』という短文で……略……方面精神が忘れ去られていることを嘆いている」と指摘した（菅沼［一九九六］二〇〇五：一二四）[2]。さらに被占領期の民生委員制度は「『無差別平等の名誉職裁量体制』という形容矛盾ともいいうる体制が形成された」時期ともしているが（菅沼 二〇〇五：七九）、林は名誉職裁量を重視した旧慣温存の立場になるのだろうか。もちろん林が被占領期に先進的な立場だったとは言えないだろう。だがこの時期に林が保持した考え方や行動を検討してみる価値はある。

第一節　戦時下における「集団輔導」論の提唱

ここでまず戦時下に提唱され、被占領期以降も持続していた「集団輔導」論を検討する。これは、戦時下から被占領期へ林の考え方がどう継続したかを明確化するために不可欠である。

遡ってみると中央社会事業委員会では、一九四〇（昭和一五）年六月二九日付け厚生大臣吉田茂の諮問に対して、九月一六日に同じく金光庸夫に対する答申を議決していた。その答申「方面事業新興方策要綱」に「一．方面委員の職務執行を積極的ならしむること」とし、「（二）職務執行に当りては個別処遇を為すを原則とするは勿論なるも必要に応じては集団指導をも為し得るものとすること尚方面委員令第六条中に集団指導の趣旨を現す字句を挿入すること」との一項があった。

前章で見た通り六月二六日現在の委員会名簿によれば、林市藏も委員会の委員で、この答申を検討する特別委員会にも加わっていた。メンバーは林の他に、新居善太郎（厚生省社会局長）、中川望、鈴木信太郎、高石眞五郎、緒方竹虎、赤木朝治、安藤正純、原泰一、生江孝之であった。林は、その時点で現に全日本方面委員連盟副会長であるというだけでなく、大阪府方面委員制度創設以来、長く斯界をリードしてきたことを考えれば、予め用意された答申内容を形式的に承認するだけではなかったはずだ。つまり、林自身が「集団輔導」を具体的に提案したに違いない[3]。

もちろん答申にもある通り、林も含めた方面委員関係者は「個別輔導と併行した集団輔導が極めて有効であり、能率的であり、委員活動の重要な部面を占めるべきものであることが、常に力説強調され、これに関する明確な規程が、方面委員令の中に明記されることを強く要望していた」のである（岸田 一九五一：二〇九）。しかし結果的には方面委員令の改正は、一九三八（昭和一三）年一月の厚生省設置に伴う「内務大臣」から「厚生大臣」への字句修正のみであった。つまり、この答申は令改正には結びつかなかったのである。

ところが、林は集団輔導の法制化にむけて行動していた気配がある。たとえば、先の答申後、一九四一（昭和一六）年一月二〇日の大阪府方面常務委員会で次のように演説した。

私此の頃考へまするのに、皆様のやっておいでになる方面に依ってやっておいでになりますことを一つ意識的に考へて戴きたいと云ふことが一つあります。……略……個別個別のカードの外に横の連絡を執っておやりになることがあるやうでありますから、之を大阪の方面委員制度としては、方面委員の事業としてはそれを意識的に研究して一つ試みて御覧になることもどうであるか……略……是は私の新しい案ではない、皆様のやっておいでになるのを今度は意識的に研究をして、さうして之を大阪全体に於てさう云ふ方面に進んだならばどうであるか。（傍点筆者）（年報 一九四一：一九－二二）

この時は「集団」という表現はせず、傍点部にその意図を匂わせている。そして同年六月二〇日の常務委員会では明確に「方面集団論」を提示している（年報 一九四一：一二九－一三一）。これは翌月の『社會事業研究』、翌々月の『方面時報』に林の署名で掲載されたものと同内容である（林 一九四一a、一九四一b）。「方面集団論」を今日的に表現すれば、複数の方面委員が協働して基礎的グループワークを含むコミュニティーワーク的活動をするというものである。いわゆるケースワーク中心の方面委員活動が行政の補助活動に傾斜している状況に対して、自主活動の可能性を探るものであった。この後、関連した動きは以下の通りである。

まず一〇月の府常務委員会で府社会課長西田傳三郎が林を代弁し、常務委員との懇談を呼び掛けた（年報 一九四一：一八九－九〇）。翌年一月の府常務委員会で筒井善吉常務（九條第一方面）が「昨年の九月以来林先生が私共方面委員に対して一度懇談をしたいといふことがありました」とし（近畿地域福祉学会――以下、近地学会 一九九九：一三）、代表数名による林の自宅訪問を報告した。そして三月の同委員会で西田が「本日此の会議に御出席を戴きましたので、此の機会に御話を承りたい」と述べ、林と出席者の懇談が行われた（近地学会 一九九九：四一）。残念ながら、懇談内容は記録されていないが、方面集団論の検討だったはずだ。

そして直後の四月七日に三邊長治知事から府方面事業委員会に対して「時局下社会情勢の動向に対処し大阪府方面委員の活動を促し一層銃後の国民生活安定に邁進せしむるの要ありと認む仍て之が対策に関し其の会の意見を諮ふ」とする諮問があった（近地学会 一九九九：五二）。これは前月の懇談を受けた結果と理解できる。この時に委員三二名が指名され、さらに特別委員一一名、起草委員五名を選出、林は特別委員会の委員長となった。四月二〇日の常務委員会で起草文を報告して、五月一八日の委員会で答申が決定した。この答申に「集団指導の実施」として「事業範囲の拡大に伴ふ疾病予防及健康増進其他厚生問題に関しては集団的に之を行ふことの一層なるものあり、既に地域的には之を実施せる向あるも猶従来のカード階層を脱せざるの観なしとせず依て自分《ママ》一層之を広範囲に及ぼし一般庶民階層の福利増進に寄与すべきこと」とする内容があった。(4)

それを受けて一二月二六日に大阪府訓令第四四号「月番方面規程」（翌年二月一日施行）が公布された。その第五条は

「一区域中の数方面に対し同時に月番方面を指定したるときは前条に定むる事項の外其の方面の共通事項に付適切なる集団事業を実施することを得」というもので、「集団事業」が明記された。これは「大阪府方面委員制度の本質的転換とも言えるような変更がされた」と評価される内容であった（山本　一九九八：六六）。

これに対して「戦時下における人的資源の枯渇を補う意味と、処遇上合一的、合理的方法を積極的に取り入れることにより、時局的要請に応えようとした苦肉の策であって、もともと実践的活動のなかから、自然にとりだされ、発展、普及した方法論ではなかったことを忘れてはいけない」とする評価もある（遠藤　一九九七：八九）。だが林は、集団輔導はすでに意識せず行われている方法だと繰り返し述べており、事実、その萌芽は、中央社会事業委員会答申の以前から見られる。その典型的な例証として、一九四〇（昭和一五）年五月の府方面常務委員会で旭方面徳永佐十郎常務委員の報告をあげよう。この報告では、カード階級ではないが、虐待されている「幸子」を発見したとし、以下のように述べている。

他にもこれと同じやうな境遇の子供が何処かにありはせんかといふやうな感じを起しましたので、早速旭方面区域内にございまする榎並、清水、古市、大宮の四小学校の校長先生に宛てまして、栄養不良その他この幸子と同じやうな境遇にある子供の有無について照会を致したのでございます。処が幸いにも榎並、清水、古市の学校よりは該当の者はないといふ報告を戴きましたが、只大宮小学校よりは二、三稍々栄養不良の子供があるといふ御報告を受けましたので、早速その児童の居住致して居りまする区域の担当委員に通知致しまして、此等の子供の将来についてよく監視して戴くやうに取計らって置いたやうな次第でございます。（年報　一九四〇：九四）

林は、戦時下にあって、軍事扶助法、国民徴用法、母子保護法、医療保護法等に関わる「公的輔導」の実施や町内会・部落会の活動に方面委員の精力が費やされることを懸念していた。そして自主的輔導の可能性を探ろうとして「集団輔導」を提唱し、少なくとも大阪では制度化に成功した。つまり方面委員らしい活動は「方面精神」を発揮できる自主的輔導にこそあると考えていたのであり、だからこそ制度化に拘ったのである。

ところで、被占領期の一九五一（昭和二六）年になって、当時全日本民生委員連盟常務理事の岸田到が「民生委員の行う輔導を、個別輔導（ケース・ワーク）と、集団輔導（グループ・ワーク）とに分けて考えることも、久しい間執られてきた方式であった。然しながら、これは必ずしも両者の精密な論理的検討を基礎にしたものではなくして、欧米諸国において唱えられ、わが国にも採用されるに至った社会事業に関する二つの方法論的の《ママ》区分を、概念的に方面委員なり民生委員の活動形態に適用したものである」と解説している（岸田 一九五一：二〇七）。このように「集団輔導」は、ニュアンスの相違を抱えながらも、敗戦後の方面委員・民生委員をリードする人たちに影響を与え続けていた。

以上のように、林は戦時下の困難な状況下でさえ自主活動の可能性を探っていた。したがって戦後も生活保護実施の補助機関としての活動を重視する方面委員・民生委員活動には親和性を抱かなかったはずだ。ところで林の考え方は、敗戦後の方面委員・民生委員制度に他の点でも影響を与えたのだろうか。次にそのことを検討したい。

第二節　民生委員令制定と林市藏の役割

林は、敗戦直後の九月頃から、すでに方面委員の活動再開を呼び掛けている。一九四五（昭和二〇）年九月二九日「安井近畿総監と代表方面常務委員との懇談」において、五月から女婿重光葵の日光なる別荘に疎開していた林が「一〇月中旬に丁度阪急沿線の夙川に帰られますが、今度こそ方面委員の底力を出さなければならないといふことを言はれております」と報告された（近地学会 一九九九：九一三）。また同年一〇月一三日の「大阪市及衛星都市代表常務委員会」の記録では「先般林顧問さんからもお手紙で一、二回重ねて私の方に、今度は方面委員さんが大いに働いてもらはなければいかぬ……略……林顧問さんからも、なるべく皆様の御意見を多く伺ってとかいふ希望の書面も参ってをりましたので、幸ひ今日充分に御意見を伺ひましたら、お見えになりませぬ課長なり、又林顧問さんへの方へはこの速記を要点を写しまして、そして皆様のご希望の点も充分に通したいと思ひますからどうぞよろしく」となっている（近地学会 一九九九：九二〇－一）。敗戦直後の方面委員・民生委員制度が「二年余り動揺しなかったことは、敗戦後の非軍事化と民主化政策の洗礼を受けた日本人にとって民生委員は違和感を抱かなかったことを意味していると考えられる」とされるが（菅沼 二〇〇五：八二）、林は迷いなく方面委員活動の早期再開を指示していた。

この後の方面委員制度をめぐる状況は以下の通りである。まずGHQ／SCAP（連合国軍総司令部）は、一二月八日付け指令「救済並福祉計画の件」（SCAPIN 四〇四）を発したが、それに対して日本政府は、とりあえず一五日に閣議決定「生活困窮者緊急生活援護要綱」をもって応えた。そこには「生活援護の実施は都道府県の計画に基き市区町村長をして当らしめ町内会長、部落会長、方面委員、社会事業団体等をして之に協力せしむるものとす」とあり、その備考には「本要綱の実施に当たりては其の徹底を期する為特に全国方面委員を積極的に活動せしむるものとす」となっていた。そして、「全国方面委員の代表は終戦の年も暮近い一二月二七日、日比谷公会堂において急拠全国大会を開催して、之に対処する心構えと活動体制を確立し」たのである（佐藤 一九五一：一四－五）。敗戦直後の混乱期に五〇〇〇人が参集したとされる。つまり、とりあえず方面委員を緊急救済業務の実際的な担い手とするしかなく、方面委員もそれに応えようとしたのだ。

その後政府は一二月三一日付け「救済福祉に関する件」（CLO 一四八四）を回答した。そこには「方面委員の拡充強化を図り其の充全なる活動を期するの外社会事業施設の積極的活動を促進するものとす」とされていた。これらを受けて翌年二月二七日付けの指令「社会救済」（SCAPIN 七七五）が出されたが、それに対して四月三〇日付け「救済福祉に関する政府決定事項に関する件」（CLO 二二二三）が回答された。しかしそれより以前三月一五日のPHW福祉課ジョージ・K・ワイマン少佐と加藤清一社会局保護課長との打ち合わせで「方面委員に付ては完全なる技術の体得を為さしむるよう政府に於て積極的に指導することの必要性を十分認めらるるにより必要な処置を講ずるは差し支えない」とされていたのである（黒木 一九五八：四四一）[5]。その結果「PHWは、占領目的に沿ったかたちで民生委員の非軍事化と専門職化の方向に努力した。生活保護法を制定する前にすでにPHW職員は厚生官僚と非公式に折衝しSCAPの目的にかなうように彼らの政策立案を援助しながら共同で活動していた」のである（多々良 一九九七：一一三）。つまりこの頃には、方面委員令を民生委員令に改正する作業が進められていたらしい。この経緯について、前任の栗原美能留が公職追放されたため、一月二五日から社会局長になっていた葛西嘉資は以下のように回想している。

思えば昭和二一年――終戦直後の混乱時代に八〇〇万と推定した要援護者の援護をどうするかという時――方面委員制度を民生委員制度に切り換えた。これは大問題であったので、各方面の意見を聴くため委員会を拵えて諮問したり、役所の方でも色々研究もし、論議もした。また再三ならず林市藏先生の御意見を、直接又は使を派して伺ったりもした。（岸田 一九五一：vii）

これは『民生委員制度四十年史』（以下『四十年史』）では「厚生大臣の諮問機関である社会事業審議会に、特に委員および臨時委員を委嘱し方面委員制度の改革に付いて研究を進めた結果、方面委員令を全面的に補正することになり、生活保護法の制定と時を同じくし、昭和二一年九月一三日勅令第四二六号をもって新たに民生委員令が制定され、同一〇月一日より施行されたのである」とされている（全国社会福祉協議会 一九六四：三〇八）。だが社会事業法に基づく中央社会事業委員会が中央社会事業審議会となったのは、一九四九（昭和二四）年六月一日からである。また、この委員会では民生委員関係事項は審議していない。

その一方で四月三〇日には「方面委員制度改正に関する協議会」が開かれたことが確認できる。そこには「警察無線電報にて厚生省社会局長から石川、大阪、宮城、岡山、茨城の地方長官に方面委員の指名派遣依頼が行われ、大阪からは、方面常務の森田伊兵衛（西野田第一方面）が出席している」のである（大阪府 一九五八：三五七）。したがって、この協議会が審議会と混同されたのだろう。「民生委員令案」は、すでに五月段階でできていたとされ（寺脇 二〇〇九：一）、六月には新聞報道もされているが（『朝日新聞』東京本社版六月八日、朝刊二面）、それらを考慮しても齟齬は生じない。この段階で、社会局長たる葛西は「直接又は使を派して」林の意見を聴取した。葛西は、後年に以下のように記述している。

方面委員は救護法の委員として働いて貰っていた経緯から、救護法的色彩が払拭され切らぬ恐れがある。生活保護法の保護に多少でも旧法的に感じが入ることは、制度の基本的性格に関することであるので、絶対に許されぬということから、この際方面委員の名称を改め、民生委員とすることとしたのである。然し他面方面委員の名称は、由緒あるものであり、その変更には多少の拘りも感じたが、私が本制度の生みの親である林市藏先生にお目にかかり、GHQとの折衝など詳細事情をお話申上げたところ、林先生はそんなことであるならば、方面委員制度は発展的解消とも云うべきだろうから、結構ではないかと積極的に賛意を表して下さったので、勇気付けられて、民生委員令（勅令）制定に馬力をかけたのであった。（厚生省社会局保護課 一九八一：二八八）

また当時、葛西の部下だった木村忠二郎は「従来の方面委員という名称は、その語源において適切であるが、久しい間に単なる救済委員としての観念を一般社会に植えつけていたので、この際この観念を一掃し、広範な民生安定諸施策の推進機関、協力機関としての職責を端的に表示する名称にあらためた」としている（木村 一九五五：二二二）[6]。同じく黒木利克は「方面委員令が改正せられ、民生委員令となった。これは方面委員制度につきまとう従来の慈恵的臭味を払拭せんとした意図にもとづくもの」としている（黒木 一九五一：二〇）。これらは葛西より二〇年程前の証言である。つまり葛西の文章前段は、当時の社会局幹部に共通した見解を正確に述べており、後段だけが葛西の思い違いあるいは誇張とは考えにくい。

これに関して「厚生官僚の判断で方面委員が民生委員と名称変更されたが、これは少なからず方面委員の誇りを傷つけた。方面委員の伝統に瑕疵があるとみなされたことを意味したからである」とする見解がある（菅沼 二〇〇五：八〇）。だが「方面委員制度に批判的な態度をとっていなかったGHQがそれの変更を指令する根拠は存在しなかった」としても（菅沼［一九九四］二〇〇五：一六二）、生活保護法の制定にともなって方面委員制度の持つ救護法時代のイメージを払拭しようとする意図にはむしろ理解があったのではないか。もちろん一般の方面委員の捉え方には多様性があっただろう。いずれにしてもPHW福祉課も承知あるいは関与し、方面委員代表との協議会も開かれ、葛西等によって林の意見が聞かれているため、厚生官僚の判断で名称変更がなされ、方面委員の誇りを傷つけたとまでは言えまい。

ところが民生委員制度の年史等では、林が名称変更に反対したとする見解が示されている。[7] それに関して葛西は別に「あれは誤解があるようですが、方面委員という名前を民生委員に変えるときには、方面委員という名前に愛惜の気持はかなりあったようでしたが、私は林市蔵（一八六七～一九五二）さんとの関係では何も問題はありませんでした。ただ、民生委員連盟を社会事業協会や同胞援護会と一緒にして、全社協を拵える時には、ごきげんが悪くて閉口しましたが、これが誤って伝えられたんじゃないでしょうか。もっともこれは私が次官をしていた時のことだったですね」と証言している（吉田・一番ヶ瀬［一九七四］一九八二：一一八‐九）。

これらを勘案すれば、林は当時の葛西社会局長自らの事情説明によって納得し、名称変更自体は認めていたのであろう。ただ葛西の言う誤解の背景には、単に名称の問題ではなく、それによる方面委員の性格変更への林の危惧があったのではないか。

それに関してまず林の忌避する実費弁償の問題がある。たとえば一九四六（昭和二一）年七月二七日第九〇回帝国議会衆議院生活保護法案委員会における長谷川保の主張である。

次に民生委員の手当のことであります、先般私は二百円出すと云ふ話を何処ぞで聴いたのでありますが、二百円ばかりでは私は絶対駄目だと思ふ、民生委員の手当は私は宜しく固定給と更に会議を開きます度に出す手当と、実費弁償、此の三つを以て十分に活動を致しまする民生委員に対しましては、それだけで生活が出来るやうにしなければ十分な活動は出来るものでない。（委員会議録第四回）

これに対して政府説明員たる葛西の回答は、以下である。

民生委員の手当のことに付きまして、年手当二百円を出すと云ふのであるが、それでは不十分ではないか、それならば或は会議の都度何か実費の弁償をする考へはないか、更に進んで専門家を置く意思はないかと云ふやうな御意見のやうに拝聴致したのでありますが、……略……極く僅かの金しか方面委員の方には御渡ししてないのでございます、それを今般二百円と云ふと非常に少いやうでありますけれども、大奮発を致しまして、是れ位のほんの実費弁償的な御金を差上げることに致しましてさうして十分活躍を願ふ、而も名誉職たる地位は変更しないと云ふ風にして参りたいと考へて居ります。尚ほ会議等がございまして、実際の旅費等が必要でありますやうな場合には、御手許に配付致しました資料の中にもあるのでありますが、民生安定施設諸費の予算の中に、方面事業費補助と云ふのがございますが、それ等の方からも若干のものならば支出が出来るのではないかと云ふ風にも考へて居ります。（委員会議録第四回）

これについては長谷川だけではなく、数人の委員から同様の意見が出された。つまり「民生委員の名誉職性を薄め、経済的な報酬を増額すべきだ、と主張する見解が少なからず存在した」のである（菅沼［一九九四］二〇〇五：一七二）。

また一九四七（昭和二二）年一一月七日付け、翌年一〇月に全面改訂されたＰＨＷ『専門公報』第七号「民生委員」によれば「民生委員は俸給を支給されないが、現行規定では年額五四〇円（国と県が折半）の手当てが支給される」となっているという（田中 二〇〇五：資料七－二九二）[8]。

これらからは、民生委員令下では、実費弁償どころか少額とはいえ手当てを支給するという考え方が有力となり、実際に実行されたとわかる。林は大阪府方面委員制度創設時から「無報酬の報酬」を一貫して主張し、実費弁償でさえ徹底して否定していた。その林にとって、このような推移は、受け入れ難いことであったはずだ。そして名称変更がこうした事態に繋がることであったと捉え、不快感を顕わにしたのだと言えよう。

第三節　民生委員法の制定と林市藏の役割

さらにもう一つは、最初に検討した「集団輔導」との関連である。民生委員を生活保護行政の補助機関として公的性格を強化することは、戦時下の方面委員制度が歩んだ道を繰返すことになる。つまり公的輔導への傾斜である。そして現実に「民生委員の公的色彩の強化は民生委員法（昭和二三年 法律第九八号）によって極まったということができよう」という結果に繋がっていった（黒木 一九五八：四四五）。林にとって方面精神とは、戦時下でさえ公的輔導への傾斜を嫌って集団輔導に活路を見出そうとしたように、あくまで自主的輔導を主に考えるということであった。したがって、この事態は不本意であったはずだ。だが全日本民生委員連盟内部でも矛盾を抱えつつ、以下のような経過を辿った。

全民連内部では、連合軍総司令部が民生委員の性格を検討しはじめる段階で、積極的に民生委員令を民生委員法に改め、その公的性格をいっそう強化する方針をつよめ、少数の強い反対意見もあったが、結局は二三年七月「民生委員法」の公布となった。岸田到常務理事は民生委員の権限をつよめ、さらに新しい強力な中央団体の出現に協調する考えをもっていたが、他方、原泰一会長はむしろ民生委員の自主性を尊重し、次第につよまる公務員的色彩に警戒の態度をつよめていった。（重田 一九七七：六二）

ところが民生委員法が施行された後、一九四九（昭和二四）年一〇月三一日付け社発第七二号社会局長児童局長連名通知「公的保護事務における民生委員（児童委員）の活動範囲について」では、その「公的保護事務取扱要領」において「民生委員は名誉職の社会奉仕者たる本質よりみて適当と思われる範囲において有給吏員に協力することを明確にするものである」とされた。さらに一九五〇（昭和二五）年の生活保護法の改正に当って、法本文から民生委員についての項目（第二二条）を「全文削除という強い意向が示されたが、……略……結局『市町村長又は社会福祉主事から求められたときは、』という言葉を挿入して、本法の中に民生委員に関する規定を設けることについてだけ辛うじて同意を得た」ということになり（小山 一九五一：五三）、その後に協力機関化された。この段階での林の述懐が伝えられている。

国家行政を引う《ママ》けていた、市町村長の補助的な性格を与えられていたものが、民間の協力者となったことは委員本来の姿にかえったもので、成り下がったのでも、軽視せられたのでもないのである。この点については、先生はあまり心配はしておられなかった。それよりも先生が、将来を憂えられた点は、無報酬で奉仕するという、最初にして最後のよりどころが、くずれつつある点であった。／国家としては他の分野のことも考えて、法律実施の責任を負うてもらっているのだから、何とかせねばといった有難い善意からではあるが、ほんの実費の一部を弁償するといった気持から、生活保護法のお世話を願っておるし、児童福祉法の世話役としての児童委員として、また民生委員法の委員であるから、毎年、ほんの僅少の額ではあったが、国費を支出することにしたのである。この点について先生は、民生委員の活動費の必要は十分認めながら、どこまでも無報酬の堡塁のくずれることをなげかれた。（香川　一九五四：九六―七）

この時期のGHQ、地方軍政部、民事部の関係者六人の見解や報告を検討した結果として「ボランティアとしての民生委員制度を廃止する意図はなかった」とする指摘がある（田中［一九九七］二〇〇五：一二八）。林は、この六人のうちのひとりである近畿民事部アーサー・W・ポッツに求められて一八項目の解説を英訳して説明した（香川一九五四：二三七）。そのポッツが一九五〇（昭和二五）年に書いた「民生委員制度の批判」は、ボランティアと専門職の役割分担が原則で「民生委員が此の原則を設定するのを援け得れば、民生委員はヴォランチアとして大きな貢献の一つを果すこととなろう」と結論している（日本社会事業短期大学　一九五一：二〇五）[9]。これは無報酬の自主活動が中心であるべきとする点だけは隔たりがないので、林は当初から主張してきたことをポッツに説明したと判断すれば矛盾がない[10]。つまり、協力機関化に際して、こうした林の説明が間接的ではあっても効果ある影響を及ぼしたと言えよう。

おわりに

ところで、いわゆる六項目提案では、同胞援護会、日本社会事業協会、全日本民生委員連盟の三団体統合に繋がる内容があった。これに関する林市藏の態度について、すでに葛西の回想を一つ紹介したが、別に同じ葛西による以下のような回想もある。

私が次官時代、社会福祉協議会を拵える時のことである。このことにつき、先生にも御意見がおありになることを聞き、企画立案の趣旨を説明して御了解を得たいと思って、大阪へ参った際、御電話で御都合を伺ったら、忙しいだろうからと、自分の方から府庁へみえられ、民生部長室で服部部長も同席して御目にかかった。……中略……私は先生の御口から親しく御意向を伺い、ハッキリと先生の御意図が判った。……中略……そこで早速帰京後、案の一部を修正して、先生の御意向を採り入れ、再度当時の木村社会局長を煩はして、御了解を得、協議会は発足したことだった。（葛西　一九五二：一二）[11]

ところがこの三団体統合に関しては、ここに至るまで林の思惑とは別に「当時の全民連内部には、解散・統合賛成派と存続・統合反対派の対立があり、厚生省の打診をきっかけに抗争が繰り広げられることになった」といった状況があったことは周知である（全国社会福祉協議会　二〇一〇：一八六）。つまるところ「名誉職裁量体制の基盤が喪失したことによる民生委員の固有の役割をどのように位置付けるのかという理念的な対立があった」ということであろう（菅沼　二〇〇五：八一）。結果的には「昭和二五年九月二〇日、葛西嘉資厚生事務次官の立会いのもと、……略……三団体の首脳が会談し、『社会福祉協議会組織の基本要綱』の原案を協議・作成し、『三団体声明書』を発表、社会福祉協議会設立に当たることを表明した」のである（全国社会福祉協議会　二〇一〇：一八八－九）。つまり、林のように自主活動を主と考え民生委員組織独自の道を歩むとする立場は「（財政面での―筆者）運営の困難さが、既存の社会事業団体の統合化を促したのである」とされる状況では実現困難であったのだ（北場　二〇〇〇：二九八）。

この頃の林の社会福祉協議会に対する考え方を裏付ける自筆手記が残されているので、一部を紹介する。[12] 内容からして一九五〇（昭和二五）年一一月以降に書かれたものである。[13]

林の手記メモ（一部）（旧漢字・旧仮名遣い・片仮名のママ。）

私ノ考へ方ヲ申セバ、結論カラサキニ云ヘバ、／民生委員トシテハ福祉協議會ニ協力ハスルガ之ニトケ込ムコトハ賛成出来ナイ（又コレヲ狙フモノハ極力排撃スル気持）
其理由
（イ）積局的《ママ》ニ云ヘハ、本来其性格ヲ異ニスル。従テ実際ノ行キ方モ異ナリ、発達ノ仕方モ異ナリ、之ヲ一所ニゴチャゴチャニスルニハ堪ヘラレナイ。
（ロ）現実ノ角度ヨリ考フレバ
民生委員ハ三十年ノ実績ヲ持チ、組織化サレテ独立ノ存在ヲ有ス。之ヲ有耶無耶《ウヤムヤ》ニスルノハ、国民ノ不幸テアル。

却テ之ヲ育テルコトニヨリ講和後ノ平和ノ為メ大ナル役割ヲ約束サル。反之、協議會ハ何等ノ実績ヲ有サス。
（ハ）此度統合問題ニ關シ色々ノ活道《ママ》ヲシタガ、結局当局ハ十一月十八日部長會議、並ニ十一月二十、二十一日ニ於テ公式ニ民生委員ノ分会に付テモ
一、民生委員制度ニハ手ヲ付ケズ。
一、團体役員ハ考ヘテオラズ。従テ従来ノ團体ハ存立シテモ何等関係シナイ。各團体ハ随意ニ考ヘテヨロシイ。
一、民生委員團体ハ中央機關ヲ持チタイナラバ勝手テアル。

三団体統合では、一九五〇（昭和二五）年一一月七日に中央社会福祉協議会設立第一回準備委員会によって「社会福祉協議会組織の基本要綱」が論議され、翌年一月に中央社会福祉協議会が発足した。その要綱では、民生委員の役割に言及した部分が少なくないが、とりわけ「日社、民連、同援等既存団体の統合は、社会福祉協議会の組織と同一の問題ではないから、これを混同してはならない。協議会の組織は必ずしも団体の統合を必須条件とするものではない。従って自立自営が必要又は適当である団体は解散せずにその儘の形で協議会に参加することも考えられる。或いは各種団体

の連合体の形式による協議会もあり得る」とされる件は、この林の手記メモと同様の内容である。これについて、『四十年史』は要綱が「その一部に当時の民生委員の感情を顧慮し不明瞭な表現をした箇所がある」としている（全国社会福祉協議会 一九六四：五一八）。これは、外でもない林市藏の感情だったと理解できる。林の考え方に配慮して変更された要綱も、「不明瞭な表現」と指摘される結果にしかならなかったのだ。

この前年に当たる一九四九（昭和二四）年一〇月二六日の第六回国会参議院厚生委員会で、委員長の塚本重藏は、社会福祉関係予算の確保に関して以下のように発言している。この発言では、林市藏の名前を国会審議で持ち出すことにまだ利用価値が認められているようだ。

先日も大阪の方面委員制度を初めて布きました林市藏元大阪府知事が私に是非会いたい、こういう知らせを受けまして八十幾歳の老人であるから来て頂くことは恐縮でありますので私が訪問したのですが、……略……これはただに林市藏氏だけの心配ではなくて、全国二十幾万の民生委員を初めといたしましてこれに関係する多くの人々と社会事業関係のすべての人が、非常な関心を持っておるところであります。（厚生委員会記録 第一号）

以上のように林市藏は、被占領期初期には隠然たる影響力を保っていたが、次第にその力を失い、いわば敬して遠ざける扱いになっていった。しかし、方面委員制度から初期民生委員制度への移行に際して、大阪府方面委員制度創設以来、林市藏がその形成と維持に精力を傾注した方面精神については、止揚することなく外形的に継承している。「方面委員制度は敗戦を境にその性格を一挙に更新したわけではない」とされる所以だろう（遠藤 一九七七：四一）。これは、民生委員制度の年史において「制度創設者としての林市藏」を無批判に受容していることに象徴される。さらに言えば、高度成長期以降に「『皇室の御聖慮』を奉戴する傾向が復活する」ことと無関係ではないのである（菅沼 二〇〇五：八一）。

注

（1）おそらく一九四五（昭和二〇）年一二月二七日に東京の日比谷公会堂で開催された「全国方面委員緊急大会」で会長への就任を決めたと思われる。

（2）「国寶達磨の像」は、一九四七（昭和二二）年三・四月合併号『民生時報』一六（三）に掲載。

（3）原泰一も翌年公刊した『方面事業』で公的輔導・自主的輔導及び個別輔導・集団的輔導を整理し、自主的輔導を主にするよう説いているが（原 一九四一：一〇九‐八六）、この委員会での議論を踏まえているはずだ。原の主張については、三和も同様の指摘をしている（三和 一九七七：一八）。なお「集団輔導」論の用語や意味は、相当の異同があるが、複数の対象者を同時に処遇する方法と捉えておく。

（4）この資料は、全文翻刻されている（近地学会 一九九九：六八‐七〇）。

（5）この頃の福祉課の人事は複雑であるが、この時点でワイマンが日本におり、同課で仕事をしていたことは確かであるようだ（菅沼［一九九三］二〇〇五：九六‐八）。

（6）初版では「方面委員制度に若干の修正をくわえて公的色彩をあたえ、これを民生委員制度に衣替えをして」となっていて若干ニュアンスが異なるが（木村 一九五一：七六）、「衣替え」に同様の意味が含まれていると判断した。

（7）たとえば、「民生委員に改称すべしという論拠は、当時それに反対していた方面事業の創始者林市蔵氏や大阪府の方面関係者を納得せしめるものではなかった」というものや（大阪府 一九五八：三五〇）、「林市蔵氏は、当時全日本方面委員連盟の副《ママ》会長であったが、名称を変更することに強く反対され、厚生省や関係者の猛省を促された」などがある（全国社会福祉協議会 一九六四：三一七）。

（8）原資料は「"Minsei-iin"（TB-PH-WEL7NOV. 1947&OCT. 1948）」である。田中（二〇〇五）に全訳が資料七（二八四‐九七）として掲載されている。

（9）原文は未入手で、複数の翻訳された一部引用を参照した（日本社会事業大学 一九五一：二〇四‐五、岸田 一九五一：

一〇一－三、黒木 一九五八：四六二－三および四六五－六等）。なおこれらは、表現、整序、用語に若干の相違があるが、引用部分はかなり重複していて概ね復元することができる。

（10）ただし林は、民生委員の組織的活動が必要であることは認識しており、個人的に行うボランティア活動と同様で良いとは考えていなかった。巻末資料三の最終部分を参照のこと。

（11）「服部部長」とは、服部富士夫で、一九四九（昭和二四）年五月二八日から一九五三（昭和二八）年まで大阪府民生部長を務めた。

（12）この手記は、『大阪府方面委員民生委員制度七十年史』に写真版で全文掲載されている（大阪府 一九八九：八－一四）。筆者は、その全文を翻刻した（本書収載の巻末史料二）が、所蔵者である大阪府民生委員児童委員協議会連合会から文書による許可を得て、その一部を引用するものである。

（13）この後に田子一民が自由党に入党したとする内容の記述が出てくるが、田子が公職追放解除後、自由党に入党したのは、一九五〇（昭和二五）年一一月のことである。

第八章　「夕刊売り母子の挿話」についての再検討

はじめに

「夕刊売り母子の挿話」は、大阪府方面委員制度創設に関わってよく知られている。本章では、第二部の最終章として、この挿話の持つ意味を検討することによって、本書全体にわたって提示してきた問題意識をさらに明確にすることを目的としている。

この挿話そのものの内容は、米騒動後に当時府知事だった林市藏が、夕刊を売る母子が理髪店の鏡に映るのを見て、その事情を母に聞き、また巡査および救済課吏員に調べさせて漏救の実態を知ったことが大阪府方面委員制度の創設に繋がったとする内容である。これについては「林知事が、理髪店で見た夕刊売り母子が、方面委員制度着想の契機となったとするこのエピソードは、語りつがれて、広くそう信じられて」きたとも（碓井 一九七〇：六－七）、「『制度の精神』をあらわすものとして繰り返し宣伝された」とも指摘されている（遠藤 一九七三：三六）。

この目撃談には一九五八（昭和三三）年発行の『大阪府民生委員制度四十年史』（以下、『府四十年史』）等で、実証的な検討が加えられている。それらによれば、林が夕刊売り母子を目撃したのは、大阪府方面委員規程公布の二日後であるから、この挿話が制度創設の契機になることは、時間的経過からすると、起こり得ない。ではどうしてそれが明確に否定されてこなかったのか。

小野修三は、この食い違いについて指摘して、林市藏や『四十年史』の著者が歴史を書いたのではないと指弾している。つまり、これは「歴史ではなく、みすぼらしい母子の夕刊売りのエピソードを方面委員制度誕生の核に据え、当該制度の効果的運用を図らんとの行政担当者の意図である。歴史ではなく、そうした意図を読み取ることのできる歴史的文書なのである」というのである（小野［一九九三］一九九四：一二六）。では、それは「行政担当者」のどのような意図だったのだろうか。すなわちこの挿話を契機として肯定する諸文書やそういう態度は、どういう意図を持っていたかを明確にする必要があろう。

第一節　挿話に関する論証

「夕刊売り母子の挿話」そのものについての研究としては、前述した『府四十年史』における三木正太郎による論証以外に（大阪府　一九五八：二八－三九）、独立した論文として、碓井（一九七〇）等がある。まず、『府四十年史』における三木の論証を検討する。挿話については、以下の通りに指摘している。

最も信憑すべき直接の資料によれば、林知事が夕刊売母子の見すぼらしい姿に動かされて、その身元調査を命じたのは、明らかに一〇月九日のことであり、同日付でその調査報告が大阪府警察部長まで申達せられ、次で救済課においてその救助方法を立て、それが知事の決済を得た期日が一〇月一四日であることは、動かし難い事実としなければならない。……中略……それが契機となって本制度の創設を見たという通説は、明らかに事実に相違すると判定せざるを得ない。（大阪府　一九五八：三四－五）

この指摘では、挿話が創設の契機という通説の誤りを認めている。ところが続けて以下のように主張する。

淀屋橋の挿話は事実に背く虚構として却けるのは、小さな事実に拘泥して、歴史の中に脈動する生命を見遁す皮相なる態度であって、歴史の真実を把握する途ではない。そのようなことは歴史の上でしばしば見られることであって、私どもは何ら逡巡の必要もなくあらためてこの挿話を認識し、林知事の行政官としての誠実と情熱を物語り、方面委員創設の真相を伝えるに最も相応しい挿話として、永く後世に伝承して何ら差し支えなきものといわねばならない。（大阪府　一九五八：三八）

先の論証が明確であるだけに、後の結論は妥当な主張であるとは言えない。三木は、この書物を執筆した当時、府立大阪社会事業短期大学教授であり[1]、国史が専門であった。彼は、一九三七（昭和一二）年に東京帝国大学文学部国史学科を卒業しているので、平泉澄門下であるはずだ。事実、三木は史実の逆転を「歴史の上でしばしば見られること」だとし、平泉澄（一九二六）が「極めて精密明快に論証されている」と言い切っている（大阪府　一九五八：三九）[2]。

いずれにせよ三木は『府四十年史』で詳細な論証によって、その誤りに言及している。にもかかわらず、それを問題視すべきでないとする主張は、説得的でない。

では、碓井の結論はどうか。彼は、この挿話について制度創設の動機でも、契機でもなく、「方面委員扱いの最初のカード」と解釈すべきだとしている（碓井　一九七〇：二六）。このような解釈は、戦前からあった。全日本方面委員連盟機関誌『方面時報』に「方面事業最初のカード・母子夕刊売像成る」と題された記事があるし（『方面時報』七（六）、一九三八年九月一五日二面）、またその翌年に林自身も以下のように述べ、「第一番目のカード」としている。

これは淀屋橋の南詰の橋の際にモーラ館という床屋があった時、その近くに立って居った親子の夕刊売りの姿を三澤寛という美術学校出身者にお願ひして拵へて貰ったのであります。……中略……現在の五五万枚のカードと致しましてもこの夕刊売りの母子が第一番目のカードの世帯であります。（年報　一九三九：二一六）

さらに同年の『方面時報』には、再び「夕刊売り母子像の説明」と題する記事が掲載され、「此母子の不遇な姿に心を注ぎその実情を精査し之に必要なる輔導を施したる処に方面委員最初のカードの仕上げがあったのである」としている（『方面時報』八（九）、一九三九年一二月一五日一面）。ここではカード第一号とすることから進んで、「最初のカードの仕上げ」としている。つまり、最初の個別輔導、現代風に言えばケースワークの成功例だということであろう。ともかくこれらは、碓井と同じく「カード第一号」とする解釈である。

しかし、まだ釈然としないものが残る。つまり、「夕刊売り母子の挿話」が制度創設の契機とされたことに関しては、何ら明確にされていないからだ。

さらに、この挿話を契機とすることに対して、別の視点からの疑義もある。それは林の着任以前にも、一九一五（大正四）年の救済事業研究会で半年間にわたって、「少年夕刊売り」の問題が検討されてきていたのだが、それが林に全く無視されているのはどういう理由からだろうかとする指摘である（小野［一九九二］一九九四：七二）。小野修三によるこの指摘では、無視することが林に利益をもたらしたとする結論が示されている。だが本書第三章第四節で検討した小河の救済委員構想に対して林が取った態度の場合と同様、林の個人的な要因に起因する問題ではなだいろう。つまり「夕刊売り母子の挿話」を「動機と結果という歴史的説明のなかに持ち込むことは、批判されねばなるまい」とするのは当然であるとして（小野［一九九三］一九九四：一二六）、少なくともそれは林が「研究会の経験を無視ないし黙殺することに自らの利益を感ずる人物」だったからではなかろう（小野［一九九二］一九九四：七二）。少なくとも「夕刊売り母子の挿話」を方面委員制度創設の契機とすることは、林の名誉欲や権勢欲、あるいは出世欲に起因する個人的な利益のためになされた意図的な誤謬ではないと言いたいのである。もちろん誰もが逃れられない他者からの肯定的評価に対する無意識の依存を自らの利益というなら、それを論理的に否定することはできない。

第二節　林自身の口述記録・論述

ここで夕刊売り母子に関する林自身の口述記録や論述について、検討する。まず、大阪府方面委員規程公布後五日目の一九一八（大正七）年一〇月一二日の第六五回救済事業研究会における林の講演がある。その講演録は、同月発行の『救済研究』に「方面委員の設置に就て」と題して掲載されている（林　一九一八：一一－一二）。これは、大阪府方面委員規程の公布直後に府知事が公式見解を表明したものと言ってよい。ただし、その講演録の内容からは「夕刊売り母子を知事が見たことは事実であるが、それがこの制度創設の契機になったということばは、どこにも見当たらない」ということになるのである（碓井　一九七〇：二〇）。主要部分を引用する。

両三日前に或床屋に参り、暫く其所に居る間に不図屋外を見ますると、其の床屋の前に三十五六、四十ぐらゐの年頃の女が三つくらいの幼児を背負って新聞を売って居ります。こちらからガラス越に認むれば、丁度洗い曝した絣の浴衣を着て居りまして、而も其の裾が破けて、それが下駄に引掛って居るといふやうな、実に憐れなる様子をして新聞を売っておる。

（林　一九一八：八）

この後には、婦人に声をかけてから巡査に調査を命じ、その復命書を受け取ったと続いていく。碓井（一九七〇）の指摘通り、この挿話が制度創設の契機になったとは書かれていない。ただ時期的には、この講演で話された内容が、現在伝えられている「夕刊売り母子の挿話」に関するオリジナルのモチーフになっていることは間違いない。

なお、この出来事について、当時この床屋で店員をしていた男性が語ったこととして、以下のような伝聞記録がある。

父に聞いた話では、夕刊売り母子は、それ以前から常連客の話題になっていたのです。……中略……林知事が来られたのは、こんな時でした。店主や客の会話を耳にした知事が「その新聞売りはどこにいるか」とお尋ねになり、店主が教えると知事はしばらく橋の上を眺めていたそうです。……中略……父は修業中の店員だったのですが、その時のことはよく覚えているということでした。（尾崎　一九八五：一三六－七）

すなわち「不図屋外を見」たか、「会話を耳にし」て尋ねたかはともかく、林がこのケースに相当強い関心を示したことは確かである。つまり、この段階では数日後に迫った救済事業研究会で方面委員活動の真髄（すなわち後の「方面精神」）を語る講演内容に相応しい題材を探していたのだろう。それゆえこのケースに関する情報収集と事後処理に拘ったのではないか。後年、規程公布当時に府救済課係長であった半井清（回顧時点で内務省社会局長官）は、次のように語っている。

方面委員が出来ても初めの間はどんな事をするものやら、委員の人達にも見当が付かなかった。それで林知事は朝夕の散歩時間を利用して街頭に於ける方面委員の種拾ひをやられたものである。どこそこの電車交叉点に赤坊を背負ひ小さい子供の手を引いて夕刊を売って居る女を見たが、あれは何んとかならぬものか、半井君一つ明日中に方面委員と相談の上、処置を考えて呉れといふ様な訳であった。（半井　一九三五：一二）

これは、『社會事業研究』誌の大阪社会事業連盟創立一〇周年記念号における回顧談であり、米騒動時に廉売・配給を方面委員が担ったことで世間に認められたとする記憶違いもあるし、「方面委員と相談の上」とするのも正しくない。だが林が「方面委員の種拾ひ」をしていたとする回想は重要であるし、それが「夕刊売り母子の挿話」であるらしいことも無視できない。つまり林が規程公布後にそれを現実に活かしていく方途を暗中模索していたことが理解できるのである。

なお、この後しばらくは林自身が「夕刊売り母子の挿話」について言及した講演録等は見つからず、ようやく一〇年後の一九二八（昭和三）年に書かれた文章に出てくる。そこでは「丁度其（米騒動―筆者）の秋十月の末」と書き出し、この挿話を紹介した後に「即日故人小河滋次郎博士と相談して、大阪市及び、接続町村にて、小学校の通学区域を一方面とし、生活に余裕あり、世故に慣れたる人物を物色し、その方面内のかまど毎に、家庭調査を嘱託しました」と続けている（林　一九二八：一三三－四）。ここでは、この挿話が方面委員制度の発足に繋がるとする時間的順序になっている。

一九三〇（昭和五）年の新潟県方面委員大会における講演では、やはりこの挿話を同じような内容で取り上げ、「方面委員制度の出来た発端」としている（林　一九三〇：三）。しかし翌年一九三一（昭和六）年広島県の方面委員総会における講演では、単に漏救の例として話されている（林　一九三一：五－八）。

一九三六（昭和一一）年二月二四日の大阪府方面常務委員会における発言では、「大正七年に淀屋橋南詰のモーラ館の前で拾った僅か一枚のカードが、二〇年後の今日、全国に於て五一万世帯、即ち方面委員諸君が一枚一枚と汗を流して拾った全国のカードの数が実に五一万世帯、而してその世帯に包容する人間が一〇〇万人といふ大数に上っております」と語っている（年報　一九三六：三一）。この場合は「カード第一号」という認識である。

さらに「二十年の印象」という文章がある。一九三八（昭和一三）年三月に方面委員制度創設二〇周年記念号として発刊された『社會事業研究』に掲載されたものである。再びそのまま引用する。

> 何といっても、此の制度の思出の内で、一番深い深い印象は、床屋の硝子窓の外に立った、母子の夕刊売りのみじめな姿である。二〇年後の今でも、予の脳底には、昨日の如く、上っ張りの絣の模様までも、鮮やかに残ってゐる。これについての実話が、最もよく此の制度の精神と作用を物語ってゐる。済生顧問《ママ》は済生顧問《ママ》であり、方面委員は方面委員である。（林　一九三八a：三）

これによると「制度の精神と作用を物語」る実話であるということになっているが「これによって制度の着想を得たとは云っていない」のである（碓井　一九七〇：二〇）。この年は、これ以外にもいくつかの文章が残されている。まず『方面時報』に掲載された文章である。

> かの聖代の不祥事ともいふべき、米騒動のあったあと間もなく、新聞の夕刊売り母子の家庭を救ふたことがありました。その不図した動機から、初めて方面委員と言う名称が生れましたが其の当時は、今の様に全国の制度にまでならうとは実に思い設けぬことでありました。（林　一九三八b：四）

この文章では、「夕刊売り母子の挿話」から方面委員制度が発足したと取れる書き方である。次に愛知県方面委員連盟機関誌『方面』の記事に「私共の方面委員令といふものは、只今のお話にもありました如く、五人組を翻訳したものでもなければ、ドイツのエルバーフェルド・システムを取ったものでもないのでありまして、これは本当に夕刊売りの母子が気の毒だといふので出来たもので、これが方面委員制度の始まりであります」と書いている（林　一九三八c：

三)。やはり同様である。

このように林は「夕刊売り母子の挿話」を頻繁に持ち出している。しかし、特に講演においては、それを契機に方面委員制度が出来たとか、方面カードの第一号であるとか、あるいは漏救の例であるとかの位置づけで話している。つまり、彼自身には明確に制度創設の契機とする意図は弱かったのではないか。むしろこの挿話を、方面精神を象徴する第一の成功事例として位置づけたかったのだろう。

だが林の思惑とは別に、この話が制度創設の契機とされることになる必然性があったのではないか。それはこの挿話の流布過程と関わると思えるので、次節で検討する。

第三節　挿話の流布過程

「夕刊売り母子の挿話」を流布させたメディアについて、先の碓井は「この誤りの文章上の最初、またそれを広めたと思われるのは、村嶋歸之『善き隣人――方面委員の足跡』(昭和四年)である」とする見解を示している(碓井一九七〇:二五)。また『府四十年史』でも、この書物を「方面委員創設一一年の後に編纂著述されて、昭和四年五月聖上陛下大阪行幸の砌献上されたものであり、また林市蔵氏自身の校閲も経ていて、信拠するに足るものと考うべきであり、この書によって本制度の創設を物語る夕刊売の挿話はひろく世間に流布されるに至ったと認められる」としている(大阪府　一九五八:三二一―二)。

なお『善き隣人』と題した村嶋の著作は、後述のように四種が出版されている。発行年の元号等にしたがって、それぞれ四年版、四年普及版、七年版、一三年版としておく。右に述べた碓井等の見解は、両者とも四年版・四年普及版が挿話を流布させたとするものである。

だが一九一八（大正七）年一〇月一二日の第六五回救済事業研究会における林の講演が、同月発行の『救濟研究』に「夕刊売り母子の挿話」を含む内容として記録されていることは既述した。加えてその二年後の大阪府方面委員制度発足二周年記念事業における小河滋次郎の講演も「夕刊売り母子の挿話」を含む内容であり、同様に『救濟研究』に採録されている。その上同じ文章が一九二四（大正一三）年に発行された小河の著書『社會事業と方面委員制度』にも再録されている。しかしそれは、制度創設の契機を明確にするためというよりも、漏救の具体例として位置づけられている。小河の講演では、あくまで「民間有志の社会測量に関する働きが進んで……中略……社会測量機関なるものの直接間接に齎し来る所の利益は実に莫大なものありと申さねばならぬ」ということだったのである（小河［一九二〇］一九二四：一八三－四）。つまり林自身の言葉以外で「夕刊売り母子の挿話」が語られ、それが文字化されたのは、この小河の文章が最も早いと思われるが、それは漏救の具体例としてという位置づけであった。

さらに四年版・四年普及版が出版された二年前の一九二七（昭和二）年に、留岡幸助が「私は曾て林市藏氏をその邸に訪ひ、方面委員制度を設定された動機について聞いたことがある」とした上で、林が語った内容を以下のように記し、『人道』に掲載している。

大正七年の秋半ばを過ぎた一〇月、敵々大江橋北詰にある理髪店で用弁して戸外に出ると、四〇前後の婦人が三歳位と覚ぼしき子供を背負ひ、夕刊を売って居るのを見た。この婦人は冷めたい風に吹かれながら単衣《ひとえ》もの一枚を纏ひ――其単衣の裾と云ったら幾つにも裂け履いて居る下駄に引掛って居るのである――如何にも憐れな姿である。（留岡　一九二七：二）

これは「夕刊売り母子の挿話」と骨子は全く同じである。しかもこの後に続けて、知事が調査を命じた巡査復命書の内容も詳しく紹介されている。したがって、この『人道』の記事も挿話について四年版・四年普及版よりも早く公刊されたものであるのは間違いない。

この論文は三回連載（上・中・下の一）で未完だが、その三回目の最後に、第一回目、すなわち本引用が掲載された記事を林自身が校閲し、訂正を指示したことが具体的な修正箇所とともに書かれている（留岡 一九二八：三－四）。留岡が上京した林を訪ねて、論文の校閲を依頼したのだ。その日は、一九二七（昭和二）年一二月四日で、銀座の木挽町瀬川旅館において正午過ぎから一時間程度、林と懇談している（留岡幸助日記編集委員会 一九七九：四六〇）。

この時、林は六箇所にわたって細かな部分、たとえば「経験」を「体験」に変更せよといった指示をした。ところが、理髪店の位置が派出所のあった「大江橋北詰」と混同されている点は、訂正していない。林が夕刊売り母子を目撃したとされる理髪店「モーラ館」は、当時「淀屋橋南詰交差点から南へ約三〇メートルの東側」にあったので（尾崎 一九八五：一三六）、「淀屋橋南詰」としなければならない。

つまり林は、留岡論文校閲の段階では、夕刊売り母子を目撃した場所の記憶は曖昧だったか、少なくとも訂正の必要を感じなかったのだ。留岡が林に話を聞いたのは、一九二四（大正一三）年一二月四日と推測できる。この日の留岡は「一〇時林市藏氏方にて方面委員制度の話をきき、二時住友本店に出で」となっていて、相当長時間にわたって方面委員制度の話を聞いているからだ（留岡幸助日記編集委員会 一九七九：一六六）。それから数年経ち、留岡によって活字化された挿話を読んだ林は、これを方面委員精神の象徴にできると再認識したのではないか。その根拠は、前節で検討したように、この後に林が再び「夕刊売り母子の挿話」を語り出すからである。そして『善き隣人』では理髪店の位置が「淀屋橋」と訂正された。

次に『善き隣人』について検討する。既述のように『善き隣人』は、四種が出版されている。四年版は、一九二九（昭和四）年六月一日に「方面委員の足跡」というサブタイトルを付して、大阪府方面委員後援会から出版された。ここで注意すべきは、村嶋が「原稿校閲の労を採られたる林市藏氏」としている点である（村島 一九二九：はしがき）。つまり、林は原稿を校閲している。それに加えて村嶋は、執筆時点で、すでに『救濟研究』掲載の二つの文章、小河の『社會事業と方面委員制度』および『人道』掲載の文章を読むことができたはずだ。これらの内容を踏まえて村嶋が脚色し、林が校閲したものが、広く世に知られた「夕刊売り母子の挿話」であろう。

四年普及版は、発行元は変わらず、出版元を創元社として同年七月二〇日に出版された。定価一円五〇銭である。この経緯については、以下のように説明されている。

昭和四年六月四日、聖上陛下大阪行幸の御砌、力石大阪府知事より本書を献上し奉ったところ、忝くも御嘉納の栄を賜ふた発行者たる大阪府方面委員後援会は、この光栄を方面委員に頒たんがため、同月二九日、大阪府方面委員十周年記念総会において来会の方面委員その他に本書を配布した。然るところ、その後、各地方の方面委員その他の人々より、実費頒布の要求頻々として至るので、こゝに本書原型を創元社矢部良策氏に託し、弘く江湖に頒布せしむることゝ、した。（村島一九二九普及版：普及版発行に当りて）

四年普及版は、四年版目次の前に「普及版発行に当りて」と行幸に際しての『大阪毎日新聞』記事（六月四日付け）が二ページ、奥付の後に創元社の広告が九ページ追加されただけで、内容的には同じものである。ここで「各地方の方面委員その他の人々」とされるのは、どの範囲の人々を指すのか、どの程度の部数が頒布されたかは明確ではない。しかし、いずれにしても一円五〇銭の定価を付けているのだから、ある程度の部数であったはずだ。

七年版は、一九三二（昭和七）年一一月一〇日付けで出版された。表紙および中扉に「第二篇」と付されている。これは陸軍特別大演習のために天皇が大阪に行幸することに合わせて出版され、一一月一五日の府庁臨幸の際、再び嘉納された。一三年版は、一九三八（昭和一三）年三月一二日付けで出版された。これは大阪府方面委員制度二〇周年を記念するためのものである。「序」および「目次」には、「第三篇」と明記されているが、表紙にはない。

一般に「夕刊売り母子の挿話」に関して『善き隣人』が取り上げられる場合、四年版・四年普及版を指しているようだが、それはこれ以後、この書物からの引用が多く行われたためだろう。しかし、この挿話は、七年版、一三年版でも取り上げられている。四年版・四年普及版の影響が大きかったとしても、それが引き継がれたことで、この挿話こそが、制度創設の契機であるとされる素地になったことは否定できないようだ。しかし『善き隣人』は、あくまで大阪府方面委員連盟の発行であり、府方面委員制度の創設契機として認知されていたに過ぎない。では、全国レベルでは、どうだったのだろう。

まず『方面委員令施行記念 方面事業大鑑』および『皇紀二千六百年記念 社會公共事業史』がある。前者は一九三九（昭和一四）年、後者は二年後の一九四一（昭和一六）年の発刊である。両者の方面事業についての記述の内容は、ほぼ同様のものであり「夕刊売り母子の挿話」も『善き隣人』を参考にしている。具体的には両者とも「うちさらばえた夕刊売りが、林知事を動かして作らしめた」としている（青柳 一九三九：二〇一、堀口 一九四一：二〇一）。また両者とも「大阪府方面制度の光栄」とする一節を設けている（青柳 一九三九：九四-七、堀口 一九四一：一九四-七）。ここで特に天皇が大阪府方面委員に深い関心を寄せていることを「全く先例のない、破格の思召」という表現で記述しているが、これは先の村嶋（一九三八）、つまり七年版の記述をそのまま再録したものである（村嶋 一九三八：二一-八）。ここでも林が方面委員の創設者という紹介がなされ、天皇から直接に下問されたということが詳細に述べられている。青柳（一九三九）や堀口（一九四一）は、発行された時期（戦時下）や書物の性格（天皇制讃美）を目的にしているのであるから、このような記述を掲載することは当然であろう。もちろん方面委員制度およびその「創設者」林と天皇の関係を強調することには、方面委員制度が天皇制慈恵と深く関わっていることを表す意図があったのである。

だがここでは、その記述の内容や性格よりも、それが村嶋（一九三八）からの再録であることを重視したい。つまり、村嶋による記述内容は、そのままそうした性格の書物に掲載しても違和感が無かったということを指摘したいのである。

さらに厚生官吏の著作にも同様の記述があることを確認しよう。当時厚生省大臣官房秘書官であった堀田健男の一九四〇（昭和一五）の著作『救護事業』には次のように記述された。

時の大阪府知事林市藏氏が偶々街上で見かけた貧しい母子の新聞売子の姿に痛く心を動かされ要扶掖者と社会施設との結び付きの上に一段の工夫の要あるを痛感し、所謂社会調査と保護救済を遂行する組織的機関の設置を思ひ立ち、大正七年故小河滋次郎博士に嘱して欧米の貧民救済委員、支那の審戸、我国の五人組の制度等を調査考量せしめ、採長補短茲に方面委員制度の立案を得て実施するに至ったのである。（堀田　一九四〇：一四七－八）

ここでは、「夕刊売り母子の挿話」から「思ひ立ち」ということであり、挿話が創設の契機とされている。なお堀田は、内務省から厚生省に異動し、この書物の出版直前まで厚生省社会局保護課長で、また中央社会事業委員会の幹事でもあった。したがって、この部分に関する記述は、読者の信頼を得たものと思われる[3]。つまり方面委員は、このときすでに救護法の補助機関とされているのであり、保護課長はその担当課長なのであるから、疑いを挿むような気にはならなかったはずだ。

しかし「夕刊売り母子の挿話」について、より信頼されたのは原泰一の『方面事業』だろう。この書物では「方面委員はどうして生まれたか」として「夕刊売り母子の挿話」を登場させただけではなく（原　一九四一：九）、『善き隣人』等の先行出版物を下敷きにして書いたと思える部分が相当ある。そして、この挿話に関しては「林知事の目に映ったうちさらばへた夕刊売りの母子の姿、そして涙ににじむその報告書が契機となって」と表現し（原　一九四一：七七）、創設契機と位置づけている。この書物が出版された一九四一（昭和一六）年当時、原は中央社会事業協会総務部長で、全日本方面委員連盟常務理事としても任意団体時代から足かけ一〇年のキャリアがあった。さらにこの書物は「方面活動の方法を具体的に記述した方面委員活動の実務書的な単行本は意外に少なく、……中略……この時期に方面事業、方面委員活動の意義や救済方法などについて、従来の経験の蓄積をふまえて、まとめ、体系的に記述することを目的に執筆されたもの」だという（小笠原　一九九五：六）。またこの書物から九ヶ月後に出た『方面事業二十年史』は、同じく原が「実質的な執筆者に近い役割を果たした」とされるが（遠藤　一九九七a：三）、『方面事業』の場合とほぼ同様の内容なのである。そしてこの書物については、それ以上に指摘すべきこととして、全日本方面委員連盟から発行された、いわば公認の方面委員制度史といってよい性格のものであるということがある。こうしてみると『善き隣人』によって広められた「夕刊売り母子の挿話」が、原によって方面委員全国組織の認知を得て、広く流布したのだといえよう。

第四節　留岡幸助・村嶋歸之・原泰一のスタンス

留岡が村嶋より早く「夕刊売り母子の挿話」を活字化したことは既述した。ところでこの挿話を脚色して掲載した『善き隣人』の著者、村嶋はどういう人物だったのか。(4)

村嶋歸之は、一八九一（明治二四）年に奈良に生まれ、早稲田大学卒業後の一九一五（大正四）年に大阪毎日新聞社に入社した。翌年から社会部に勤務し、当時のスラム街を取材したルポルタージュをまとめた『ドン底生活』（一九一八年、文雅堂）で、名物記者になる。この頃、小河滋次郎が主宰する社会事業研究会で賀川豊彦と知り合い、ともに「友愛会」で労働運動を支援した。運動が活発だった大正十年代初期、新聞社に勤めながら、藤永田造船所や三菱・川崎造船所の争議に関わった。その過程で重要な出来事があった。それは、当時の関西労働総同盟幹部の妻が万引きによって捕まり、賀川も村嶋も社会的に追い詰められた事件である。村嶋はこの後、クリスチャンになったと告白している（村嶋　一九五一：六五）。その後も労働者の支援は続けるが、結核のため休職し、復帰後は学芸部に配属されたが、一九三一（昭和六）年一一月から大阪毎日新聞慈善団に異動した。そこで大毎善隣館を開設するなどセツルメント活動や社会事業の支援をした。しかし再び健康を損なった後は、社会事業団体・白十字会に職を得、戦後は賀川と共に開設した平和学園の発展に尽力した。

つまり村嶋が四年版を執筆した当時は、クリスチャンとして生きると決意し、社会事業研究会で活躍しつつ、学芸部記者をしていた時期である。タイトルについては、村嶋自身が以下のように述べている。

私が府の委嘱をうけ、大阪の方面委員の記録を作った時、林氏は方面委員が最後までカード者のめんどうを見るという意味で「最後の一人」と表題をつけようといわれたが、私は林氏らの意図があたたかい隣人愛に根ざしているのを知っていたので、聖書にある善きサマリア人の物語からとって、「善き隣人」としたいと提案し、林氏もこれに賛意を表された。同氏は知事退官後も方面委員後援会理事長として引きつづき方面の事業に尽くされたが、林氏自身、大阪の庶民の善き隣人だったといえよう。（村嶋二〇〇五：一八三－四）

ところで、石井十次、留岡幸助、山室軍平の三人を取り上げて、次のように評価する見解がある。

この三人ともに同志社に学んだプロテスタント、キリスト者として、新島門下として私のいう〝底辺に向かう志〟にむすばれた人物である。……中略……この三人ともにここに部分的に考察した天皇制のなかの状況については疑念も批判的言辞も全くみられず、天皇の仁慈を〝奉迎〟したことがはっきりしている。（小倉［一九九一］二〇〇七：九）。

またこれと同様に「アルムス型の社会福祉とカリタス型の社会福祉が現実的に結びついているところに、日本の戦前の社会福祉の特色があると思う。石井も留岡もプロテスタントであり、熱烈な信仰をもつのであるが、同時に天皇制を疑うことなく、御下賜金には恐懼感謝するのである。そしてこの天皇家の慈恵行為が政策的に利用されているのである」とする評価もある（柴田 一九八五：一六二）。

村嶋も、彼らと同様の姿勢であったのだといえる。それは聖書から『善き隣人』のタイトルを得ていながら、天皇に嘉納されて嬉々とする点に表れている。原泰一も同様であろう。彼も学生時代からクリスチャンであり、[5] 岳父の胤昭を通じて留岡とも相識っていた。そして、村嶋も関わり賀川が逮捕・拘留された三菱・川崎造船所の争議を見て「その時勢の中に一番衝撃を受けたのは、賀川（豊彦、一八八八～一九六〇）さんがひっぱられたことなんです」とし、それが社会事業に関わるようになる動機だったという（吉田・一番ヶ瀬［一九七三］一九八二：四七）。

このような留岡、村嶋、原の連鎖は単なる偶然ではない。当時のキリスト教界には「高学歴で交際範囲の広い社会事業家を生」む土壌があったのだ（杉山［一九九二］二〇〇三：二九）。また海外情報に接する機会にも恵まれただろう。事実、三者ともに高学歴で、海外に留学や視察をして、先進的な社会事業観を持ち得る機会に恵まれていた。だが、先の指摘のように当時の方面事業や社会事業が天皇制慈恵に依拠していることに疑問を感じていなかった。林市藏は、元勅任地方官として牧民官意識に依拠しつつ方面事業の発展に尽くしているのであるから、そのような認識を持つことに違和感はない。だがとりわけここで指摘したいのは、留岡等三者とも「夕刊売り母子の挿話」を方面委員制度の契機として受容していることである。三者の方面事業観は、この挿話に方面精神を象徴させようとした、天皇制讃美のための本の編者やその当時の厚生省官吏と少しも異なっていなかった。

実際、四年版から『方面事業二十年史』に至る時期の方面委員制度は「大阪府方面委員制度が有力なモデルであったが、しかし、地方公共団体の多様性が相当程度存在していた」時期の特徴を引きずりつつ「『皇室の御聖慮』の発露としての方面委員という観念が定着」し、「『銃後の守り』を自らの存在理由」とした時期である（菅沼 二〇〇五：七三―六）。この間に救護法制定、実施促進運動、方面委員令制定といったことがあり、方面委員はその位置づけが模索されていた。

このようなことを考慮すれば、林が救護法体制下における方面委員の役割を明確にするツールとして「夕刊売り母子の挿話」を象徴的に活用しようと考えることはあり得る。そして留岡、村嶋、原に代表される先進的知識人にも、制度創設の契機として疑いなく受容されたのである。留岡が最初に活字化し、村嶋が脚色し、原がお墨付きを与えたとすれば、これは起こるべくして起こった誤りの連鎖というしかない。加えて天皇嘉納によって儀式的にも認知され、もはや疑問を挟む余地はなくなったのだ。

こうして「皇室の御聖慮」の発露としての方面委員という認識が確立するにつれ、『善き隣人』が二度も嘉納さたことの意義が強化され、その結果「夕刊売り母子の挿話」も不動の位置を獲得していった。そうなればこの挿話が創設の契機であろうがカード第一号であろうが、問題ではなく、まして真偽を問うような事柄ではなくなった。だがここまでは「昭和戦前」に起こった出来事なのである。

第五節　戦後における挿話の扱い方

さて、被占領期に方面委員は民生委員と名を変え、その内容も変化した。では、それにつれて「夕刊売り母子の挿話」の扱いに変化があったのだろうか。

第一に全国レベルの方面委員制度史の場合である。まず三〇年史に相当する『民生委員読本』がある。この書物では「夕刊売り母子の挿話」を「偶然の動機」としつつも、当時の大阪府警察部救護課員の復命報告書まで再録して、創設契機として位置づけている（岸田 一九五一：一七-九）。つまり、戦前の見解を引き継いでいるのである。次に『民生委員制度四十年史』では、救済事業研究会における林市藏の講演録を全文再録し、付録写真のキャプションでは、モーラ館が「方面委員制度ゆかり」とされており、解説には「大正中期に着想した当時のエピソードはあまりにも有名である。恐らく本制度が続く限り委員の教訓として持続するであろう」となっていて（全国社会福祉協議会 一九六四：付録写真解説）、挿話を創設契機とすることに肯定的である。『民生委員制度五十年史』では、本文で挿話に言及はなく、付録写真にもモーラ館はない。付録資料として救済事業研究会における林の講演録が掲載されているだけである。ところが『民生委員制度七十年史』では、この挿話について、『府四十年史』における見解を、ほぼそのまま引用している（全国社会福祉協議会 一九八八：六六－七〇）。付録写真の解説も『府四十年史』とほぼ同じ内容である。この七十年史は「より客観的、批判的な視点に立って歴史的な検討を加えている」と評価されているが（遠藤 一九九七a：一二）、なぜかこの時点に至って「夕刊売り母子の挿話」が昭和戦前期の状態で復活しているのである。

第二に大阪府方面委員制度史および府の社会事業史である。まず『府四十年史』については、既述の通り、挿話の矛盾を指摘しつつ、同時に正当性を主張している。

ところが、一九五八（昭和三三）年三月発行の『大阪府社会事業史』では、「方面委員制度が生れる直接の動機は米騒動以来の物情騒然たる世情に対し、日夜心をくだいて根本的な対応策を考究していた当時の大阪府知事林市蔵と淀屋橋上の新聞売の母子のエピソードに始まることは有名である」としている（木村 一九五八：三〇八－九）。つまりこの書物では「夕刊売り母子の挿話」が直接の動機だと明言している。『府四十年史』は、同年十二月発行で、この書物はそれに先行している。しかし、『府四十年史』は、前年の七月から編集作業を始めている。さらに三木正太郎は、この書物の編纂初期に関わっている。これらを考慮すれば、挿話と規程公布の齟齬をある程度認識しつつ、従来の見解を意識的に踏襲したのではないかとも考えられるのである[6]。

次に『大阪府民生委員制度五十年史』は、柴田善守、碓井隆次等が執筆している。この書物では「夕刊売り母子の挿話」の部分は、柴田の執筆である。『府四十年史』を踏襲する形で「この矛盾がどのようにあろうとも、林知事と小河博士の長期にわたる努力は否定されないし、さらにまた林知事の善意と責任感とを象徴的にしめしているともいえるであろう」としている（大阪府　一九六九：四六）。この書物の刊行時に先に引用した碓井（一九七〇）が書かれたことは既述した。碓井はこれについて、以下のように結論している。

　誤りは後世に残すべきでない、とはいえ、あの記念像は虚偽でもなく、無意味でもない、ただ、記念すべき意味を改めるべきである……このことを明らかにするのがこの一文の目的であるが、そのためには資料を再検討し、『由緒』をたずねる必要がある。／そうすることは、単に誤りを訂正するばかりではなく、制度発足の趣旨を明らかにすることにもなる。（碓井　一九七〇：七）

では、その後この挿話は、どう扱われただろうか。

五〇年史から一〇年後に出た『大阪府方面委員民生委員制度六十年史』では、柴田が「方面委員の創設については有名な『夕刊売りの母子』の挿話がある」としているが（大阪府社会福祉協議会編　一九七九：八）、かなりトーンダウンしている。その一〇年後の『大阪府方面委員民生委員制度七十年史』では、「方面委員制度四十年史を著された三木正太郎氏によると、この制度創設の動機が長く淀屋橋畔の理髪店での体験であるとされてきたが、考証の結果、この体験が府令二五五号の出された一〇月七日よりのち九日のことであることを発見されている」と創設契機とすることを否認している（大阪府社会福祉協議会編　一九八九：四）。

第三に大阪市方面委員制度史および市の民生事業史である。まず『大阪市方面委員民生委員制度五十年史』であるが、「夕刊売り母子の挿話」を紹介した後、「この挿話の真実性に対しては、五〇年余も以前のことで今さらそのことに疑義をはさむこともない」としている（大阪市民生委員制度五十周年記念誌編集委員会　一九七三：五二）。

また一九七八（昭和五三）年発行の『大阪市民生事業史』では、柴田善守が「この『夕刊売りの母子』の事件によって方面委員制度が突然生まれたものではない。またこの体験の二日前に方面委員制度創設の府令二五五号が発せられていることは、『大阪府方面委員制度四十年史』で考証されている」と書いている（柴田 一九七八：二一二）[7]。歴史的事実を重んじた表現になっているし、『府四十年史』における考証の結果を重視している。そのため当然の結果としての記述になっているのであり、三木のように強引な結論には至っていない。

次に『大阪市方面委員民生委員制度七十年史』では、『府四十年史』の論証を踏まえて「この『夕刊売り母子』の体験によって方面委員制度が突然生まれたものではない」としているものの（大阪市民生委員制度七十周年記念誌編集委員会 一九八八：二九）、この挿話そのものは紹介されている。

第四に厚生省の見解は、どうだろうか。『厚生省二十年史』では、「大阪でも府知事の林市蔵が路頭で見かけた夕刊売り母子の実情を調査させたことに端を発して、大正七年一一《ママ》月に方面委員制度が作られた」となっている（厚生省二〇年史編集委員会 一九六〇：五三―四）。『厚生省五十年史』では、救済行政の項目で「大正七年に発生した米騒動を契機として、大正七年一〇月七日、大阪府は、方面委員制度を創設することとなった」としている（厚生省五十年史編集委員会 一九八八：八七）。ところが、別に民間社会事業の項目では「大正七年一〇月、大阪府において林市蔵知事の提唱により設けられた方面委員制度」（厚生省五十年史編集委員会 一九八八：二七九）としている。前者では挿話に言及されているものの、後者ではそれがない。

このように昭和戦後期の民生委員制度史における「夕刊売り母子の挿話」の扱い方は一貫しておらず、不安定な印象を拭えないのである。

おわりに

「牧民官意識」を持ち続けた林にとって「方面委員制度の創設」とは、規程の制定や公布ではなく、天皇制慈恵を基盤として、制度に息が吹き込まれ、活きたものになることであったに違いない。「夕刊売り母子の挿話」は、その意味での契機だったのだろう。林のこうした意識は、史実の誤りを含みつつ、留岡によって活字化され、村嶋の著作が天皇に嘉納されることで絶対化され、原によって組織的認知を得た。しかし、嘉納を含む流布過程で「夕刊売り母子の挿話」という創設神話が「皇室の御聖慮」に纏わりつかれたことは否めない。つまり否定できない「史実」に転化したのだ。

言うまでもなく昭和戦後期において「創設神話」を再評価することは、被占領期の方面委員制度から民生委員制度への移行過程における生活保護制度の運用をめぐる問題とその後の方面委員制度の性格形成に関係することであった。この時点で「方面委員制度は敗戦を境にその性格を一挙に更新したわけではない」のだし（遠藤 一九七七：四一）、被占領期には「皇室の御聖慮」を明示はしなかったが、高度成長期には、それを奉戴する傾向が復活したとされるからである（菅沼 二〇〇五：八〇－一）。一九九〇（平成二）年に至っても「民生委員は全体としてきわめて天皇制に親近感を持っている」とされ「民生委員・児童委員は法律にもとづく公的機関であり……中略……権利としての社会保障・社会福祉の観点からして、日本国憲法の精神に積極的に適合するものといえるか疑いなきをえない」とまで指摘されている（小川 一九九〇：二二一－三）[8]。そうであるなら、史実がどうであろうと、この挿話が消去されるはずはない。そして「天皇制慈恵主義がこの（権威と恭順が保護と被保護になるという家共同体的な―筆者）ピエテートに支えられることにより、今日国民生活のなかに深く定着した」のであるとすれば（遠藤［二〇〇九］二〇一〇：二二八）、今後も天皇制慈恵主義と民生委員制度の親和性に対する問題意識を鮮明に保持して再検討しない限り、「夕刊売り母子の挿話」は、それを背景として相応の役割を付与され続けるに違いない。

つまり「夕刊売り母子の挿話」に関して、大阪府方面委員制度創設に際し林市藏が発想を得たとする説明は、史実でないことが明らかであるにもかかわらず、そこに包含されたエートスを排除できない意識が作用しているとしか言いようがないのである。それは民生委員制度が方面委員制度から直結するものであることを印象づけるために必要なことでもあるのだろう。なぜなら天皇制慈恵を基盤としたその連続性を保持することによって、公的扶助すなわち生活保護と密接にかかわる民生委員の性格を印象づけ、公的扶助の権利性を明確化させることに躊躇いを生じさせようとする意識が働いていたからだとは言い過ぎだろうか。そして、その背景には被占領期に「皇室の御聖慮」を明示はしなかったが、高度成長期には、それを奉戴する傾向が復活したとされる状況があったからではないか（菅沼 二〇〇五：八〇－一）。つまり、社会福祉や民生委員制度の背景にある社会的状況の変化に伴って、挿話に関する記述も紆余曲折しているのである。

小川政亮はすでに一九五三（昭和二八）年の時点で保護請求権について「昭和四年（一九二九）の救護法についてこの権利の存在を指摘した鵜飼信成氏の注目すべき解釈論にかかわらず、公権的解釈においてはようやく昭和二五（一九五〇）年五月の現行生活保護法に至って初めてこの権利が認められた」としている（小川［一九五三］一九六四：八五）[9]。

佐藤進も同様に「鵜飼教授は、第二次大戦前、社会行政法体系の基本的理念として、倫理的・哲学的な人間の生存理念としてではなく、生存権と結合した実定法上の国家に対する救済請求権を主張した」としている（佐藤 一九八〇：九八）。しかし、続けて生存権が「戦前、少数説であった鵜飼信成教授によって指摘されたごとく、現代の社会行政の基礎理念として定礎的意味をもちえたかという点に着目するとき、戦後は戦前に比して、何ほどかの前進を示しているにせよ、生存権の具体化である社会保障の権利の公的実現の観点からみると、なおかなり疑問が残っている」としているのである（佐藤 一九八〇：一〇〇）。

林市藏は、すでに六十年前にこの世を去ったが、最晩年にあたる被占領期には民生委員が生活保護の補助機関となるのを歓迎するような姿勢には懸念を表明していた。だが、林が新憲法下の民生委員制度をどう構想していたか明確なものは残されていない。ただ言えるのは、生存権が憲法に基本的人権と明記された時点で「夕刊売り母子の挿話」が持つ意味を検討し、その持つ新たな意義を見出すために再評価したとしても、異を唱えることはなかったに違いないということである。それは民生委員制度の展開、ひいては社会福祉にとって、今日の時代に相応しい思想的基盤を確立することに向かう挿話の再解釈に繋がるであろうと思われるからである。

注

（1）一九五二（昭和二七）年に前職の大阪府立図書館司書部長から大阪府立社会事業短期大学の助教授となり、一九五八（昭和三三）年七月に教授になっている。一九六二（昭和三七）年から皇學館大學の教授となり、国史学科主任等も務めた（無署名 一九八四：三七八）。

（2）確かに平泉は「史実の正確のみを期して文書記録の精査に耽り、而して歴史の生命の失はれゆくを顧みなかったのは、近代学風の一弊害である」としている（平泉 一九二六：三六四）。

（3）堀田が、林の二女である美恵の配偶者であることを読者が知っていれば、なおさら信頼されただろう。

（4）村嶋歸之の生涯については、平和文庫（一九六六）や木村（二〇〇七）等を参考にした。

（5）一九五四年の『社會事業』三七（五）、六七－八一、掲載の佐藤信一との対談（「対談覚え帖第一一回」）において、「（早稲田在学中から―筆者）キリスト教には入っておりました」（六二頁）と述べている。

（6）つまりこの書物の執筆は主として木村武夫となっているが、木村は社会事業史に詳しい学者として知られており、無批判に従来の見解を踏襲したのではなく、何か意図があったのではないかと感じられるのである。

（7）この書物は、大阪市立大学生活科学部社会福祉研究室の編纂となっており、代表は柴田善守であるから、「柴田善守編」とした。またこの部分も柴田の執筆と考えた。柴田は五年前の『大阪府方面委員民生委員制度五十年史』を執筆した時点での表現を自ら修正していることになる。しかし、自ら執筆した部分を引かず、あえて『府四十年史』によっているのは何故なのだろうか。少なくともその記述に信頼を置いていることは間違いないといえよう。

（8）なお小川はこれに続けて、社会保障・社会福祉にかかわる研究者や研究団体の側から生存権保障確立のために天皇制の問題に対する取り組みが行なわれていないと批判している（小川　一九九〇：一一三）。

（9）鵜飼信成は、一九三九（昭和一四）年に日本評論社から末広厳太郎編で発行された新法学全集の第六巻行政法五に「社会行政法」を執筆している。その中で「救護は自由裁量の余地なく羈束的に義務づけられた行政作用である。さうして此の義務は性質上要救護者に対するものであるから、その結果として、法に反対の規定なき限り、要救護者は救護義務者に対する救護請求権をもつものと解するのが正当である」（五一頁）としている。公的扶助義務主義の宣言である。

結びにかえて

林市藏は、近代日本の誕生と時を同じくしてこの世に生を享け、明治、大正、昭和戦前期、被占領期を生き抜いた。掻い摘んで言えば、その生涯は、没落士族の立身出世物語であり、それだけならばそれほど珍しくもない成功譚である。そして周知のことだが、一般には現在の民生委員制度に繋がる方面委員制度の創設者として、小河滋次郎とともに顕彰されているのである。それは間違いではないのであるが、一面的で部分的な評価である。

林市藏の前半生は、内務官吏として一等府県の勅任地方官たる大阪府知事まで到達し、依願免本官となった。その時期の業績としてユニークなものをひとつ挙げるとすれば、それが官歴の最後に務めた府知事時代に大阪府方面委員規程を公布せしめたことなのだ。だが林の業績として方面委員制度を挙げるのならば、規程を公布せしめたことではなく、退官後の半生をその育成に捧げたことを忘れてはならない。その後半生は前半生を賭けた元内務官吏としての矜持を保ちつつ牧民官意識に生きた晩年であった(1)。そして、その時期は、民間会社重役として実業界で活躍したというよりも、前半生で築いた人脈を駆使して、たまたま関わりを持った方面委員制度の育成という社会奉仕に生きたと言えるからだ。

ここで本書の内容を振り返りつつ、従来の見解に対する筆者の考えを示しておきたい。

林市藏は、早くに父を亡くし母との貧しい生活の中で苦学力行した。そのことによって生活基盤を失うことが万人に起こりえる蓋然性があること、経済的苦境に対しては精神論のみではなく具体的な支援が必要なこと、現実の支援は私的に行われているものが多く、その支援に辿り着くのは偶然であること、私的な支援の根底には共感的理解があることを学んだはずだ。一般によく指摘される賢母美談が方面委員制度を生んだという見解は、林市藏の情の部分だけしか観ていないように思える。府知事として方面委員制度の創設に関わった林市藏が、制度創設に際してこのような青年期までの人生経験を振り返ったとすれば、それを理性的に判断して制度の設計や運用に反映させたに違いない。

そういう状況で、青年期に国家主義的教育を受けた林市藏は、帝国大学法科大学を卒業した。そして内務官吏となった。(2) 藩閥がまだ蔓延る内務省で属として過ごし、縁戚があると報道されるくらい近しい清浦奎吾との関係から警察監獄学校教授という高等官に就任したようである。しかし、その顛末においては、高級官吏の人事に関する政治的な側面を意識したはずだ。その後の地方官としての林市藏は政情に影響されつつも牧民官意識に忠実だったため、斯民会や青年団、さらに国策会社たる東洋拓殖会社の発展に寄与した。そしてそれらが天皇制を前提とした家族国家の階級協調や共同体の秩序維持に繋がる公私協働の一形式であることを意識していたはずだ。つまり、この間の林は、地方改良運動や植民地支配への責務遂行を旨としていたのであり、もちろんそれに対して疑問を持つことはなかった。さらにいえばこの時期に清浦奎吾との関わりをより深めて、非政友会系官吏と看做されていっただけではなく、自身も政党に対する不信感を強めていった。

その後、まさに微妙な政情を反映した結果として、非政友会系であると見做されているがゆえに大阪府知事として着任することとなった。しかし府知事時代には、そういう着任事情とは無縁に白虹事件や米騒動の収拾、大阪府救済課の設置に際して内務省の方針に忠実な態度を取った。したがって、大阪府方面委員規程も内務省の意向を受けた内容を基本にしたはずだ。その際、一般に小河滋次郎との協力関係の下に創設したとされる。しかし、規程そのものの設計はそうであったとしても、小河は規程の実施段階で療養を余儀なくされる状態にあり、林市藏知事およびその部下たる内務官吏中心に現実化が進められたと考えられる。まして規程そのものに関しても小河の構想したものとは違っていたと論証されているのであるからなおさら協力関係を前提にすることには無理がある。

林市藏の府知事退官は、これも非政友会系官吏であることが背景にある。しかし依願免本官後は元一等府県の勅任地方官として、転身先は用意された。それは実業界におけるそれなりの地位であったが、林にとってあくまで単なる生業以上ではなく、自らを恃んだ再就職先ではなかった。したがって、その後も林は、牧民官意識を継続した後半生を送った。明治維新以降昭和戦前期までの内務官吏、特に地方長官にとっては、「天皇の牧民官」という意識が倫理的基盤であり、林は退官後も特に公的な場面では、その倫理観が継続していたに違いないのである。その上、林は知事退官後も方面委員の育成に関わり続け、大阪府方面顧問となってからも、方面理事を初めとする常務委員に対して指導性を発揮し、大阪府方面委員制度創設期の方向性に影響を与え続ける位置を保持していた。つまり、「牧民官」林市藏の抱負は、相当程度に実現されていったといえよう。

さらに救護法制定や施行に際しても、あるいは全日本方面委員連盟副会長としても、内務官吏時代に築いた人脈を駆使して、方面委員制度の展開に少なからぬ存在感を持ち続けた。たとえば自らのロビイング活動によって制度のあり方を改変させたり、内務省が設置した委員会の委員として政策に影響を与えたりしたのである。だが林は、その頃もそれ以降も、方面委員が行政の補助機関と化すことには慎重であり、自主的輔導をその活動の中心にすることを主張していた。そのため戦時下に方面委員が新体制の下で行政補助機関色を強めたり、林の最晩年にあたる被占領期に民生委員が生活保護の補助機関となったりしたことに対して危惧を持っていた。自主的輔導とは、岡村重夫（一九八三）のいう「自発的社会福祉」に近似している。(3) ただ林にとってはその思想的基盤が宗教的動機や博愛思想だったのではなく、天皇制慈恵であったということになるだろう。

こうして見ると林市藏は、大日本帝国憲法下の内務官吏であったのであり、退官しても牧民官意識を継続しているのであるから、天皇制を所与の前提とする立場である。したがって天皇制慈恵についてもそれに疑問を呈するはずはなく、方面委員制度もそれを基盤として成立するべきものであると認識していたと考えるのが合理的である。要するに退官後の後半生も「牧民官」であり続けた林にとって重要であったのは、方面委員制度を天皇制慈恵に依拠させつつ、活性化させることであったに違いないと言いたいのである。

ところで、「序章」において昭和戦前期までの天皇制慈恵については一応検討しておいた。ここではさらに昭和戦後期までを視野に入れよう。その最もまとまった新しい研究として遠藤興一（二〇一〇）『天皇制慈恵主義の成立』がある。この書物を構成する各章論文は、二〇〇五（平成一七）年から二〇〇九（平成二一）年にかけて『明治学院大学社会学・社会福祉学研究』に初出したものであり、したがって社会福祉基礎構造改革以降の現状を踏まえて改めて社会福祉の思想的存立基盤に対する問題提起をしたものと理解している。

遠藤は、その「はしがき」においては「王政復古の明治維新当時から、天皇親政論は形を変え、維持、存続して戦前、帝国憲法下のわが国で精神面、政治・経済面における支配原理となり、機能し続けた。しかも、象徴天皇制に代った戦後においても、若干の性格改変を伴いながら、同じように機能し続けている」としている（遠藤 二〇一〇：iii）。また「あとがき」でも天皇制慈恵主義が近代を貫通して存在し、戦後も存続、機能し続け、社会福祉の慈恵性を許容する結果を生んでいるとした（遠藤［二〇〇九］二〇一〇：二四八－九）。筆者もこの解釈に同意するものである。

ここで遠藤による説明を筆者なりに整理すれば、そもそも天皇制慈恵とは、明治期以降、昭和戦前期まで、立憲制国家としての政治システムに対して、下賜金を主要な財源として天皇が独自な裁定、実施を命ずる政治的領域であり、天皇制という抽象的な国体概念を実態化する手段であったのだ（遠藤 二〇一〇：一および六）。つまり戦前の国家による公的救済は、天皇制慈恵との緊張関係によって、慈恵性を克服できなかったと同時に、権利性の獲得に至らなかったのだと言える。

そして昭和戦後期以降の天皇制慈恵は、国体概念に代って、象徴天皇制における「象徴」の概念を実態化する役割を持った。「社会福祉の象徴的な存在として、天皇は政治的な役割を担うことになった」のであり（遠藤 二〇一〇：二二六）、「天皇を国民統合の象徴とするわが国では、福祉制度を国民統合の手段として用いるに際して、その効果を一層高めることを可能にしている」のである（小野 一九九四：二）。それこそが現在まで社会福祉に「権利性と相い容れない慈恵性がまかり通っている」要因なのであると理解できるのではないか（遠藤 二〇一〇：二四八）。

加えて、憲法八八条、八九条の解釈問題もある。皇室財源は公費なのであって、皇室の私的財産ではない。したがって、「公の支配」下にある社会福祉法人等に下賜金という名目で支出されること自体は八九条に何ら抵触しない。しかし皇室の支出は、社会福祉サービス供給のあり方に一定の方向性を示しうる象徴的権威性を有し、しかも慈恵性を意識させるものであるために権利性の強化に障碍となり得る。

言うまでもなく、社会福祉サービスの利用に権利性を前提としている限り、その利用に付着している慈恵性エートスは克服されなければならない。したがって昭和戦後期も引き続いた天皇制慈恵との決別は、社会福祉基礎構造改革の焦点でなければならないはずだったのではないか[4]。

繰り返し述べてきたように、林市藏は牧民官意識に生きた内務官吏であり、官を退いてなお勅任地方官としての矜持を持続していた。そのような林が天皇制慈恵的エートスを精神的基盤として方面委員制度の育成に尽力したとしても、それは当然すぎるほど当然のことである。だがこれは昭和戦前期のことである。

残念ながら生存権の明記された昭和戦後期の現憲法下における民生委員制度の理想的なあり方について林の明確な意見は遺されていない。しかしここで第四章において言及した林市藏の考え方を思い出してみよう。林は、一九二五（大正一四）年の衆議院議員選挙法の改正、いわゆる「普通選挙法」の制定に関連して「公私の恤救を受くる者は失格者とする、即ち国民としての公権を剥奪すると云ふことは何と云ふことであるか」と発言しているのである（年報 一九二五：一六〇）。つまり当時の恤救規則の適用者に対してさえ選挙権の欠格条項を設けることに反対の意思表示をしている。まして救護法下はもちろん、生活保護法下においてはなおさらそのような考え方に賛成するはずはないであろう。このような林の考え方を考慮すれば、民生委員制度の思想的基盤が昭和戦前期と同じ方向を保持し続けて良いとは思わなかったに違いない。

第八章「おわりに」で触れたように、日本においては、林市藏が全日本方面委員連盟副会長として活躍していた時代に、すでに先駆的には公的扶助義務主義を主張する学者もいたわけであり、昭和戦後期には社会福祉法研究者によって早くからそのことが評価されているのである。だがそれは憲法二五条をめぐって、周知のように法的権利かプログラム規定かといった議論がなされてきているようなことと関連して「なおかなり疑問が残っている」と保留を付される状況だったのであり（佐藤 一九八〇：一〇〇）、現在に至ってもなおその状況は大きく変化していない。林がさらに長命であれば、民生委員制度の展開、そして社会福祉の実現のために、新しい憲法理念としての生存権を重視する行動を取ったに違いないと思えてくる。

ここで、小川政亮によって、すでに一九五五（昭和三〇）年に当時のドイツにおける最新の動向を踏まえた次のような指摘がされていることに触れておく。

名誉職委員が、純然たる公務員でないだけに、公的保護行政の補助機関になり切ることができず、ことに今日のような大衆的困窮現象の中で、民衆の中から、彼等が選ばれたものである場合、よけいに、そのような矛盾を身に感ずるところから、そこに同胞の利益代表という役割も新しくになうことによって、その矛盾を克服し、新しい進路を求めようとしているといえるであろう。ただ、かれらが、補助機関的地位をそのまま保持しながら、それに対立する如き要保護者の利益代表という性格をもつことは、非常に困難であろう。（小川［一九五五］一九七四：二二七）

もちろんこれは日本の民生委員のことではないのだが、それを念頭に置いた議論である。ここではいわゆる名誉職委員である限り、要保護者の代弁は困難であることを示唆していると確認しておこう。つまり自発性の衣を纏っていても、それが公私未分離の曖昧さを保持している限り、要保護者サイドで機能することが困難だといっているのである。旧生活保護法下で補助機関化されていた民生委員が法定化されるに際して協力機関として明確化されたことについて、林は安堵感を顕わにしている。小川の指摘する危惧を少しでも少なくする位置づけを考えていたとしか思えない。

また星野信也は、「戦前の『社会事業』の文献にみるように、すでにソーシャルワークに近いものが社会事業として発展しはじめていた。戦後、日本国憲法の影響を受け、前者（社会政策—筆者）とは無縁にもっぱら社会事業に社会福祉行政を加えて『社会福祉学』が生み出され、基本的人権などの概念をもとに独立領域化が図られるが、抽象概念と具体概念を曖昧に混在させて実証性を確立できないまま『社会福祉学の失われた半生記』を経験してきた」と昭和戦後期の社会福祉学に相当手厳しいが（星野 二〇〇二：七四）、戦前の社会事業に対してはソーシャルワークの萌芽を認めるという一定の評価を与えている。

方面委員制度もその活動を分析すれば、ソーシャルワークの萌芽と評価できるかもしれない。林市藏の重視した自主的輔導も公的責任から自由な方面委員活動を目指していたとも考えられる。事実、戦時下の大阪府における方面委員活動を分析して「『常務委員会』や各方面ごとの『月番方面委員会』を維持・継続してきたことにより、ケースワーク的な側面や地域組織化に関する側面の活動や処遇を内側から発展させてきた」とする指摘もある（上野谷 一九九四：三四）。「ソーシャルワークの萌芽」と言ってよいであろう。

だがソーシャルワークには価値的基盤が不可欠である。民生委員制度の価値的基盤は、天皇制慈恵ではなく、生存権保障であろう。生存権保障を基盤にした民生委員の自主的活動は、日本の文化におけるソーシャルワークの有効性を実証できる事例の宝庫になるのではないだろうか。

林市藏がその育成に後半生を費やした方面委員制度は、このような民生委員制度の展開に止揚されていくことで、林の目指した活動となるに違いない。言い換えれば新しい社会福祉的援助原則を提起する自発的社会福祉として、法律としての社会福祉に挑戦し、それを変貌させるものになるのではないだろうか。そのような社会福祉の内発的発展を生起させる仕組みとして民生委員制度が機能することを期待したいのである。古川孝順は、すでに一九九〇（平成二）年の段階で、次のように指摘している。

従来、戦前の方面委員以来の伝統のなかで、民生児童委員制度とその活動は、どちらかといえば即自的に、すなわち社会福祉の全体的過程から切り離すかたちで論じられることが多かった。こんにち基本的に必要なことは、民生・児童委員制度やその活動について、それを施設入所型社会福祉から地域福祉型社会福祉への転型という社会福祉の動向、さらには将来についての展望のなかで再検討する視点に立つことである。（古川一九九〇：一八〇）

その後、二〇〇〇（平成一二）年には「社会福祉の増進のための社会福祉事業法等の一部を改正する等の法律」によって「民生委員法」も一部改正された。これは古川の提唱した方向での改正という側面もあったが、有給化の提案は受け入れられず、名誉職規程は「給与を支給しない」（法第一〇条）と変更された。それからまた十年以上が経ったが、民生委員活動の方向は変化したと言ってよいのだろうか。一方で、二〇一一（平成二三）年九月現在の社会福祉士登録者数は、一四万六二二〇人であり、民生委員数の六割を超えている。社会福祉士のすべてが有給職員ではないが、毎年万単位で登録者数が増加しているのであるから、民生委員制度の歴史が一世紀を超える前に追い抜く可能性もある。方面委員制度が創設された時代状況とは雲泥の差である。それでもなお無給で活動する民生委員の存在意義があるとすれば、その時代状況に相応しい活動を問い直し続けることが不可欠であり、それこそが林市藏の追い求めた制度運用の奥義なのだと思うのである。

注

（1）林が府知事を退官する二ヶ月少し前に末子（六男）が誕生している。林はこの時点で五三歳である。そういう意味ではこれ以降を「晩年」といってよいかどうかは疑問であるが、他に良い表現が見つからない。

（2）正確には、拓殖務属となり、拓殖務省の廃止後に内務属となったことは既に述べた。しかし拓殖務省は短期間であり、高等官になったのは内務官吏としてなので、内務官吏としておく。

（3）岡村は「社会福祉の発展を、社会福祉自身がより有効な、またより合理的な援助原則を求めてきた自己改造の過程として理解」するという史観に立脚する（岡村 一九八三：三）。このような史観は岡村だけではなく、たとえば高田眞治は「社会福祉は内発的発展を開発することによって、政治・経済・文化のありように変化を与え、それをとおして社会福祉が変えられる」とし（高田 一九九三：三一六）、「社会福祉の内発的発展」を主張したが、これは岡村の史観を受け継いだものと言えよう。岡村の議論をさらに続ければ、「自己改造」を可能にするのは「社会福祉理論の合理性に裏づけられた新しい社会福祉的援助原則を、たとえ小規模であっても、これを実証してみせる」ところの「自発的社会福祉」なのだという（岡村一九八三：三）。ここで言う自発的社会福祉とは「民間の個人または集団が、法律によって強制されたり、事業を委託されるのではなく、まったく自発的に他人の生活困難を援助する活動」だというのである（岡村 一九八三：五）。その上で『自発的社会福祉』は、民間の任意的な活動であるとはいっても、それは常に公共的な社会福祉活動であり、社会それ自体の自己改造または修復活動の一部である。その意味では、それは『法律による社会福祉』と同じく、社会の信託にこたえる社会福祉の一部でなくてはならない」と注記されることになる（岡村 一九八三：五）。かくて、「法律による社会福祉」は、社会の信託にこたえて新しい社会福祉的援助原則を提起する「自発的社会福祉」の挑戦を受け、そのことによって変貌する。これが社会福祉の発展だとしているのである。

（4）王族と社会福祉の関係について、ヨーロッパ先進国でも同様のことがあると反論されるかもしれない。たとえば英国でベヴァリッジの三報告書以降「国家がどの程度何を救済し、どの部分を民間に任せるかという方針が時々に変わるだけで、フィランスロピと国家との結果的な協力関係は変わらずに続く。……略……チャリティは、福祉国家の『諸起源』の一つであるのみか、その構成要素として生き続けている」とする見解があり（金澤 二〇〇八：三二二）、「王族は、一八世紀後半以来、徐々に低下してゆく政治力と反比例するようにフィランスロピに力を入れることによって、ミドルクラスをはじめとする社会の各層から支持を受け、『人民の父（母）』としての自らの存在意義を保ち続けたのだ」と指摘されているからである（金澤 二〇〇八：一九〇）。だが本書では天皇の名による（つまり慈恵的であると受け取られることに意味がある）下賜金名目の公費が社会福祉関係法令に依拠せず支出され、しかも社会福祉の方向性に少なからず影響して、慈恵性の維持に繋がっていることを問題にしているのである。

第三部

補章・史料・著作一覧・年譜

補章　山口県知事たる林市藏宛て山縣有朋書簡の歴史的意義

はじめに　解題に代えて

本章で取り扱う書簡は、一九一七（大正六）年一〇月一五日付け（消印も一〇月一五日）で山縣有朋から林市藏宛に出されたもの（以下、山縣書簡）である。

山縣書簡そのものは、縦約二〇センチメートル、横約六〇〇センチメートルの和紙に山縣自身によって毛筆書きされたものであるが、表装されて巻子の状態になっている。本文一五二行に加えて、追伸七行があり、さらに入江貫一による添え書きが一四行ある。封筒は「樞密院用」（縦約二四センチメートル、横約一〇センチメートル）が使用され、名宛人住所氏名は「山口縣山口町知事官舎　林市藏殿」、差出人住所氏名は「東京市麹町區永田町官舎　入江貫一」である。一九銭分（一〇銭一枚、三銭三枚）の切手（旧大正毛紙切手＝田沢切手）が貼付されており、書留扱いで親展とされている。巻子には、本文、追伸、添え書き、封筒（表裏を開いた状態）が、すべて含まれている。

この巻子は現在、林市藏遺族の手許に保管されている。本稿作成は、遺族の了解の下に行っている。なお、当時の山縣は、枢密院議長であり、林市藏は山口県知事であった。添え書きをした入江は、枢密院議長秘書官であり、山縣の側近である。

ところで、山縣書簡の本文は、すでに二回翻刻されている。ひとつは『山口縣教育史』下巻に採録され（山口県一九二五：六四七－五〇）、もうひとつは、『公爵山縣有朋傳』下巻に採録されている（徳富一九三三：一一八七－九）。当時の翻刻に当っては、山縣書簡本文の現物が使用されたのか、「写し」が用いられたのかは不明であるが、校訂で触れるようにおそらく「写し」が利用されたのだろうと推測する。本稿では、これら二回の翻刻・採録において、意図的に原文を改変したと思われる部分、その他にも若干の字句を校訂して再度本文全文の翻刻を行なった。さらに加えて、追伸および添え書きについても全文を翻刻・採録した。

その上で、採録した山縣書簡の内容をもとに、その時代背景について、林市藏との関連を中心に若干の検討を行なった。

第一節　本文等の翻刻・採録

まず、以下に本文・追伸・添え書きを翻刻・採録する。採録にあたっては、原文の改行等は考慮せず、句読点、濁点を補い、「ニ」は「に」、「ハ」は「は」に直し、段落を区切った。旧漢字・異体字・かなづかいは、原則として原文通りとした。抹消された文字は、記載していない。明らかな誤字・脱字についても修正した。

【本　文】

時下益御清勝欣候此事に候。扨は先般田中參謀次長、貴管下地方へ旅行相成候由にて、過日面會之節、種々其近情并に貴下御盡瘁の模様をも承及候。殊に青年団に關しても、不一方御配意の趣、老生に於ても乍蔭喜居候次第にて、猶此上共一層の御盡力を希望致し候。

申までも無之、今次歐州大戰終了の後は、全世界に亘り精神上物質上非常なる變化を來し、我帝國に於ても直接間接に其影響を可被は明白の事に有之、右に付ても將來帝國を儋ひて立つべき青年には確乎たる決心と覺悟とを可要、今日より豫め指導鍛錬するの要は、今更多言を要す間敷候。今次大戰の原因は種々可有之候へ共、要するに國民民族の競争の結果に外ならず。而して此競争が今次の大戰に依り、中歐の天地に於て解決を告ると否とに拘はらず次に起るべき競争は必らず東亜之地を中心と可致は、避く可からざる必至の情勢と存候。猶之を想像するに其競争は、政治上、經濟上種々の形式を以顯れ、遂には大勢の赴く處、兵力に訴ふるものと覺悟せざる可らざる義と存候。

幸に近時の大戰に當りては帝國は遠く交戰の地域を離れ、直接の害毒を蒙る事少しと雖も、戰後の競争に關しては直接に波瀾を被り、此間若し一歩を誤らは邦家千載の悔と可相成、實に不容易時期と相考られ候。近世帝國は列強と交渉を有するに至りたる以來五、六十年間の事を追想するに、非常なる難局に遭遇せし事一再ならず。今日より之を想ふだに尚心膽の寒きを覺ゆる事も有之。此間に處し、幸に難局を拔き國運の伸張を見たるは殆ど天祐とも申すべく、上に千古の聖帝を仰ぎ、下忠正の國民あり、幾多の賢才良將籌謀宜しきを得、相俟て此に至りたるは勿論ながら、又當時帝國は列強の間に位し其地位必ずしも今日の如く重要ならざりしにも因るべく候。

然に今日に至りては、帝國は事實上諸列強と伍を同くするに至りたる而巳ならず、今後列強が東亜の天地に覇を争ふに當りては、帝國は彼等の爲に重大なる競争者にして又當路の大障害なれば、事に當りて困難を感ずるの度も、昔日に比し幾層倍するは明かなるべく候。高木、風に當るの喩への如く、帝國の地位は戰後に起るべき大颶風の衝に當る高樓とも可申、基礎梁棟は勿論、戸障子の末に至るまで寸分の弛み無きに非れば、能く此大風を凌ぎて全きを保つこと能はざるべく、之を想へば日夜、忱に憂に堪へざる次第に有之候。此來るべき狂風怒濤の日に帝國の運命を托する者は、實に帝國青年の外、他に在る可らず候。

如御承知、今日に於て國運の進展は、一、二宰相の指導にのみ依る可らず。又單に陸海の兵力にのみ賴るべからず。國民を擧、國力を盡し、所謂上下一統擧國一致の力らに倚らざるべからず。精神上將た物質上、各種の方面に青年努力の要は、益々重大に有之候。此意義に於て、老生は各地に青年団設置せられ修養に從ふを喜ぶと共に、又益改善進步して眞に國家に資する所あらむ事を希ふ所以に有之候。

殊に防長二州は、古來勤王の歷史を以て一貫し、又近く四境に敵を受け、上下死を決し、苦心慘憺王事に盡したる事實も有之候へは、其青年は父祖の遺烈に顧みても、率先して將來帝國擁護の責に任ずるは、正に其所と存候。貴下、恰も此時勢に際し、牧民の官として指導誘掖の事に當られ熱心從事せらるゝを聞き、欣喜の情に堪ず。偏に成果を擧られん事を切望致し候。之、啻に老生が鄉土の爲にする私情而巳ならず、實は帝國一般の前途の爲に、已み難きの宿願に有之候。

老生、齡既に八十を超、今後帝國の爲に盡すの餘命幾何も無之、只々將來ある青年に帝國の前途を依賴するの外、無之候。老生の眞意御推察被下度候。草々。

敬白

大正六年十月十五日

椿山荘庵主

有朋

林山口縣知事殿

［追 伸］

再伸 老生近來、老人病として手指顫宸甚しく、殊に初秋來宿痾相發、帰京後も于今全快に不到、蓐上執筆亂□（一字不明）も御推読所祈候草々

［添え書き］

拝啓 時下愈御清勝之如奉慶賀候。陳者、閣下宛山縣公爵手翰、同封御送付申上候間、御受納被下度願上候。右は、同公爵が貴地青年團体に關し深く閣下の御盡瘁を多とせられ、猶今後一層の向上発展を希望せらるゝの餘り、親しく執筆相成候ものに有之候、此段御含までに申添候。

草々敬具

大正六年十月十五日

入江貫一

林山口縣知事閣下

以上が、山縣書簡全体を翻刻し採録したものである。

第二節 校訂について

次に、書簡本文について、重要な校訂箇所を示す。

前述の通り、本文については、すでに二種類の採録がある。再記すれば『山口縣教育史』下巻（以下、「教育史」）および『公爵山縣有朋傳』下巻（以下、「有朋伝」）である。本稿採録のための翻刻にあたっては、明記したこと以外は原則として原文通りにしている。しかし、過去の翻刻についても尊重し、本文文意からして重要なものについて、それらとの校訂の内容を示す。ただし、漢字・仮名の相違および送り仮名等の用字・用語、誤字・脱字、句読点、濁点、段落の付け方に関しては、ここでは取り上げていない。

①時候の挨拶と起し言葉

本稿では、時候の挨拶および起しを「時下益御清勝欣候此事に候。扨は……」としたが、「教育史」「有朋伝」とも「拝啓時下益々御清壮慶賀此事に存候。陳者……」となっている。

この相違は、おそらく「教育史」、「有朋伝」あるいはその両者が「写し」から翻刻・採録されたものであるためだと考えられる。「教育史」、「有朋伝」とも林市藏生存中の採録である。しかし、書簡そのものは、林から遺族に引き継がれている。したがって、「教育史」、「有朋伝」の作成時点で「写し」が作られた可能性がある。その結果、両採録とも原文と相違した時候挨拶から書き出されることになったのではないかと考えられる。この時候挨拶文および起こしは、入江による添え書きの挨拶文、起こしに似通っており、何かしらの混同があったかもしれない。

②第二段落最終部分

本稿では、第二段落の最終部分を「遂には大勢の赴く處、兵力に訴ふるものと覺悟せざる可らざる義と存候」とした。しかし、「教育史」では「遂には勢の赴く處、国難を醸成する迄に立至るものと覺悟せざる可らざる義と存候」となっている。また「有朋伝」では「遂には勢いの赴く處、兵力に訴ふる迄に立至るものと覺悟せざる可らざる義と存候」である。

「教育史」は、一九二六（大正一五）年に出版されているので、いわゆる幣原外交の情勢下で、かなり公的な性格の強い書物において「兵力に訴ふる」という表現を避け、原文の文意を受けて修正したものであろうと考える。しかし、一九三三（昭和八）年の「有朋伝」は、編述者が徳富猪一郎（蘇峰）ということもあり、原文（「写し」）と「教育史」の表現を踏まえて、新たな言い回しになったのではないか。

③第三段落の「賢才」について

本稿では、「幾多の賢才良將籌謀宜しきを得」としたが、「有朋伝」、「教育史」とも「幾多の賢宰良將籌謀宜しきを得」となっている。

「賢宰」という表現は一般的ではなく、「賢才」はよく用いる。原文は、「賢才」なので、おそらく「写し」作成段階での誤字または当て字と思われるが、「有朋伝」、「教育史」ともそのままにしている。「写し」が存在したのではないかとする根拠として取り上げておく。

④第三段落最終部分

本稿では、「當時帝國は列強の間に位し其地位必ずしも今日の如く重要ならざりしにも因るべく候」としたが、「有朋伝」、「教育史」とも「當時帝國は列強の間に伍し其地位必ずしも今日の如く重要ならざりしにも因るべく候」としている。これは次段落の「帝國は事實上諸列強と伍を同くするに至りたる而巳ならず」に影響されたものと思うが、ここでは、意味からしても「位し」であると判断する。これも両採録に共通しているので、「写し」が存在したのではないかとする根拠である。

⑤第四段落最終の前文

本稿では「之を想へば日夜、忱に憂に堪へざる次第に有之候」としたが、「教育史」では「之を想へば日夜沈憂に堪へざる次第に有之候」であり、「有朋伝」では「之を想へば日夜忡憂に堪へざる次第に有之候」となっている。原文の「忱」をどう扱うかの違いであるが、原文では「忱ニ」となっているので、「まことに」と読むことにする。

以上が本文の既採録二種と本稿採録の重要な相違点についての校訂箇所である。

第三節　山縣書簡の時代背景

山縣書簡が話題にしている内容は、大正初期山口県における青年団に関するものである。ここで幾つかの関連する文献を参考にしながら、山縣書簡の背景を探ってみたい。

林市藏は、一九一六（大正五）年一一月四日「願ニ依リ東洋拓殖株式会社理事ヲ免ス」となるが、翌一九一七（大正六）年一月一七日付けで、任山口県知事叙高等官一等二級俸下賜となった。東洋拓殖理事時代に一度廃官となっていたので、再び官に就いたことになる。その山口県知事も同年一二月一六日までの一一ヶ月間で、翌日付けで大阪府知事となり、その地で大阪府方面委員制度の創設に関わることになった。山縣書簡は、山縣有朋が林市藏の山口県知事時代としての治績に対して、それを評価する内容を書き送ったものである。

さて、林市藏の山口県知事時代は、第一次大戦の戦後準備共励運動が展開されていたが、県知事在任中の治績としては、それに関連して一九一七（大正六）年に青年団指導方針・補習教育・公有林野・産業組合・蚕糸業・輸出奨励などについて訓令を出したとされる。これについて左のような評価がある。

このうち、青年団の指導と公有林野の整理は、林知事のとくに重視するところであった。林知事は、共励運動を県下に広く展開させるため、大規模な講演会を企画した。講師としては、当時参謀長《ママ》であった田中義一らをまねき、市町村の有力者を網羅的に招集して、六年九月二三、二四日に山口町で開催した。これを契機として、共励運動は各町村で自主的に展開されることになった。（歴代知事編纂会 一九八二：三七六）

これによると田中の講演は九月二三日か二四日であり、山縣書簡の日付は「一〇月一五日」となっているので、当時の参謀次長たる陸軍中将・田中義一は、帰京後すぐに山縣に報告し、それに基づいて、山縣書簡が認められたものと判断して良いであろう。なお、この時点で参謀総長は、上原勇作である。

この時期の政府の青年団対策としては、いわゆる地方改良運動に関連して展開されてきた政策の結果として、本格的な官製団体として育成が開始されようとする時期にあたっていた。

この書簡の時期より一〇年以前の一九〇八（明治四一）年一〇月、戊申詔書が発布された。戊申詔書は、日露戦争にからくも勝利した日本が、まがりなりにも西欧列強と肩を並べ得たと認識し、その地位に見合った経済力を身につけようとして、国民に対し勤労と共同一致の必要性を説いたものである。つまり国民をして国家目標達成に邁進させようとして、そのために精神や道徳を示したのである。その上この詔書は、日露戦後に内務省を中心に推進された「地方改良運動」を支える精神的基盤の表明でもあった。そして、この運動の内実は、戦時経済によって疲弊した町村財政建て直しと経済的疲弊によって荒んだ生活習俗改良をめざすものであった。つまり「明治四一年桂内閣下に発布された戊申詔書を精神的な軸として、『個人と家と町村をつなぎあわせて国家秩序をつくりなおそうとする』ものであったが、その具体的な施策としては、一定の民力（経済力、富の蓄積《ストック》）の増大化とともに、国家秩序とそれを支える徳義を再建するために、農会、青年会、処女会などの地域的諸団体の指導力が期待され、地方行政の末端の単位として重層的に再把握されていくことになる」と評価されるものだったのである（田中 一九八六：二五六）。

なお青年団が注目されたのは、さらにそれより数年前の一九〇五（明治三八）年であるとされる。「地方の青年団体が政府官僚により初めて着目されたのは明治三八年四月のことであった。勅命によって芳川顕正内相が戦時下の地方（九州、四国、中国、近畿、東海の二府一五県）状況を視察したさい、折りから各地で高まりをみせていた青年団体の〈銃後活動〉に彼らはことのほか強い印象をもったもののようである」と指摘されるように（平山［一九七六］一九八八：下巻一二）、日露戦の銃後活動として従来の若者組と異なった組織として認識されつつあった。だが、そこから一貫して青年団が官製組織に転じていくのではない。「政府が地方の青年団体に初めて着目した明治三八年以降、一見政府の青年団指導は一貫して積極的に展開されたかのごとき観があるが、事実は必ずしもそうではなかった。……中略……明治三八年から第一次の訓令が出された大正四年までの一〇年間に、内閣は六回、内務大臣は一〇回（七名）、文部大臣は一一回（一一人）も更迭されるという慌しい政局であったのであるから、地方改良という大筋の方針では一貫していても、個々の対象や具体策に変動があったこと、したがって青年団に対する認識や方針にもかなりの曲折があり、時には閑却された時期があったとしても怪しむに足りないであろう」という実状であったと理解できるのである（平山［一九七六］一九八八：下巻一七－八）。

しかし、一九一五（大正四）年に至って事情が変化してくる。つまり「大正期における青年団改編の試みは、日露戦後から展開される地方改良運動の一環として位置づけられる。政府は、内務省通牒『地方青年団体向上発達ニ関スル件』（一九〇五年九月）および文部省通牒『青年団ニ関スル件』（同年一二月）にあるように、日露戦後まもなくから青年団体に着目していた。／その後、内務省と文部省は、一九一五（大正四）年に『青年団ノ指導発達ニ関スル件』を共同で発布し、青年団に対する組織化への関心を明白にした」のである（稲永 二〇〇五：一六三）。それからの大まかな展開は、次のようであった。

大正四年、内務・文部両省は訓令を発して、青年団の設立を大いに奨励した。青年団の行なう事業については、この訓令に「青年修養の機関たり、その本旨とする所は青年をして健全なる国民、善良なる公民たるの素養を得しむるにあり」と示されており、①補習教育　②訓練事業　③体育・娯楽等の事業を実施していた。青年団に関しては、大正四年から九年までの間に、内務・文部両大臣の連名をもって、しばしば訓令ならびに通牒が発せられて、必要な指示が行なわれている。このような中央の方針をうけて、道府県・市町村は、青年団に対し補助金を交付して、その事業を奨励しており、その額は、大正九年度において、総額五四万円に達している。青年団の事業は、これによって大いに盛んになったのであったが、大正八年一一月現在の内務省調査によると、団体の総数一八、一五七、団員総数二七四万人、一ヵ年の経費総額一二六万円となっている。（大霞会編　一九七一c：三七九）

このように、日露戦後の国家経営策としてとりあげられた地方改良運動が展開されていくのと歩調を合わせて、青年団が地方改良の担い手になっていった。その経緯は、左のように説明されている。

それまで部落を根拠につくられていた青年団は町村・郡の連合青年会に統合されていき、内務官僚の支配下におかれる官製青年団に転化していく。地方改良運動下の青年団は、夜学会や試作地経営・植林・共同貯蓄・共同販売・道路修繕・道標建設・納税促進など社会奉仕事業をすこぶる活発におこなった。このかん、青年の修養が決して無視されたわけではなく、これらの事業をつうじて勤労の精神、共同団結の態度、公共奉仕の道徳など、公民的訓練をおこなうはずであったが、いわゆる「事業青年団」的傾向がつよくなり、青年団の政治への関与を禁示する一九一三（大正二）年の通牒が出されたのち、一九一五（大正四）の内務・文部第一次共同訓令では青年団を二〇歳以下の少青年に対する修養機関と規定し、青年団は実業補習学校と表裏一体をなすものとされるにいたった。（宮坂　一九六八：一八六）

ところが「この（大正四年の―筆者）訓令および通牒の発議が当時陸軍軍務局長の田中義一によってなされた事実は、青年団関係者にはその頃からよく知られていた。明治四三年に帝国在郷軍人会を創設し、大正二年には渡欧して各国の在郷軍人会と青年団体を視察した田中は、第一次大戦勃発の直後に帰国するや、戦争の後には必ず『思想上の大反動が起こるに相違ない』という展望の下に青年団の組織化に乗り出したのである」とされる青年団と田中の関係が背景にあった（平山［一九七六］一九八八：下巻二二三－四）。林市藏が田中を講師として招聘した理由は、この辺りにあると考えられる。

このような田中の位置づけに象徴される軍との関係は、「訓令で青年団の本質を修養機関と規定することにより、広義には天皇制イデオロギーの注入教化を図ること。また、通牒で団員の最高年齢を二〇歳と限定することで、青年団を壮丁の予備教育機関として把握し、その意味で狭義には軍国主義の教化を図ること。そしてさらに、青年団のすべての事業目的を修養に向けることで青年団の非政治化を堅持し、土地の名望家を団長に推戴して青年団に対する強力な支配体制を企てたもの、といえる」とされる評価がなされても否定できないものであった（平山［一九七六］一九八八：下巻二二三）。

そしてこの訓令・通牒を受けて、各地で多様な青年団活動が展開されていくことになる。山口県では、「県はこの訓令（第一次訓令―筆者）により従来の青年団は内容を改善し、新組織のものは、その趣旨方針によって設置せしめ大いに発達せしめんとした。／然るに欧州大戦の酣なる時、県は山口において戦後準備共励会を開き青年団の設置改善を以て其の一大要項とし、大正六年八月訓令を以て青年団指導指針を示すところがあった」のであり（山口県　一九二五：六三八－九）、それは林市藏山口県知事によってなされたのであった。

大正六年八月山口県訓令第三号として発出された「青年団指導指針」は、「•勅語奉読、•補習教育、•体力増進」を三大スローガンとしていた。具体的には「全県的な青年団奨励の起点をなすこの訓令は、①義務教育終了から満二十歳までの青少年層の青年団への組織化、②〈三大綱目〉、すなわち「精神修養」＝勅語奉読、「補習教育」＝知能啓発、「体力増進」＝体育例会の指定による活動内容の充実、③郡青年団の設立による町村青年団の指導強化、④小学校長・中学校長・名望家を指導者とし、市町村吏員・小学校教員・警察官・在郷軍人・神職・僧侶を協力者とする指導力の強化とそのための指導者養成をめざすものであった。この方針は急速に具体化し、「大正七年一月までに県下各町村青年団組織の改造を完了」したといわれ、上部団体である郡青年団も……中略……急速に整備された。ここに町村青年団が団員を直接掌握する指導系統が成立する」とされる結果となっていった（高津 一九七九：七二―三）。つまり、このような成果に繋がる端緒の取り組みに対して、田中が山縣に報告し、林市藏を激励させたのが山縣書簡であろう。

ちなみに「県当局は、青年団の活動内容を具体的に規定した一九一七（大正六）年以降、「撃剣柔道角力射的運動会を催し体力を増進し剛健尚武の気風を要請すること」をめざし、特に剣道の普及に務めた。寒稽古の奨励（一九一八年～）、大日本武徳会主催全国青年演武大会への選手派遣（一九一九年～）、中堅青年武道講習会（一九二一年～）、などの一連の施策がそれであり、指導者には、小学校教員、警察官、県嘱託の武道教師があたった」と指摘されている（高津 一九七九：八〇―一）。林市藏は、第五高等中学校在学中に撃剣部に所属し、活躍していたのであり、「特に剣道の普及」がなされたのは、そのことと無縁ではないかもしれない。

おわりに

山縣書簡の本文は、大正末期および昭和初期の出版物に二度にわたって翻刻・採録された。このことは、どういう意味を持つのであろうか。その出版物は、ひとつは県教育会の編纂になる公的な書物であり、もうひとつは元老であるとともに大正期まで政界に隠然たる勢力を保持していた山縣有朋の伝記である。

明治末期に官によって注目された青年団が、紆余曲折を経て、大正初期には官製団体として再編されていく。本稿では、その端緒だけを書簡の時代背景として扱った。しかし、青年団再編の当初の目的は、文部省と内務省、軍の思惑をそれぞれ活かしながらも妥協的なものであったものの、後には次第に軍組織へのつながりが公然たるものとなっていったようでもある。本書間は、文部省、内務省、軍の意図が錯綜していたその端緒に、軍を代表して青年団問題に取り組んでいた田中義一が、長州閥というより、藩閥の代表としての山縣有朋を慫慂して書かしめた書簡であり、後の二種の採録は、それぞれその刊行時点において、まさに田中、つまり軍の意図をよく知らしめる性格を有するものであったためにそうされたのであろう。この後の政治家、田中義一とこの時期の田中の関連を捉える上からも興味深い資料と思われるが、それは本稿の範囲ではない。

つまり、筆者が明らかにしたかったのは、その辺の事情ではなく、林市藏が青年団施策に取り組むことによって得た経験が、その後の大阪府方面委員制度の創設に何らかの影響を与えたのではないかということである。本稿では、その問題意識の上に、大正期の青年団問題について若干の考察をしたが、主目的は書簡の翻刻および採録であるので、その考察は、もとより充分ではない。

ただここでひとつ指摘できる点は、林市藏が山縣有朋の書簡を大切に保管していたということであり、山縣に対して敬意を抱いていたことは間違いないようである。この後、大阪府知事としての林市藏が、その退官後の処遇をめぐって政党内閣から冷遇されるようである事情も感じられる史料である。

史料一　三団体統合に関する林市藏の手書き文書

［解　題］

　この手書き文書の現物は、大阪府民生委員児童委員協議会連合会が所蔵している。また『大阪府方面委員民生委員制度七十年史』に写真版で全文掲載されている（大阪府 一九八九：八－一四）。筆者は、所蔵者から文書による許可を得て、その全文を翻刻した。その一部は、第七章で引用したが、ここに史料として全文を掲載する。

　現物は、上部に「經濟年史原稿用紙」と印刷された原稿用紙七枚に毛筆で書かれており、走り書きである。下書き、あるいはメモであるように思える。しかしそれが却って林の本心を吐露したものであるように感じられる。

　いわゆる三団体統合では、一九五〇（昭和二五）年一一月七日に中央社会福祉協議会設立第一回準備委員会によって「社会福祉協議会組織の基本要綱」が論議され、翌年一月に中央社会福祉協議会が発足した。その要綱では、民生委員の役割に言及した部分が少なくないが、とりわけ「日社、民連、同援等既存団体の統合は、社会福祉協議会の組織と同一の問題ではないから、これを混同してはならない。協議会の組織は必ずしも団体の統合を必須条件とするものではない。従って自立自営が必要又は適当である団体は解散せずにその儘の形で協議会に参加することも考えられる。或いは各種団体の連合体の形式による協議会もあり得る」とされる件は、この林の手記メモと同様の内容である。

　本資料は、その内容からして一九五〇（昭和二五）年一一月以降に書かれたものである。文書中に田子一民が自由党に入党したとする内容の記述が出てくるが、田子が公職追放解除後、自由党に入党したのは、一九五〇（昭和二五）年一一月のことである。また同じく「議會開會中」とあるが、同年一一月二一日から一二月九日まで第九回国会臨時会が、一二月一〇日から翌年六月五日まで第一〇回国会常会が開催されていた。

さらに葛西嘉資は、厚生事務次官時代に大阪府の服部冨士夫民生部長同席で林市藏に三団体統合について意見を聴いたとしている。葛西の次官在任は一九五〇（昭和二五）年七月一日以降であり、服部の民生部長在任は、一九四九（昭和二四）年五月二八日からである。葛西は林の意見を聴いた結果「案の一部を修正して、先生の御意向を採り入れ、再度当時の木村社会局長を煩はして、御了解を得、協議会は発足したことだった」としているのである（葛西 一九五二：二）。

これらを考え合わせれば、このメモは林が葛西に対して意見を述べるための覚書であった可能性が高い。そうだとすれば『四十年史』で要綱について「その一部に当時の民生委員の感情を顧慮し不明瞭な表現をした箇所がある」とされた部分は（全国社会福祉協議会 一九六四：五一八）、林市藏の感情、あるいは林が代弁した「一部の当時の民生委員」の感情であったことになる。

本文書は、その事実をよく示している史料であると言えよう。なお史料中に「過去ニ考ヘルト民生委員令ノ立案者ハ」とあるのは、養老絢雄のことであると思われる。養老は、一九三九（昭和四）年東京帝国大学法学部を卒業し、東京府属から島根県、海軍関係部局を経て、一九四五（昭和二〇）年に厚生事務官となった。しかし翌年には京都府に異動となり、さらにその翌年には国家地方警察警視となっている。本文書が執筆された頃には、国家地方警察本部装備課長であった（佐久間 一九五八：四七九）。

〔史料本文〕

福祉協議會ハ、只今ノ段階ハ几上ノ目論見ダケガ出来テオル。将来実際ドレダケノ成果ヲモタラスカハ永イ年月ト人乃努力ニヨル。

少クトモ十年を期シテ福祉協議會ヲソダツベキ運命

為原（私）案

私ノ考ヘ方ヲ申セバ、結論カラサキニ云ヘバ、

民生委員トシテハ福祉協議會ニ協力ハスルガ之ニトケ込ムコトハ賛成出来ない（又コレヲ狙フモノハ極力排撃スル気持）

其理由

（イ）積局的《ママ》ニ云ヘハ、本来其性格ヲ異ニスル。従テ実際ノ行キ方モ異ナリ、発達ノ仕方モ異ナリ、之ヲ一所ニゴチャゴチャニスルニハ堪ヘラレナイ。

（ロ）現実ノ角度ヨリ考フレバ

民生委員ハ三十年ノ実績ヲ持チ、組織化サレテ独立ノ存在ヲ有ス。之ヲ有耶無耶《ウヤムヤ》ニスルノハ、国民ノ不幸テアル。却テ之ヲ育テルコトニヨリ講和後ノ平和ノ爲メ大ナル役割ヲ約束サル。反之、協議會ハ何等ノ実績ヲ有サス。

（ハ）此度統合問題ニ關シ色々ノ活道《ママ》ヲシタガ、結局当局ハ十一月十八日部長會議、並ニ十一月二十、二十一日ニ於テ

公式ニ民生委員ノ分会に付テモ

一、民生委員制度ニハ手ヲ付ケズ。

一、團体役員ハ考ヘテオラズ。従テ従来ノ團体ハ存立シテモ何等関係シナイ。各團体ハ随意ニ考ヘテヨロシイ。

一、民生委員團体ハ中央機關ヲ持チタイナラバ勝手テアル。

以上ノヨウニハッキリシタ今日ニ於テハ、サキニヘキ頭に結論トシテ申シタ通リ金澤大会ノ決議ニ戻リ、第一獨自ノ存

在ヲ以テ進ミ、以テ福祉協議會ノ発達ヲ期待シツツ協力スル。
依テ、全國府縣民連トシテハ地方ヲ本位トシ、中央ノ連絡機關トシテ、几上ノヨウナボウ大ナル機能デナク、職員ヲオカズ、可成連絡機能ヲオク位テ、財團法人最期ノ必要トナル重要ナル役員ハ実質残トシ、少数ノ事ム員ニハ地方負担ノ出来ル範囲ニテ経費ヲ支弁スル。

（之モ許サヌナレハ其根拠ヲ当局ニ質ス）

（為原）

前記（イ）（ロ）（ハ）ニツキ私ノ考ヲ具体的ニ云ヘバ
福祉協議會ハ、只今ノ段階ハ几上ノ目論見ダケガ出来テオル。将来実際ドレダケノ成果ヲモタラスカハ永イ年月ト人乃努力ニヨル。過去ニ考ヘルト民生委員令ノ立案者ハ、之ガ成立シタル翌日（？）警視庁ニ平氣テ轉任シテオル。全國ノ吾々ヲサワガセテ黒木君ガイツ轉任サレルカ、誰レガ保証シ得ルカ。
又几上ノ立案者モソウテアルガ、当局ニ於テ其ノ要職ニツイタ人ハ約五十人ヲ下ラズ。皆ナ寄木細工ノヨウニ集ッタ人達デアル。更ニ田子會長ハ立派ナ政治家デ（林箇人的ニモヨク承知シテオル）、會長乃承諾ヲ得タコトハ吾々モ歓迎スヘキテアル。然るに新聞ニテ承レハ、此度自由党ニ復帰サレタル由。相当自由党員トシテ御活躍相成ルコトト思フ。再ひ立候補ニ相成ルコトモ遠クハナイト想像スルハ、私獨リテハアリマスマイ。御一身上もサモアルヘシト思ふ。少クトモ十年を期シテ福祉協議會ヲソダツベキ運命ニとリテハ、大ナル損失ト思フ。
又現実ノ問題トシテ、特ニ私ガ憂フルノハ、中央固ヨリ府縣協議會々長又ハ幹部中ニ地方議員ノ兼職者ノアルヤヲ聞ク。差当リ近々各種地方ノ選擧目睫（モクセウ）ニ迫ツテオル。此度ノ選擧競争ノ為め、想像以上に協議会乃性格ニワヅライヲ受ケルコトハ火ヲ見ルヨリモ明カデアル。

此ノ点ハ三十年ノ傳統を持ツ為めニ民生委員ハ大ナル経験ヲ有シ今日乃純真さをカチ得タノテアル。現ニ民生委員ハ議會より数度ナル要求ニヨリ兼職不可能ノ申渡ヲ受ケ、各、忠実ニ整理ニツトメテオル。方面委員以来私共ハ其ノ桟ニ鎖し何レノ場合テモ、友人間ニモ推薦状サエ相戒メテオル。要スルニ、協議會ノ中央地方ノ主脳者ガ選擧運動ヲナスヨウナレハ、民生委員ノ傳統乃訓練ヲ根本ヨリクツガエスコトテアル

以上ハ此場合率直ニ私ノ竹槍ヲ申述ヘルコトガ必要ト思ひます。

質問

一、民生委員ハ手ヲツケナイト確言ヲ伺ツテオルガ、往々ノ噂シキリデ当局ノ一部ニテハそこの工作ヲナサルト云フ噂さもあるが、議會開會中テモアリ、吾々地方ノモノトシテハ此際重ねてウカカイタイ。ナケレハ安神《ママ》シテ勉強する。若し了トスレハ地方モ□□《二字不明》ナルを考ヘナケレハナラヌ。

之ハ委員ヲ作ツタ何人ガ局長次官ニタタス

其持場ヲ□□《二字不明》大事ニ云フ也

史料二　東洋拓殖理事時代の総裁宛て報告書

［解　題］

本文書は、国立公文書館所蔵「公文雑纂・明治四三年・第一巻・内閣一・二一（請求番号・二A一三纂一一三九）」である。「拓朝受明治四三年一〇月廿六日第三四号」と受付番号が付されており、朝鮮総督・寺内正毅より内閣総理大臣・桂太郎宛に一九一〇（明治四三）年一〇月二五日付けで送付され、関係者に回覧されている。

内容は、いずれも寺内総督宛の二種類の報告で別紙として付され、そのまま回送されている。ひとつは、東洋拓殖理事・林市藏の日本内地篤農家朝鮮視察団付き添い報告と、もうひとつは、同様に東洋拓殖総裁・宇佐川一正からの報告である。文書としては、この別紙が実質的な内容である。

この段階、つまり寺内正毅が陸軍大臣のまま朝鮮総督を兼務していた時期に、林市藏は東洋拓殖会社の理事であった。この文書は、そのことをよく示している。後、寺内内閣の下で林市藏が大阪府知事となった経緯については、本書第三章で言及している。これについては、寺内が総督時代にすでに東洋拓殖理事の林市藏を認識していた筈だということも、複雑な背景を持つ林市藏の大阪府知事就任人事に影響していたものと思える。また林市藏が東洋拓殖会社理事として行っていた仕事の一端を垣間見られる。林がこの報告で「従来の如き不真面目なる移住民は、百弊ありて一利なく、啻に朝鮮人に茶毒を流す」としている件は、「堅実なる日本人と朝鮮人の接触が必要」と題して、翌年の『斯民』五（一二）、四三－五二、に公表した内容と一致する。それらのことをよく示す史料である。

文書の本文は旧漢字、旧仮名遣いの片仮名表記で、別紙の部分は電報を起こしたものであろう。別紙については蒟蒻版のようであり、自筆でないと思われる。翻刻に際して表記を改め、濁点・句読点・段落を補った。

［史料本文］

東洋拓殖会社主催日本篤農家朝鮮視察ニ関シ別紙ノ通報告ニ接シ候ニ付キ為御参考高覧ニ供シ候

明治四十三年十月二十五日

朝鮮総督子爵寺内正毅

内閣総理大臣公爵桂太郎殿

（別紙）

今回、当社主催の日本篤農家朝鮮農事視察を案内し、日々視察致候事物に対し感懐不可禁もの有之、敬んで其感想を録して御劉覧に供し申候。

右視察員一行は慶尚南道を経て全羅南北道を縦断し、今や忠清南道に入り申候。然処日々沿道の朝鮮人より盛大なる歓迎を受け、各都邑に於ける送迎は近来稀に見る程度のものの由に御座候。殊に全羅南道南平邑の如き、邑内は勿論、近郊一円の朝鮮人老幼男女無慮一万の多数に上り、而かも婦人其三分一を占め申候。就中、朝鮮小学生徒が歓迎会席上不図「君が代」を唱し、且夜中深更迄提灯行列をなして聖上陛下の万歳を唱へ候場合の如き、感極まりて一行を泣かしめ申候。又、全羅北道扶安邑の如き、昨年迄暴徒の巣窟にして全南全北の分水嶺の山麓に僻在せる一小邑なるに過ぎず候処、其住民は吾等新同胞と親みたしとの切なる望みにより、特に朝鮮家屋十三戸に分宿、其歓待を受け申候。其他沿道到る処の水村山郭各戸、日章旗の翻らざるはなく、新政の普及は到底京城に於て想像致候如きものに無之候。

新政後の地方状況は、日々警務部より電報々告にて逐一御知悉被遊居候事と存候へ共、今自ら内地を視察し、直接各階級のものに接触して渠等が新政を喜べるを知り、且其表面丈にあらざるを認め申候。蓋し儒生等、旧国を懐ひたる者も併合によりて翻然として意を決する処あり。又、一般のものは、各地方とも豊作にして稲波穣穣たる情況なるに加えて地税の軽減あり。数年前、滞納の為め逃亡したるもの郷里に現はれたるものも有之、日本人を畏怖したるものが、一視同仁の下に愛撫を受くる御諭告を拝したる次第にて、彼等の心中を察するに新政を迎ふるは、無理なきことと存候。(尤も其裏面に立入って内情を極むれば、渾然一洗し去りて些かの繊塵を留めざる様には参り兼候へ共、其処迄研究する処用は無之、已に大勢相定まり候今日、深く介意するに足らず。将来漸次大勢の推移に伴ふに至るべしと存候。）従て偶、一行通過に際し其真情流露せるものの如く、誠意新同胞と接触する光栄を得んことを熱愛するの意味に出で真摯の態度は如何にも心情可愛ものに御座候。

而して尚此一行が各府県を代表せる篤農家なることを聞いて一層其感を強ふし、如斯日本人に接度事を希求し居候。之れと同時に此熱誠なる朝鮮人の好意を受けつつある一行は、孰れも満腔の同情を新付の民に傾倒し、之が開発は日鮮人の調和を破らざる程度に於て適当且善良なる移民を送りて、共同一致農事の改良経済の発展を謀らざるべからず。従来の如き不真面目なる移住民は、百弊ありて一利なく、啻に朝鮮人に茶毒を流すのみならず、聖意に背き閣下御諭告の趣旨にも反し候義に有之、各員誰れ謂ふとなく以心伝心此妙諦本義を会得し来候ものの如く、流石に内務、農商務両大臣の選抜に係り候事故、一行の人物も堅実真摯の者多く其意見観察も極めて着実穏健にして当社挙行主催の目的に相副ひ候事と衷心歓喜致居候。随て一行が其朝鮮人に対する態度の如きも可成鄭重に致し到処善良なる印象を新付の国民に与へ居る様見受け申候。

斯くて視察員一行は時恰も新政発布に際し深く内地を通過し新政普及の模様を最も詳密に最も正直に看取することを得、着実なる視察員帰郷後は之を各府県に於て照会することと可相成、此挙は農事視察と同時に政治的意味に於ても成

功致様被存候。敬具

明治四十三年十月十九日

東洋拓殖株式会社

理事　林市藏

総督子爵寺内正毅閣下

明治四十三年十月二十三日前十時九分京城発

後二時十八分東京着

寺内総督宛　宇佐川総裁

本社主催の農事視察団一行は既に三南地方の視察を了へ、只今平壌方面に向へり。沿道到る処の水村山郭、我国旗を見ざるはなく、南平又は全州方面の如きは歓迎の朝鮮人約万を以て数へ、君が代を歌ふあり、日本帝国万歳を唱ふるあり、其の熱誠は実に肺肝より出で感極まりて泣く者あるに至る。曩に本社が日本内地を視察せしめたる者の如きは、日夜奔走、唯至らざらしむことを恐るるの有様なり。視察員一同は孰れも熱心に且着実を遂げつつあり。是れ新政の施行、日尚ほ浅きにも拘はらず大勢其の如きは聖徳の然らしむる所に因るも新政の民心を得たるもの多しと一同信じ居れり。

史料三　或る日の老兵

［解　題］

この文書は、被占領期の沼津での出来事を記した史料である。林の唯一の伝記である香川亀人『林市藏先生傳』にも採録されているが、原史料を入手したので、解題を付して改めて採録する。

この文書が書かれた頃、林は沼津の別荘を二女美惠の嫁いだ堀田健男の一家に貸していた。堀田は、元内務官吏で静岡県知事まで務めたが、戦後公職追放になり、岳父の別荘に住んで糊口を凌ぐ仕事をしていた。その頃、林市藏は夏を堀田一家と過ごしていたのである。健男の長男である健彦氏がまとめられた手記には、この文書について次のように書かれている。

祖父は沼津滞在中毎日散歩をするのが日課であった。運動靴を履いてステッキを突き、パナマ帽をかぶって出かけるのであった。そうして歩くうちに方面《ママ》委員としての仕事があると、祖父はすかさず活動するのだった。（祖父によると方面委員と民生委員とは違うようだった。）／そうしたケースの一つが、「先生伝」の一九一頁以下に記載されているポンセンベイやさん一家についての物語である。／これについては私の手許に、「或る日の老兵　母子心中と社会の努力」と題する黄ばんだ謄写印刷の資料が残っている。この資料は祖父が、原稿を自分で書いたものを、両親の同意を得て、私に浄書させ、謄写印刷屋を探させて、校正をさせ、数十部印刷させたもので、祖父が幾人かの民生委員の人たちに送ったものである。私は日頃尊敬している祖父の手伝いをさせてもらったのが嬉しくて、祖父に記念として一部頂きたいといったところ、快くくれたのである。……略……なお、このケースに関連し、祖父は私に、困っている人を助けるのは細心の心配りが必要なことを語った。つまり、こうゆうケースでは、祖父がなるべく直接本人に接触しないようにして千本浜の派出所の巡査さんに接触させ、巡査さんに世話をさせることが必要であったこと、そして万事解決したとき、祖父は、巡査さんをねぎらう為にスイカを買って派出所に届けさせたことなど聞かせてくれた。／今から思うと、私と祖父との沼津での親しい交わりはこの夏が最後で、祖父が翌年二月に亡くなったのであるから、このケースを通じて祖父は私にとても大事なことを伝えてくれたのだと思う。（堀田健彦手記）

これ以上の説明は不要であろう。ただ幾つかのことを指摘しておきたい。

まず標題の「老兵」は、この文書の書かれた数ヶ月前（四月一九日）に行われたダグラス・C・マッカーサーの米議会上下両院合同会議における著名な演説、いわゆる「老兵は死なず」を念頭に置いたものであることは明らかである。当時の世情を彷彿とさせるとともに、林市藏はこういった機知に富んだ人であったと思い至らせるものである。

次に協力機関としての民生委員のあり方である。一九五〇（昭和二五）年の新生活保護法制定段階で民生委員が「市町村長又は社会福祉主事から求められたときは」協力するとされた。これについては、本書第七章で言及している。本史料で林は、この解釈の仕方に関して消極性に不満を表明しているが、そういった林の考え方を理解できる。

また文中登場する山城多三郎は、一九二九（昭和四）年に二九歳で方面委員になった人物である。一九四八（昭和二三）年に静岡県榛原郡金谷町（現・島田市）で無料宿泊所「金谷民生寮」を設立し、運営していた地元名士でもあった（しずおか福祉セミナー実行委員会　一九九三：二一－五）。地域で地道に活動する熱心な民生委員にも慕われていたことを思わせる。

なお、この文書には、氏名がそのまま表記されているが、本書では公人またはそれに準ずる場合以外は一部伏せ字とした。

［史料本文］

或日の老兵　母子心中と社会の努力

老兵は死せずといふ、人生は生きるといふことは東西相通ずるものがあるらしい。

沼津千本浜は田子ノ浦につづく砂浜の防風林で、老松参差として関西ならば舞子の浜又は浜寺公園を思はせる。一たびこの地に入れば、人境に遠ざかり、自然の詩境に親しみを覚えるらしく、明治の老政客角田竹冷の句碑、又は多情の青年歌人若山牧水の歌碑など潮風と共に一段の涼味を添える。

幾山河こゑ去りゆかば寂しさの

　果てなむ国ぞ今日も旅ゆく　牧水

或る夜、初更を過ぎて、漸く人影も稀れなる折柄、突然耳を劈くような幼児の悲鳴に老兵はびっくりさせられた。驚いて、取り囲む人達の中で、闇で、はっきりせぬが、乳房を含ませ、抱きしめておる母親らしい婦人が、同情に溢れる人達の問わるるままに、低声で聞えぬほどいたいたしく、きれぎれに事情を述べておる。夫は其の場に見へぬので、或は母子を置き去りして姿をかくしたのではないかと一時は心配した。幼児は病弱らしい。世間では、天の網島、鳥辺山心中など舞台では見るが、悲報一歩手前では誰れもゾッとする。老兵もあまりにも気の毒な現実に直面して、閃光のように全身の細胞に衝撃を受けざるを得なかった。其の夜は眠られぬまま夜を徹した。余りにも深刻な印象なので其儘を記録して、切抜きを添へ友人にも示し、思出をのこすことにした。

毎日新聞　昭和二十六年七月二十七日

　心中一歩前救わる　転落のポンセンベイ屋一家六名

涼み客もそぞろな廿五日夜九時ごろ沼津千本浜で心中一歩前の一家六名を沼津市署千本浜派出所で保護した。

原郡神師町横砂、ポンせんべい業〇〇貞一さん（四六）妻子で手広くやっていた商売に失敗し、去る十三日一家族で家出したもの。この事情を立聞きしていたか老散歩客は同派出所を訪ねて千円をその家族にと名も告げずに立去った挿話もあり、佐藤巡査のはからいでこの家族のために附近の空小屋が提供された。一家は更生への再スタートを喜び誓っている。

○○さん一家新生活へ　温かい人情に更生誓う

「沼津発」既報、去る廿六日夜沼津千本浜で佐藤巡査と市営水族館○○富夫（二九）君に救われ水族館横を仮住居にしてポンセンベイを始めた原郡袖師町砂浜○○貞一（四六）さん一家六人はその後市議森要三氏が麦五升、勝亦干城氏から炊事道具の寄贈等があり温かい人情に更生を誓って出たが一日朝田方郡内浦村木負三津造船会社社長○○定氏に引き取られ、同会社に住み働くこととなった。なお出発に当り沼津市千本常盤町元静岡県知事堀田健男氏方元大阪府知事林市造《ママ》（八五）氏が一千円をおくり前途を祝福したが去る廿六日夜一千円を贈り名も告げずに立ち去った老紳士も林氏であることが判った。（切抜了り）

（一）、この家族は居村にて失脚し、墳墓の地に居られなくなって、放浪の第一歩を踏み出し、村から町へと家出後苦難の数日を送った。或る時は国鉄の駅に家族相抱ひてうづくまり、又連日の氷雨に遭ひ、雨をしのぐすべもなく、偶々夕立に遭へば、這ひまわる児に駆けよって、毛布を頭からかぶせたりして一時をしのぐこともあった。世のインテリ知識人は、児は親の私有物にあらず、子を道連れにして心中するなどは、新憲法の許さぬところと論ずる。現実の事実を究明することを怠り議論を吐くのは、現代人の流行である。試みに問はん、病児をかかえ六人の家族が露天に明日の生きる途も立たぬ状態の中に、児は国家のものだからとて子を残して親丈海に飛び込むことが出来ようか。日本のインテリは紙上の理論に自己が陶酔しておる。

（二）、老兵は先ず問ふた「居村の民生委員に相談しましたか」と。言下に答えて曰く「出来ることなら自分でやって行きたいと思ひここまで頑張りました」。その考への当否は別論として、三千年の歴史を持つ国民性として争ふべからざることでしょう。この家族の程度では、生活保護法の適用により、職業に有りつくまで、月三千円は仕給《ママ》を受け得らるるものと思ふ。然るに保護法の運営は申請主義だから、本人から精密なる形式をととのへたる書面の提出を要する。役所は之を受付け相当の日子と手数をかけて調査し、幸に適格となり正規の指令を下附さるれば、毎月一定の給与を受くることになる順序である。然るに一家六人が露天にさらされた現実に対し、役所の窓口に行列して其等の手続きをすることが許さるるでしょうか。母子心中の悲惨なる心配が路傍の人でさへ堪へられぬ場面に、申請書を書いておいでないと発言し得る冷い血を持ち合はせる人はないでしょう。こんな場合に民生委員の立場はどうでしょう。一切嘴を入れることは相成らぬ、役場の有給吏員が調査のため質問したとき、始めて之に返答する用意を整へておればよろしい、この規定が厳然として存在して居る。世間にはこうゆうことは知られてないであらう。こうゆう事象に触れたらば、委員はとりあへず飛び込むという気魄が入用だが「委員は協力せよ」と求められても取扱ひに熱情を帯び犠牲を払ふ気になれぬのが当然でしょう。

（三）、ここに一転して新平家物語中の一句を籍りる

「世は平家の時勢」といふことがある。南が吹けば南風になびき北が吹けば北風に臥す。とかく季節に従順に云々。

世相といふものはいつもあり得る。敗戦の日本に対し必要以上に国情に添わぬ政策が強いられた。之も時勢で当局の忍従も止むを得ぬことと思ふ。其の甲斐ありて今や講和条約も間違ひなく目睫の間にせまり、自治体警察、六三制、教育委員制の改善等と共に、人道愛の制度たる民生委員本来の活動を認識さるるのも自明の理勢となって来た。之を転機として、その気于を自覚し、世界の自由平和の為に役立つことが老兵に残されたる意気を満足さするであらう。

附記

其の日の前後二三の受信

一、蘇生の喜（原文のまま）

拝啓淡暑《ママ》の候、御貴殿益々御壮健の御事大賀奉ります。此度私等一家不況の落入《ママ》、さまよい居る折柄、格別なる御引立に預り、且又二回に渡り多大なる御情金下されまして有難く厚く御礼申し上ます。御かげを以って皆々様の御力で此度西浦村木負、三津造船所に勤める事に成り私等一同喜び居ります。私事今後は一心に努力致し皆々様の御厚情にたいし万分の一にもむくゆる事の出来る様更生する考で居ります。実は私参上し御礼申上可なれど失礼と考へ書面を以て御礼申上げます。末筆乍ら林様の御健康を祈りつつ新生地の西浦に向って出発致します。

八月三日　〇〇貞一

〇〇氏の人達は三日午後便船を以て新職場に向け出発された。一人の生活を手伝ふだけでも実際事に当る人は容易のことでなく此の度も佐藤巡査の世故に熟されたことと其の熱情により蘇生の一歩に入ったもので、造船所にては、住宅もあり、久々振りに昨日までの苦悩、明日への希望、親子夫々の夢を結ばれたであらう。

老兵も人間味の後味に満足して安き眠りを得た。

二、胸のすくような

数日前のむし暑さも、このごろ涼気で幾分暮しよくなりました。本日静岡新聞と中日を拝見して、先生が、本年も沼津へお越し而かも胸のすくような方面事業を以て、家族六人を奮起させられたと承知しまして、本日の涼風が一入うれしく感じますと共に、昨年沼津倶楽部での座談会のことを思ひ出して御挨拶せねばとペンを取りました。御壮健の趣御喜び申上げます。只今私事磐田地方事務所長として、方面精神は民生行政の根本義だと感じ、永く方面事業に従事させて頂いたことを嬉しく存じています。先生や笠井明府のお考えを少しでもと勉強しています。乍末筆堀田様によろしく御鳳声下さい。

八月二日記　磐田地方事務所長

松永一雄

三、「海道に憩ふ蔭あり夏木立」壽限無
暑中お伺ひ申し上ます。心にもない久方の御無沙汰を致しております。益々御多祥の事と心からおよろこび申上《ママ》げます。月日のたつのは早いもので、今月二十三日にはもう、先生を囲んでの沼津クラブの懇談会の一週《ママ》年になります。今朝の新聞紙で、先生の美徳を拝し、今更乍ら感激いたしました。やっぱり先生にして出来得る事と存じます。益々御自愛の程をお祈り申上《ママ》ます。合掌
八月二日夜
榛原郡金谷町
民生委員　山城多三郎　号壽限無
四、道心に大小なし
林様、突然の御便り御許し下さいませ。（親しい口のきき方をどうぞ御許し下さい）私は新聞で小父様の行動をすっかり知りました。本当に小父様はなんて心の御やさしい方なのでしょう。私も○○さんに代わって心から御礼申し上げます。本当にこの混乱している世の中に、小父様の様な良い人が一人でも多く居る事を思うと、私もしっかりしなければと自分に云い聞かせて居るので御在います。私もきっと世の中の為になる良い人になります。小父様に負けぬ良い人になる様頑張ります。では小父様暑さ厳しき折御体を大切に。
　小父様を尊敬する典子より
富士宮市第三中学校三年
○○典子
右の内には面識の方もあり、全く一面識もなき方もあり孰れにしても非常なる励ましを実感しました。特に十四五歳の中学生女子の方の場合は思い設けぬことなので、その声の小なると反比例に強く励ましを心の底から感じました。

こうゆう六ヶ敷い仕事は、御互にはげまし合ふといふことが事実上必要で、一人一人がバラバラでは実行力薄弱で、組織体制があり始めて共励協力して成果を期し得る。此の点は委員制度の中核で民連の解体は絶対に許すべからざることを主張するのもこうゆう理由である。

之を一口にヴォランチアーの翻訳で片付けるが如きは単純過ぎる（「ヴォランチアー」は民生制度とは同一でないことを度々発表した）他のユネスコ運動其他国際的関係の組織的存在を企図するのも同様の意味を物語ると思ふ。

右は方面委員以来の私の忠実なる持論であるが、此の度も実際に臨み貴重な収穫であった。

林市藏著作・講演速記録・談話速記録等一覧および要旨等

一九〇七（明治四〇）年

・〈産業〉小丁抹国の名ある安芸の養鶏村、『斯民』二（四）、四五－七。
　広島県事務官時代に賀茂郡川上村（現・東広島市）の養鶏事業について紹介。

一九〇八（明治四一）年

・〈自治民政〉自治吏員の表彰、『斯民』二（一〇）、四七－五二。
　前任地・広島県事務官時代の町村吏員表彰会における講話の筆記。

・〈教育産業〉活ける教訓、『斯民』三（五）、六三－六。
　新潟県内務部長として地主会・斯民会・産業組合の合同大会での篤農家紹介筆記。

・〈自治民政〉**南紀地方の中心人物**、『斯民』三（七）、二七－八。
　南紀地方巡回において見出した人物の紹介。

一九一一（明治四四）年

以下、この年に発行された二つの論稿は、前年の「日本内地篤農家朝鮮視察団」に付き添った経験に基づくものであると思える。史料二を参照。

- 〈自治民政〉堅実なる日本人と朝鮮人の接触が必要、『斯民』五（一三）、四三－五二。

東洋拓殖会社理事として斯民会懇話会（東京）における講演概要の筆記。

- 朝鮮の農業移民、『東洋時報』一五一、二一－三〇。

東洋拓殖会社理事として朝鮮への農業移民が可能性の高いことを論述。

一九一七（大正六）年

- 朝鮮泰川の灌漑工事、『斯民』一二（一〇）、五二－四。

東洋拓殖会社理事時代に朝鮮全土を踏査した経験から水利の必要性を示唆。

一九一八（大正七）年

- 会長就任の辞、『救濟研究』六（一）、五－八。

一月一九日の救済事業研究会における会長就任（充て職）挨拶の要旨筆記。小河滋次郎の留任を報告し、小河との関係について触れている。

- 都市職工の定住を図れ、『救濟研究』六（二）大正、一－四。

一月三〇日の救済事業研究会評議員会における知事談話の要旨筆記。細民に対する防貧対策を系統的に整備して、職工の定住推進を図ると述べた。

- 戦後の準備と救済事業、『救濟研究』六（四）、一－五。

四月二日救済事業同盟会第三回総会で総理に推薦された時の演説の要旨筆記。救済事業を通じた階級融和が必要であると述べている。

・救済事業統一機関の設置について、『救濟研究』六（五）、一－六。
大阪府に救済課を設置した理由を論述。大阪に社会政策や救済事業に関する独立の一部局を設けることは、自然の研究所（ラボラトリューム）だとしている。

・道徳的生活、『救濟研究』六（九）、一－三。
九月一四日の救済事業研究会における知事演説の要旨筆記。米騒動後に必要なことは道徳的生活（奢侈を慎みお互いに助け合う生活）だとし、救済事業はその最たるものだとしている。

・方面委員の設置について、『救濟研究』六（一〇）、一－一一。
一〇月一二日第六五回救済事業研究会における知事講演速記。救済事業の基盤として濫救、漏救を防ぐために方面委員を設けるとし、「夕刊売り母子」の事例を話した。

一九一九（大正八）年

・方面制度は自治の精髄、『救濟研究』七（一）。
一月一六日の第一回方面常務委員会における知事挨拶の要旨筆記。水野錬太郎・前内務大臣の評価を持ち出して方面委員を自治活動であるとし、府としては、自治を害さない程度で財政的援助をするとした。

・産業組合の中央銀行、『人道』一六四、九。
資力がなく担保もない者のために産業組合が低利融資の方策を実行すべきと説いているが、庶民信用組合の発想にも関係していると思える。

・「安分養福」は生活安定の基礎、『救濟研究』七（三）、一－四。

三月八日の救済事業研究会における会長挨拶の要旨筆記。「東坡三養」から分際に応じた幸福を道徳的生活であるとし、救済事業の基盤として宗教の意義を強調している。

•事実を基礎として斯業の発展を図れ、『救濟研究』七（七）、一－四。

七月一二日の救済事業研究会における会長挨拶の要約筆記。方面委員制度のように社会調査に基づいて労働問題、社会問題の解決を図るべきだとしている。

•道徳的生活を高調せよ、『救濟研究』七（八）、一－六。

八月六日の不動寺慈善会発会式における林救済事業研究会会長祝辞の要約筆記。「慈善は人の為ならず」を説くとともに、宗教によって道徳的観念を涵養すべきとしている。

•友愛の至情は社会事業の根柢、『救濟研究』七（一二）、一－四。

一一月一一日の救済事業研究会における会長挨拶の要約筆記。この会でのアメリカ社会事業家の講演から、自由と平等とともに友愛の必要性を再認識したが、有機体としての社会が発展するには、社会事業が社会的弱者を支援する必要があるとした。

一九二一（大正一〇）年

•児童衛生博覧会の使命、『救濟研究』九（四）、一－八。

大阪府衛生会主催の児童衛生博覧会における林会長の挨拶要約筆記。この中で乳幼児死亡率の増加に触れているが、後の大阪乳幼児保護協会設立に対する尽力とも関係しているものと思える。

一九二二（大正一一）年

・貯金奨励に関する方面委員の努力に就いて、『救濟研究』一〇（七）、一－七。

六月二〇日の方面常務委員連合会における林顧問の談話筆記。庶民信用組合の貯蓄集金に対する方面委員の努力を評価するとともに、方面委員が家庭をユニットとして活動していることを社会事業が学ぶべきと説いている。

一九二五（大正一四）年

・年末挨拶の辞、『社會事業研究』一三（一）、七三－八。

前年一二月二〇日の方面常務委員連合会における年末挨拶の要約筆記。自由主義から相互主義の時代になったが、方面委員の支援を受けなければ生存権を全うできない弱者を支援できることは方面委員の喜びだと語っている。

・庶民信用組合の事業概況に就て、『社會事業研究』一三（四）、六九－八〇。

三月五日の庶民信用組合協議員会における理事長談話の筆記。米騒動を契機とした方面委員制度の創設を説明し、庶民信用組合の必要性を訴えて、特別組合員として出資することを勧誘している。

・社会事業連盟に対する希望、『社會事業研究』一三（一二）、一七－八。

大阪にはすでに社会事業協会、社会事業研究会があるが、連盟の発足に際して、私設団体と公共団体が協同一致するために役割を果たすよう要望している。

一九二六（大正一五）年

・**追憶、『社會事業研究』**一四（五）、四一－七。

小河滋次郎の一周忌追憶会における追憶談の筆記。警察監獄学校以来の交際の経緯、小河の肋膜炎前後の世話や大阪に引きとめた際の岡嶋千代造の役割を紹介し、小河晩年の仕事であった社会事業を発展させるための救恤制度改革の具体案検討を提案している。後の救護法制定にも繋がる考え方であろう。

一九二八（昭和三）年

・**方面委員制度に就いて、『社會事業』**一一（一〇）、一三三－七。

「夕刊売り母子」の挿話から大阪府方面委員制度の創設を説明し、その制度の効果的運用について有益な「自己血清」や「方面道場」、委員選考のあり方を説明している。

・**〈随想〉「斯民の回顧」、『斯民』**二三（一〇）、六三－四。

明治三七、八年頃に民政が言われ出した頃を回顧し、牧民官の中心として報徳会関係者、特に井上友一を讃えているが、政党が民政を滅ぼしたと批判している。

一九三〇（昭和五）年

・**方面委員の精神、『越佐社會事業』**二（一〇）、一－一一。

第三回新潟県方面委員大会における講演要旨の筆記。「夕刊売り母子」から始めて、「情けは人の為ならず」「自己血清」と進み、救護法実施になっても、実費弁償を求めたりしてはならないと説いている。

一九三一（昭和六）年

・**『方面委員の氣持』** 広島県―小冊子（本文二九頁）

三月七日広島市公会堂にて開催された広島県方面委員総会における講演速記。「夕刊売り母子」から始めて、方面委員精神を説き、それを体得するには、受け持ち区域に対する責任感と絶対無報酬が条件であること、「積善の家には余慶あり」という気持ちで活動することと説いている。

一九三二（昭和七）年

・**救護法実施と方面委員の責務、『社會事業』**一五（一〇）、一〇－三。

救護法の実施は、方面委員の存在があって初めて可能なのであり、一二年にわたる実績がそれを示しているとし、方面委員は惰民養成にならない努力をし、受持区域に対する責任感を持たなければならないとしている。

・**天吏の責任感、『社會事業研究』**二〇（一〇）、四八－五二。

古人の言「天の命を奉ずる之を天吏と謂ふ」から方面委員は天職であり、責任感が不可欠であること、調査によって合理的な救済をする必要があること、救済方法の研究が必要であることを説いている。ここで委員各人が任意に取り組んでよしとするだけでなく、方面毎の検証を「団体成績」として提案しているが、一九四一（昭和一六）年の「方面集団」に繋がる発想ともいえる。

・**現下の世状と社会事業家の自尊、『社會事業』**一六（五）、二一－五。

今日当面している難局の病根は「至誠純情」の欠乏であり、社会事業家に最も必要なものは、至誠であると説いている。

一九三三（昭和八）年

・時弊革正と社会事業家の任務、『朝鮮社會事業』一一（六）、六－八。
「現下の世状と社会事業家の自尊」と同内容。

・方面委員各位に呈す、『方面』八（一）、一〇－一、および『方面時報』一（一）、四－六。
「天吏の責任感」と同内容。

・大阪府方面委員連盟結成式記念講演、『年報』昭和八年、二三七－二四九。
大阪府方面委員制度発足の契機から救護法制定、実施促進運動を振り返り、その結果としての全日本方面委員連盟の誕生と府県方面委員連盟の意義について述べた内容。

一九三五（昭和一〇）年

・記念号に寄す、『社會事業研究』二三（一〇）、七。
大阪社会事業連盟創立一〇周年記念号であるが、林は内容のない通り一遍の文章を寄せている。

一九三六（昭和一一）年

・或る日の日記、『方面時報』四（一〇）、一。
前年末にある企業の重役会の帰途、阪急電車で出会った、心中でもしかねない様子の母子を一緒にタクシーに乗せて姉の所に送り、担当方面委員に連絡したというもの。また同年五月二五から二七日の第七回大会（岡山市公会堂）にあたって、この話も含めて方面委員についてラジオ放送した時の反響が大きく、ラジオを通じた広報も意義があると語っている（年報 一九三六：一三三）。この後日談として、香川

（一九五四：一七七‐八五）では、その時の子どもから香川に手紙が来て、戦後、林に会いに行ったとする内容であったとなっている。

・今日の喜び、『方面時報』五（八）、二。
方面委員令の公布に際して、澁澤榮一および清浦奎吾が全日本方面委員連盟会長に就任した経緯について語り、無報酬の報酬を強調している。

一九三八（昭和一三）年～一九三九（昭和一四）年一月

・年頭の辞、『方面時報』六（一〇）、一。
日中戦争を踏まえて、方面委員の敵を貧乏軍だとし、隣人愛を社会戦線における唯一の偉力だとして檄を飛ばしている。

・二〇年の印象、『社會事業研究』二六（三）、一‐五。
大阪府方面委員制度創設二〇年に当っての思い出話。名前の由来として当時学区廃止の議論がなければ、区という文字を冠しただろうとしている。

・事変下における方面委員（一）、『方面時報』七（四）、四。

・事変下における方面委員（二）、『方面時報』七（五）、二。

・事変下における方面委員（三）、『方面時報』七（六）、二。
第九回全国方面委員大会（新潟市公会堂）第二日目の六月二二日午後五時三〇分より三〇分間の新潟放送局によるラジオ放送講演要旨。軍事援護についても方面委員のように経験のある人間でなければ対処できないと説いている。

・方面委員令に付き我々の考え方（上）、『方面』一三（一一）、二－五。
・方面委員令に付き我々の考え方（下）、『方面』一四（一）、三－六。
　一一月一一日の愛知県方面委員制度一五周年記念式に於ける講演要旨速記。方面委員制度は翻訳文明ではないとし、絶対無報酬、委員選考、制度の深化を特徴と指摘するとともに、カード階級以外の軍事救護活動への取り組み（受け持ち区域での自主活動）を勧めている。『方面時報』七（一〇）から八（五）に掲載された同見出しの文章も同内容。

一九三九（昭和一四）年
・方面委員とは？　方面事業とは？　『方面』一四（一二）、三－四。
　方面事業の精神を説き実例を紹介した後に、従来の「救貧より防貧へ」から「防貧より優生へ」とする方面事業の新目標を提起している。『同胞愛』一七（九）二八－三三、掲載の同見出しの文章も同内容。一九四〇（昭和一五）年の「方面委員の働き」も同内容。

一九四〇（昭和一五）年
・『方面委員各位に呈す』全日本方面委員連盟―小冊子（本文一二頁）
　方面叢書第一五輯として刊行されたもの。本文の見出しは「仕向け方　方面二つの挿話」となっている。方面委員が活動する際に、挿話からの教訓として、相手の立場（特に弱者の場合）を深く理解して臨むという心構えが大事だと説いている。
・或る日の日記、『方面時報』九（四）、三。

長谷川千藏という神戸市の方面委員が冊子の題字を所望しに訪れたが、その身の上（嫡男が戦死、嫁も亡くなり、二人の孫を育てている）を聞き、また方面委員精神を体得しているとも実感し、幾他の長谷川氏を思って、題字を「蔭に咲く」としたという内容。

•方面委員の働き、『（山口県）社会時報』二月号、三－一〇。

一九三九（昭和一四）年の「方面委員とは？　方面事業とは？」と同内容。なお、発行年も発行所も不明の一枚ものプリント（表裏印刷）で「方面委員の働き」があるが、同内容である。

•仕向け方　方面二つの挿話、『（山口県）社会時報』六月号、一六－二一。

『方面委員各位に呈す』と同内容。また『方面』一五（六）二一－三、掲載の同見出しの文章も同内容。

一九四一（昭和一六）年

•医療保護法の運用に熱意と工夫を望む、『方面時報』一〇（二）。

市町村当局の消極性的運用によって救護法が効果を上げないことを例にして、医療保護法の実施に際して、方面委員への徹底を求めたもの。

•方面集団、『社會事業研究』二九（七）、一。

対象者をケースとして取り扱うだけではなく、同様の事情にあるケースを扱う方面委員が方面区域を越えて協力する「方面集団」を提案している。『方面時報』一〇（五）、一、掲載の同見出しの文章と同内容。一九三二（昭和七）年の「天吏の責任感」で「団体成績」を提案しているが、この方面集団を発想する原点であったとも言える。

一九四七（昭和二二）年

●国宝達磨の像、『民生時報』一六（三）、三。

奥大和の曹洞宗古刹本堂なる達磨像のガラス球の一眼が光るばかりで滑稽だという様子になぞらえ、民生委員が安易低調の生活保護配給吏でよいとする考え方を批判した内容。

●K夫人の足跡、梅原眞隆・牧野虎次・生江孝之・林市藏・原泰一『民生委員精神について』全日本民生委員連盟、四三－五六。

民生委員・K夫人が方面委員時代から担当している未帰還者家族への支援の実際を通して民生委員活動とはどういうものかということを説き、方面委員の伝統を受け継ぐ、地に着いた民生委員活動を期待するという内容。香川（一九五四：一六〇－八）に、この婦人が静岡県御殿場町（現・市）の勝田見佐のことだと紹介されている。見佐の夫、勝田博は、昭和初期に神山復生病院へ往診していたこともある医師で、町長も務めた。

一九四八（昭和二三）年

●生活保護法の赤信号、『民生時報』一七（一）、二。

方面委員が色々な困難に直面しながらも政治や政党から距離を置くことで発展してきたとし、生活保護法運用における民生委員への非難に対してもその伝統を踏まえて自主的に活動するよう要望している。

一九四九（昭和二四）年

●秋思片々、『民生時報』号外、三。

方面委員時代を回顧し、民生委員活動にも方面委員精神の必要なことを訴えている。

一九五〇（昭和二五）年

- 「今後の民生委員の在り方」『静岡縣民生時報』十七、一。
　民生委員が生活保護法の協力機関になったことによって、本来の自主的活動に専念できるのだから、活発に活動するようにと説いている。

林市蔵年譜

一八六七（慶應三）年
一一月二八日　出生
父・林愼藏、母・喜壽の長男。生地は、肥後国飽田郡筒口村（現・熊本市横手）

一八七二（明治五）年
五月一一日　父が病死
同月二〇日、家督相続

一八七三（明治六）年
九月　春日学校入学

一八八二（明治一五）年頃
華陵小学校卒業、私塾修身学校に通う

一八八三（明治七）年
熊本中学入学、直後に退学、私塾濟々黌に通う

一八八七（明治二〇）年
一一月　第五高等中学校仮入学

一八九三（明治二六）年
七月　第五高等中学校卒業（第二回卒業生）
九月　帝国大学法科大学入学　有斐学舎に入舎する

一八九四（明治二七）年
一月一三日　本籍を飽田郡横手村から熊本市昇町に移籍

一八九六（明治二九）年
七月一〇日　帝国大学法科大学政治学科卒業
同月一六日　拓殖務属（判任官二等）北部局第三課勤務

一八九七（明治三〇）年
九月二日　拓殖務省廃止により内務属　北海道局勤務
一〇月二四日　母・喜壽逝去

一八九八（明治三一）年
一二月　行政科試験（文官高等試験）合格

一八九九（明治三二）年
五月五日　警察監獄学校教授　高等官六等
六月八日　内務参事官兼任

一九〇〇（明治三三）年
五月四日　市川彦三の妹・茂と婚姻届出　仲人は侍医・相磯慥
六月一一日　長男誕生するも翌年幼逝

一九〇一（明治三四）年
六月二二日　正七位、高等官五等

一九〇二（明治三五）年
六月二八日　長女・喜惠誕生

一九〇三（明治三六）年
八月二九日　従六位　高等官四等

一九〇四（明治三七）年
三月五日　山口県書記官、後に事務官（内務部長）正六位
九月三〇日　二男誕生
一一月二日　高等官三等　同二〇日　従五位

一九〇六（明治三九）年
一月三〇日　三男誕生するも翌年幼逝
四月一日　勲五等双光旭日章
七月二八日　広島県事務官（第一部長兼第三部長）

一九〇七（明治四〇）年
七月一三日　新潟県事務官（内務部長）

一九〇八（明治四一）年
七月二〇日　三重県知事（第一三代）高等官二等
一〇月三十日　正五位
一二月二八日　東洋拓殖株式会社理事

一九〇九（明治四二）年
四月二〇日　二女・美惠誕生
六月一八日　勲四等瑞宝章

一九一〇（明治四三）年
一一月二〇日　四男誕生

一九一二（大正元）年
一二月二〇日　三女誕生

一九一三（大正二）年
六月一八日　勲三等瑞宝章
一一月一〇日　従四位
一二月三一日　廃官

一九一五（大正四）年
八月八日　五男誕生
一一月一〇日　大礼記念章

一九一六（大正五）年
一一月一四日　願ニ依リ東洋拓殖株式会社理事ヲ免ス

一九一七（大正六）年
一月一七日　山口県知事（第一三代）高等官一等
一二月一七日　大阪府知事（第一五代）

一九一八（大正七）年
一月一九日　四女誕生

一九一九（大正八）年
一一月二〇日　六男誕生

一九二〇（大正九）年
二月三日　依願免本官　大阪市北区網島（現・都島区網島町）の藤田男爵淀川邸に仮寓
三月　日本信託銀行頭取
五月頃　大阪市南区天王寺烏ヶ辻（現・天王寺区烏ヶ辻）へ転居
一〇月　大阪府方面顧問
同月　有限会社大阪庶民信用組合理事長

一九二一（大正一〇）年
財団法人大阪府方面委員後援会理事

一九二三（大正一二）年
一〇月一二日　長女・喜恵、外務官吏の重光葵と婚姻

一九二五（大正一四）年
六月　大阪堂島米穀取引所理事長
一〇月二九日　熊本電気取締役

一九二六（大正十五）年
六月　社会事業調査会委員

一九二七（昭和二）年
七月　大阪乳幼児保護協会理事

九月二〇日　三越監査役就任

一九二八（昭和三）年

四月二八日　大阪電気軌道監査役就任

この頃　兵庫県武庫郡本山村岡本（現・神戸市東灘区岡本）に転居、「百里亭」と名付ける

一九二九（昭和四）年

八月一七日　二女・美惠、内務官吏の堀田健男と婚姻

一九三一（昭和六）年

二月　大阪堂島米穀取引所理事長退任

同年　帝国製鉄取締役就任カ？

一九三二（昭和七）年

三月　全日本方面委員連盟副会長

同年　有限会社大阪庶民信用組合閉鎖により理事長退任

一九三五（昭和一〇）年

九月二八日　熊本電気会長

一九三七（昭和一二）年

六月八日　中山製鋼所監査役就任

一九三八（昭和一三）年

六月　中央社会事業委員会委員

一九四〇（昭和一五）年

一月三一日　熊本電気会長退任、翌日付けで九州電気取締役

一九四二（昭和一七）年

三月三一日　九州電気解散により取締役退任

一九四三（昭和一八）年

三月一五日　妻・茂逝去

九月二五日　三越監査役退任

同年　全日本方面委員連盟会長代行

一九四四（昭和一九）年

三月二八日　関西急行鉄道（元・大阪電気軌道）監査役退任

一九四五（昭和二〇）年

五月頃　中山製鋼所監査役退任

五月二三日　女婿・重光葵の日光別荘に疎開、自宅は戦災で焼失

一〇月頃　西宮市夙川に借家し、再び「百里亭」とする

同年　全日本方面委員連盟会長（第四代）

一九四六（昭和二一）年

四月八日　二男逝去

九月　全日本方面委員連盟会長退任し、全日本民生委員連盟顧問

一九五二（昭和二七）年

帝国製鉄取締役退任カ？

二月二一日「百里亭」にて逝去　享年満八四歳三ヶ月

同日付け　勲二等瑞宝章

二月二六日　大阪阿倍野斎場にて民生委員葬

墓所は、菩提寺の日蓮宗安住山長國寺（熊本市）と神戸市立鵯越墓園

一九五三（昭和二八）年

一一月七日　淀屋橋畔の林市藏記念像除幕式

一九五四（昭和二九）年

二月一日　香川亀人『民生委員の父　林市藏先生傳』刊行

一九五八（昭和三三）年

熊本市二の丸なる行幸橋畔の三角公園に銅像建立

一九六四（昭和三九）年

熊本県文化功労者

一九八八（昭和六三）年

四月八日　淀屋橋畔の林市藏記念像修復除幕式

文献一覧

相田良雄（一九五〇）「社会局三十年に因みての思ひ出」『社会局参拾年』厚生省社会局、一一三－四一。

相磯和嘉（一九八九）『岬の家』近代文藝社。

青柳勇編（一九三九）『方面委員令施行記念方面事業大鑑』方面事業調査会・方面事業大鑑刊行会。

荒木精之（一九五九）『熊本県人物誌』日本談義社。

有山輝雄（一九九五）『近代日本ジャーナリズムの構造――大阪朝日新聞白虹事件前後』東京出版。

朝日新聞大阪本社社史編修室編（一九五三）『村山龍平傳』朝日新聞社。

朝日新聞社編（一九六三）『いまに生きる　なにわの人びと』朝日新聞社。

朝治武（一九九六）「大阪・西浜における水平運動」「大阪の部落史」編集委員会編『新修　大阪の部落史　下巻』解放出版社、二一四－二六一。

麻島昭一（一九六九）『日本信託業発展史』有斐閣。

麻島昭一（一九七四）「明治三三年の日本信託銀行構想について」『信託』復刊九八、三六－四七。

麻島昭一（一九七六）「信託銀行の成立事情とその性格――信託会社から信託銀行への転換」大内力編『現代金融』（現代資本主義と財政・金融三）、東京大学出版会、三三三－三四六。

麻島昭一（一九八〇）『日本信託業立法史の研究』金融財政事情研究会。

安房先賢偉人顕彰会編（一九八一）『安房先賢偉人傳』国書刊行会。

大学史編纂委員会（一九八二）『東亜同文書院大学史――創立八十周年記念誌』滬友会。

第五高等学校開校五十年記念会編（一九三九）『五高五十年史』第五高等学校。

大和証券編（一九六三）『大和証券六〇年史』大和証券。

大和百年記念プロジェクト編（二〇〇三）『大和証券百年史』大和証券グループ本社。

土井洋一（一九八四）「『慈善』の時代――冬の日の感化救済」『月刊福祉』六七（一二）、一四―二一。

土井洋一（二〇〇九）「二〇〇八年度学界回顧と展望　歴史部門」『社会福祉学』五〇（三）、一一一―一二三。

江原会編（一九六〇）『野田先生傳』江原会。

遠藤興一（一九七三）「初期方面委員活動における制度と人の問題」『社会福祉研究』一三、三五―三九。

遠藤興一（一九七四）「方面委員制度史論序説」『明治学院大学論叢』二一九、三五―七〇。

遠藤興一（一九七五）「方面委員活動の史論的展開について（上）」『明治学院大学論叢』二三一、八五―一二八。

遠藤興一（一九七六）「方面委員活動の史論的展開について（下）」『明治学院大学論叢』二三五、七一―一〇八。

遠藤興一（一九七七）「民生委員制度の歴史」『社会福祉研究』二一、三九―四五。

遠藤興一（一九八一）「Ⅲ　方面委員活動の地域処遇史的課題――その実践主体における態度・特徴」一番ヶ瀬康子・高島進編『講座社会福祉二――社会福祉の歴史』有斐閣、三三二―三三〇。

遠藤興一（一九八四）「大正期社会事業の基本的性格について」『月刊福祉』六七（一二）、二二―一三三。

遠藤興一（一九九一）『資料でつづる社会福祉のあゆみ』不昧堂出版。

遠藤興一（一九九七ａ）「『方面事業二十年史』解説」『戦前期社会事業基本文献集五四　方面事業二十年史』日本図書センター、一―一三。

遠藤興一（一九九七ｂ）「戦時体制下の方面委員活動（一）――大阪府方面委員事業年報の検討を中心に」『（明治学院大学）研究所年報』二七、七一―九〇。

遠藤興一（二〇〇九）「戦後天皇制と社会福祉（下）――天皇制慈恵主義の継承をめぐって」『明治学院大学社会学・社会福祉学研究』一三〇、二三七―七一（再録：二〇一〇、『天皇制慈恵主義の成立』学文社、二〇〇―三〇）。

藤井常文・倉重裕子（二〇一〇）『キャロル活動報告書と児童相談所改革――児童福祉司はなぜソーシャルワークから取り残されたか』明石書店。

古川孝順（一九九〇）「福祉ニーズ＝サービス媒介者としての民生児童委員」『日本社会事業大学社会事業研究所年報』二六、一七九―九七。

五高人物史刊行会（一九五九）『五高人物史』私家版。

萩野寛雄（二〇〇〇）「救護法とその財源――社会福祉財源としてのギャンブル収入の先駆け」『早稲田政治公法研究』六五、一三三―五八。

浜林正夫（一九九五）「個人史研究の意味」『歴史評論』五三七、二―一四。

原泰一（一九四一）『方面事業』常磐書房（社会事業叢書第八巻）。

原奎一郎編（一九五〇）『原敬日記』第八巻首相時代篇上、乾元社。

長谷川匡俊（一九九三）「人物史研究の課題」『社会事業史研究』二一、ii―iii。

橋本理子（二〇一一）「占領期における民生委員制度改革――埼玉県の民生委員活動を中心に」『立正社会福祉研究』一二（二）、一三―一九。

秦郁彦編（二〇〇二）『日本近現代人物履歴事典』東京大学出版会。

秦郁彦（二〇〇三）『旧制高校物語』文春新書。

林市藏（一九一二）「堅実なる日本人と朝鮮人との接触が必要」『斯民』五（一三）、四三―五二。

林市藏（一九一八a）「会長就任の辞」『救濟研究』六（一）、五―八。

林市藏（一九一八b）「救済事務統一機関の設置について」『救濟研究』六（五）、一―六。

林市藏（一九一八c）「道徳的生活」『救濟研究』六（九）、一―三。

林市藏（一九一八d）「方面委員の設置について」『救濟研究』六（一〇）、一―一一。

林市藏（一九一九）「事実を基礎として斯業の発展を図れ」『救濟研究』七（七）、一―四。

林市藏（一九二五a）「年末挨拶の辞」『社會事業研究』一三（一）、七二―八。

林市藏（一九二五b）「庶民信用組合の事業現況について」『社會事業研究』一三（四）、六九―八〇。

林市藏（一九二六）「追憶」『社會事業研究』一四（五）、四一―七。

林市藏（一九二八a）「『斯民』の回顧」『斯民』二三（一〇）、六三―四。

林市藏（一九二八b）「方面委員制度に就いて」『社會事業』一二（一〇）、一三三―七。

林市藏（一九三〇）「方面委員の精神――第三回縣下方面委員大會に於ける講演要領」『越佐社會事業』二（一〇）、一一―一一。

林市藏（一九三一）『方面委員の氣持』広島県。

林市藏（一九三二）「救護法実施と方面委員の責務」『社會事業』一五（一〇）、一〇―一三。

林市藏（一九三八ａ）「二十年の印象」『社會事業研究』二六（三）、一一―一五。

林市藏（一九三八ｂ）「事変下における方面委員（一）」『方面時報』七（四）、四。

林市藏（一九三八ｃ）「方面委員令に付き我々の考え方（上）」『方面』一三（一一）、二一―二五。

林市藏（一九四一ａ）「方面集団」『社會事業研究』二九（七）、一。

林市藏（一九四一ｂ）「方面集団」『方面時報』一〇（五）、一。

平和文庫編（一九六六）『ますらおのごとく――村嶋歸之先生の生涯』平和文庫。

ヒマラヤ山人（一九一〇）「東拓の人物・下（人物評判記）」『朝鮮』四（五）、六一―四。

平泉澄（一九二六）「歴史に於ける實と眞」『我が歴史観』至文堂、三四四―八〇。

平山和彦（一九七六）「明治末大正期における青年団対策――政府当局および指導者層の発想を中心に」『東京教育大学文学部紀要』一〇六、一―二〇（再録：一九八八、『合本青年集団史研究序説』新泉社、下巻八―三八）。

檜山幸男（二〇〇四）「台湾統治基本法と外地統治機構の形成――六三法の制定と憲法問題」台湾史研究部会編『日本統治下台湾の支配と展開』中京大学社会科学研究所（社研叢書十五）、一一―二六六。

北照高等学校編（一九九二）『北照九十年史』北照高等学校。

本田不二郎（一九八五）『教育熊本の伝統』私家版。

本田久市（二〇〇四）「戦後福島県における社会福祉事業の出発と永井健二（六）――現行生活保護法の成立と民生委員の補助機関から協力機関への移行期の活動を中心に」『草の根福祉』三六、一二三―五六（再録：二〇〇七、「第六章　現行生活保護法の成立と民生委員の補助機関から協力機関への移行期の活動を中心に」『占領期福島の社会福祉と永井健二――その福祉思想の形成過程と実践の展開』歴史春秋社、二九〇―三四八）。

本間靖男（一九八七）「大正時代の金融評論雑誌――『理論と実際　銀行研究』と『銀行論叢』の場合」『金融經濟』二二一、二三

－五三。

堀口仁良編（一九四一）『社會公共事業史』（皇紀二千六百年記念）、社会事業調査会。

星野信也（一九九五）「わが国の公私関係の沿革と問題点」『社会事業史研究』二三、四五－五八（再録：二〇〇〇、「第八章　わが国の公私関係の沿革と問題点」『「選別的普遍主義」の可能性』海声社、二二三－四五）。

星野信也（二〇〇二）「社会福祉学の失われた半生紀――国際標準化を求めて」『社会福祉研究』八三、七〇－五。

堀田健男（一九四〇）『救護事業』（社会事業叢書第三巻）常磐書房。

保谷六郎（一九九八）「相田良雄と三好豊太郎――戦前社会政策の一断面」『聖学院大学論叢』一〇（三）、一二一－五五。

飯田直樹（二〇〇九）「米騒動後の都市地域支配と方面委員の活動」広川禎秀編『近代大阪の地域と社会変動』部落問題研究所、二〇九－五五。

飯田直樹（二〇一二）「近代大阪における警察社会事業と方面委員制度の創設」『社会政策』四（一）、一三五－四六。

猪飼隆明（一九九九）『熊本の明治秘史』熊本日日新聞社（熊日新書）。

池田敬正（一九八六）『日本社会福祉史』法律文化社。

池田敬正（一九九二）「済生会の成立」後藤靖編『近代日本社会と思想』吉川弘文館、一三五－八二。

池田敬正（一九九九）『現代社会福祉の基礎構造――福祉実践の歴史理論』法律文化社。

池本美和子（一九九九）『日本における社会事業の形成――内務行政と連帯思想をめぐって』法律文化社。

池本美和子（二〇〇〇）「救護法の財源問題と義務救助主義――競馬法改正及び罹災救助基金法改正の意味するもの」『日本福祉大学社会福祉論集』一〇二、五五－七四。

今井小の実（二〇〇九）「方面委員制度とストラスブルク制度――なぜエルバーフェルトだったのか」『Human Welfare』一（一）、五－一八。

今西光男（二〇〇五）「白虹事件の教訓　新聞経営の危機はどのようにして克服されたか」『朝日総研リポートＡＩＲ21』一八六、二五－四七。

稲永祐介（二〇〇五）「大正期青年団における公徳心の修養――一木木喜徳郎の自治構想を中心に」『近代日本研究』

二三、一六三―九三。
井上孝哉（一九三八）「三十年祝賀について」北崎房太郎『東拓三十年の足跡』東邦通信社出版部、二一六―二六。

色川大吉（一九八一）『自由民権』岩波新書。

石田雄（一九八九）『日本の政治と言葉　上――「自由」と「福祉」』東京大学出版会。

石田雄（一九九八）『自治』（一語の辞典）、三省堂。

岩本華子（二〇〇七）「創設期大阪府方面委員の活動分析――『制度』と『実践』の関係に着目して」『社會問題研究』五七（一）、九一―一二七。

岩村登志夫（一九七二）『在日朝鮮人と日本労働者階級』校倉書房。

岩佐武夫（一九八五）『近代大阪の米穀流通史』清文堂出版。

香川亀人（一九五三）『愛之灯をかかげた人々』広島県民生委員連盟。

香川亀人（一九五四）『民生委員の父　林市蔵先生傳』広島県民生委員連盟。

香川孝三（一九八三）「内務省社会局の設置について」『評論・社会科学』二二、一―三四。

加来耕三（二〇〇二）『成せば、成る。――知られざる「成功者」たちの再起と逆転のドラマ』一二三書房。

上村行世（一九九二）『戦前学生の食生活事情』三省堂。

金澤周作（二〇〇八）『チャリティとイギリス近代』京都大学出版会。

葛西嘉資（一九五二）「林先生をしのぶ」『社會福祉時報』二二、一九五二年三月一五日、二面。

河合和男（二〇〇〇）「序章　国策会社・東洋拓殖株式会社」河合和男・金早雪・羽鳥敬彦・松永達『国策会社・東拓の研究』不二出版、七―二八。

川手摂（二〇〇五）『戦後日本の公務員制度史――「キャリア」システムの成立と展開』岩波書店。

金栄俊（一九九八）「方面委員制度の成立過程」『六甲台論集：経済学編』四五（一）、一一―二三。

金早雪（二〇〇〇）「第二章　東洋拓殖株式会社における政府および役員」河合和男・金早雪・羽鳥敬彦・松永達『国策会社・東拓の研究』不二出版、五七―九一。

木村忠二郎（一九五一）『社會福祉事業法の解説』時事通信社。

木村忠二郎（一九五五）『改訂版　社會福祉事業法の解説』時事通信社。

木村壽（一九七九）「社会事業史上における生江孝之の位置について」『歴史研究』一七、三五－四五。

木村壽（一九八三）「井上友一について」『大阪教育大学紀要　第Ⅱ部門』三二（二・三）、一三九－五〇。

木村和世（二〇〇七）『路地裏の社会史――大阪毎日新聞記者村嶋歸之の軌跡』昭和堂。

木村武夫編（一九五八）『大阪府社会事業史』大阪府社会福祉協議会。

近畿地域福祉学会・大阪方面委員活動史料研究会編（一九九九）『復刻　戦時下大阪府方面常務委員会議事速記録』近畿地域福祉学会大阪方面委員活動史料研究会。

木下博道（二〇〇七）「大正期の家族と国家――私生児の出生をめぐって」関静雄編著『「大正」再考――希望と不安の時代』ミネルヴァ書房、一二九－六〇。

岸田到（一九五一）『民生委員讀本』中央社会福祉新聞社。

北場勉（二〇〇九）「大正期における方面委員制度誕生の社会的背景と意味に関する一考察」『日本社会事業大学研究紀要』五五、三一－三七。

北崎房太郎（一九三八）『東拓三十年の足跡』東邦通信社出版部。

小林仁美（一九八九）「一九〇〇年感化法制定に関する一考察」『人間文化研究科年報』五、三九－四九。

孝橋正一（一九六二）『全訂　社会事業の基本問題』ミネルヴァ書房。

厚生省編（一九四二）『紀元二千六百年社會事業功勞者事蹟』厚生省。

厚生省二〇年史編集委員会編（一九六〇）『厚生省二十年史』厚生問題研究会。

厚生省社会局保護課編（一九八一）『生活保護三十年史』社会福祉調査会。

厚生省五十年史編集委員会（一九八八）『厚生省五十年史（記述篇）』厚生問題研究会。

校友調査会編（一九三二）『帝國大學出身名鑑』校友調査会。

小山博也（一九九六）『埼玉県政と知事の歴史的研究』新興出版社。

小山進次郎（一九五一）『改訂増補　生活保護法の解釋と運用』中央社会福祉協議会。

窪田祥宏（一九八九）「戊申詔書の発布と奉体」『（日本大学）教育学雑誌』二三、一－一五。

工藤美代子（一九八三）『カナダ遊戯楼に降る雪は』晶文社。（一九八九、集英社文庫）。

熊本県教育会編（一九三二）『熊本縣教育史』上・中・下巻、熊本県教育会。

熊本県教育委員会編（一九七二）『熊本県近代文化功労者』熊本県教育委員会。

熊本市史編纂委員会編（二〇〇一ａ）『新熊本市史通史編』第五巻近代Ⅰ、熊本市。

熊本市史編纂委員会編（二〇〇一ｂ）『新熊本市史通史編』第六巻近代Ⅱ、熊本市。

熊本市立春日小学校創立百周年記念事業期成会編（一九七三）『春日の歴史――春日校創立百周年記念』同期成会。

栗林貞一（一九三〇）『地方官界の變遷』世界社。

黒木利克（一九五一）『現代社會福祉事業の展開――社會福祉事業法の解説』中央社会福祉協議会。

黒木利克（一九五八）『日本社会事業現代化論』全国社会福祉協議会。

黒瀬郁二（二〇〇三）『東洋拓殖会社――日本帝国主義とアジア太平洋』日本経済評論社。

矯正図書館編（一九七七）『資料・監獄官練習所』矯正協会。

牧野虎次（一九三六）「神聖なる母性愛――大阪乳幼兒保護協會の起源について」『乳幼兒研究』一〇（一）、二－四。

松本健一（二〇〇八）『増補・新版　秋月悌次郎　老日本の面影』辺境社。

松永定一（一九五九）『北浜盛衰記』東洋経済新報社。

三品彰英（一九五四）『中山悦治翁傳』中山悦治翁傳編纂委員会。

三和治（一九七六）「生活保護の実施機関の変遷と実態――東京都区部における、民生館・民生安定所の場合」『明治学院論叢』二三五、一〇九－一二五（再録：一九九九、「第五章　生活保護の実施機関の変遷と実態――東京都区部における、民生館・民生安定所の場合」『生活保護制度の研究』学文社、一二五－四〇）。

三和治（一九七七）「貧困者施策における処遇と問題」『明治学院論叢』二五八、一－三三。

宮坂広作（一九六八）『近代日本社会教育史の研究』法政大学出版局。

宮沢隆義編（一九九〇）『歴代国会議員経歴要覧』政治広報センター。

宮地正人（一九七三）『日露戦後政治史の研究』東京大学出版会。

水野良也（一九九五）「沖縄県における民生委員の定数割れが示す民生委員制度の問題点」『琉球大学法文学部紀要』（地域・社会科学系篇）一、二三一－五〇。

水田直昌監修（一九七六）『資料選集　東洋拓殖会社』（友邦シリーズ第二一号）、友邦協会。

水谷公一（一九九九）『日本の近代⑬　官僚の風貌』中央公論新社。

三善貞司編（二〇〇〇）『大阪人物辞典』清文堂出版。

百瀬孝（一九九〇）『事典昭和戦前期の日本——制度と実態』吉川弘文館。

百瀬孝（二〇〇一）『内務省——名門官庁はなぜ解体されたか』ＰＨＰ新書。

望月茂（一九四〇）『小林芳郎翁傳』壹誠社。

森静朗（一九七八）『庶民金融思想史大系Ⅱ』日本経済評論社。

向井啓二（二〇一一）「一九三〇年代後半の方面委員活動の実態——大阪府池田市の事例検討」『（種智院大学）仏教福祉学』二〇、二一－三五。

村上貴美子（一九八七）『占領期の福祉政策』勁草書房。

村嶋歸之（一九二九ａ）『善き隣人——方面委員の足跡』大阪府方面委員後援会。

村嶋歸之（一九二九ｂ）『善き隣人——方面委員の足跡』（普及版）創元社。

村嶋歸之（一九三三）『善き隣人——第二篇』大阪府方面委員後援会。

村嶋歸之（一九三八）『善き隣人——第三篇』大阪府方面委員後援会。

村嶋歸之（一九五一）「わが入信ものがたり」『ニューエイジ』三（五）、六一－六六。

村嶋歸之（二〇〇五）「方面委員の発足」津金澤聰廣・土屋礼子編『新聞社会事業と人物評論』（村嶋歸之著作選集第五巻）柏書房、一八二－六。（なおこの出典は『大阪社会福祉新聞』一九六〇年一二月となっているが、確認できていない）。

室守和・伊藤晴雄編（二〇〇五）『創立百二十周年記念誌　有斐学舎』私家版。

室田保夫（一九九四）「警察監獄学校時代の留岡幸助」『同志社談叢』十四、一―九四（再録：一九九八「第一一章　警察監獄学校教授――社会的活動と思想」『留岡幸助の研究』不二出版、四二三―五一一）。

永井算巳（一九六六）「清末における在日康梁派の政治動静（一）――康有為梁啓超の日本亡命とその後の動静」『（信州大学）人文科学論集』一、一一―一七。

永岡正己（一九八六）「Ⅰ戦前の社会事業」右田紀久恵・高田真治編『地域福祉講座①――社会福祉の新しい道』中央法規出版、二一―二三。

永岡正己（一九九三）「大阪における地域福祉の源流――方面委員とセツルメントを中心に」日本地域福祉学会地域福祉史研究会編『地域福祉史序説――地域福祉の形成と展開』中央法規、一八六―二三〇。

永岡正己（二〇〇六）「〈史資料〉愛知県における社会事業行政の成立――故・三上孝基氏インタビュー記録」『日本福祉大学社会福祉論集』一一四、一〇一―二五。

中垣昌美（二〇〇〇）『新訂　社会福祉学の基礎』さんえい出版。

中川剛（一九八〇）『町内会――日本人の自治感覚』中公新書五九一。

中村紀久二（一九九二）『教科書の社会史――明治維新から敗戦まで』岩波新書。

中西よしお（一九九二）「済生会の成立と展開――大阪の場合」『社会福祉学』三三（二）、二二一―四二。

半井清（一九三五）「往時を偲びて」『社會事業研究』二三（一〇）、一一一―三。

半井清（一九三八）「方面委員制度創始当時を顧みて」『社會事業研究』二六（三）、六一―一二。

中塩夕幾（二〇〇五）「社会事業成立期における担い手拡大の論理――小河滋次郎の社会事業理論を中心に」『社会事業史研究』三二、四一―五四。

生江孝之先生自叙伝刊行委員会（一九五八）『生江孝之先生口述　わが九十年の生涯――附「唐人お吉に関する調査研究」』日本民生文化協会。

南條茂（一九二八）『西野田第一方面十五年史』森田伊兵衛。

成田龍一（一九九三）「近代都市と民衆」成田龍一編『近代日本の軌跡九　都市と民衆』吉川弘文館、一―五六。

成田龍一（二〇〇七）『大正デモクラシー』（シリーズ日本近現代史④）、岩波新書。

日本公務員制度史研究会編（一九八九）『官吏・公務員制度の変遷』第一法規。

日本社会事業短期大学監修（一九五二）『社会福祉事業行政執務提要』同短期大学出版部。

新潟県教育百年史編さん委員会編（一九七〇）『新潟県教育百年史明治編』新潟県教育庁。

新妻莞（一九六九）『新聞人・鳥居素川』朝日新聞社。

西野孝（二〇〇六）「社会福祉史からみた『北市民館』の位置」志賀志那人研究会編『都市福祉のパイオニア　志賀志那人　思想と実践』和泉書院（大阪叢書三）。

沼尻晃伸（二〇〇八）「戦間期・戦時期日本における方面委員論に関する一考察――都市社会事業と『公』・『公共』」『成城大学経済研究所研究報告』四八、一―二四。

布引敏雄（一九九六）「大阪の融和運動・融和事業」「大阪の部落史」編纂委員会編『新修大阪の部落史』下巻、二六二―三〇二。

小笠原祐次（一九九五）「原泰一著『方面事業』解題」『戦前期社会事業基本文献集二一　方面事業』日本図書センター、一―一二。

小川政亮（一九五三）「我國保護請求權論史素描」『社會政策學會年報』一、二四一―七一（再録：一九六四、「わが国保護請求権論史素描」『権利としての社会保障』勁草書房、八五―一一九）。

小川政亮（一九五五）「名誉職委員制の源流と運命」『社会事業』三八（九）、一〇および二二―二三（再録：一九七四、「第二部第三章　名誉職委員制の源流と運命」『社会保障権と福祉行政』ミネルヴァ書房、二〇八―二八）。

小川政亮（一九六〇）「第三編　産業資本確立期の救貧体制」日本社会事業大学救貧制度研究会『日本の救貧制度』勁草書房、一〇一―五二。

小川政亮（一九九〇）「社会福祉研究における天皇制」『季刊障害者問題研究』六三、一八―二四。

小河滋次郎（一九一八）「方面委員なる新施設に就いて」『救濟研究』六（一二）、一―一三。

小河滋次郎（一九二〇）「方面委員事業報告」『救濟研究』八（一二）、一一―二二（再録：一九二四、「付録　方面委員制度の由来

組織及び業績に就て」『社會事業と方面委員制度』巖松堂書店、一七三－九七。

小倉襄二（一九九一）「天皇制と社会事業――なぜ〝福祉〟なのか」『部落』四三（三）、六－一一（再録：二〇〇七、「二－二 天皇制と社会事業――なぜ〝福祉〟なのか」『右翼と福祉――異形の〝底辺に向かう志〟と福祉状況へのメッセージ』法律文化社、九一－一〇二）。

岡田英己子（二〇〇三）「ドイツ・日本の歴史に見る社会事業理論の現在の争点」『（首都大学東京）人文学報・社会福祉学』一九、一－三五。

岡田幸子（二〇〇五）「群馬県方面委員・民生委員活動の史的展開・その二――方面委員から民生委員へ」『草の根福祉』三七、一五－二九。

岡村重夫（一九五六）「公私社会事業の関係について」『社会事業』三九（一一）、四－一五（再録：一九七〇、「第Ⅳ章Ⅳ 公私社会福祉事業関係」『地域福祉研究』柴田書店、二三四－四一）。

岡村重夫（一九八三）『社会福祉原論』全国社会福祉協議会。

小野学（二〇〇八）「公的救護義務主義救貧法制定の意義――救護法の制定論議に見る生存権論の影響関係」『東洋大学大学院紀要』四五、一八五－九六。

小野修三（一九九〇）「済世顧問制度と笠井信一」『近代日本研究』六、一－三九。（再録：一九九四「第一章 済世顧問制度と笠井信一」『公私協働の発端――大正期社会行政史研究』時潮社、一四－五七）。

小野修三（一九九二）「小河滋次郎と救済事業研究会」『慶応義塾大学日吉紀要 社会科学』三、一－三二（再録：一九九四「第二章 小河滋次郎と救済事業研究会」『公私協働の発端――大正期社会行政史研究』時潮社、五八－九九）。

小野修三（一九九三）「方面委員制度の誕生前後」『慶応義塾大学日吉紀要 社会科学』四、一－一五（再録：一九九四「第三章 方面委員制度の誕生前後」『公私協働の発端――大正期社会行政史研究』時潮社、一〇〇－二七）。

大濱徹也監修、済々黌日露戦役記念帖編集委員会編（二〇〇一）『日露戦争従軍将兵の手紙』同成社。

大橋謙策（一九七四）「Ⅲ 社会福祉と社会教育」千野陽一・野呂隆・酒匂一雄編『現代社会教育実践講座第一巻――権利としての社会教育』民衆社、九一－一二六（再録：一九七八、「第三章第一節 社会事業における精神性――ふたつの系譜」

『社会教育と地域福祉』全社協選書一〇、二五〇－七三）。

大河内一雄（一九八二）『幻の国策会社　東洋拓殖』日本経済新聞社。

大久保滿彦（一九三六）「方面事業に於ける技術の問題」『社會事業』一九（一〇）、六七－七三。

大町雅美（一九七九）『新井章吾』（下野人物シリーズ②）下野新聞社。

大森実（一九八二）「都市社会事業成立期における中間層と民本主義――大阪府方面委員制度をめぐって」『ヒストリア』九七、五八－七六。

大西利夫（一九七七）「聴きとりでつづる新聞史――大西利夫」『別冊新聞研究』五、五九－七二。

大阪府編（一九五八）『大阪府民生委員制度四十年史』大阪府民生部社会課。

大阪府青少年育成大阪府民会議編（一九六八）『郷土史にかがやく人々』大阪府青少年育成大阪府民会議。

大阪府編（一九六九）『大阪府方面委員民生委員制度五十年史』大阪府民生部民生総務課。

大阪府社会福祉協議会編（一九七九）『大阪府方面委員民生委員制度六十年史』大阪府民生委員制度創設六十周年記念事業実行委員会。

大阪府社会福祉協議会編（一九八九）『大阪府方面委員民生委員制度七十年史』大阪府民生委員（方面委員）制度創設七十周年記念事業実行委員会。

大阪市役所編（一九三三）『明治大正大阪市史』第三巻（経済篇・中）、日本評論社。

大阪市民生局（一九七八）『大阪市民生事業史』大阪市民生局。

大阪市民生委員制度五十周年記念誌編集委員会（一九七三）『大阪市方面委員民生委員制度五十年史』大阪市・大阪市民生委員連盟。

大阪市民生委員制度七十周年記念誌編集委員会（一九八八）『大阪市方面委員民生委員制度七十年史』大阪市・大阪市民生委員連盟。

大森実（一九八二）「都市社会事業成立期における中間層と民本主義――大阪府方面委員制度をめぐって」『ヒストリア』九七、五八－七六。

太田垣士郎氏追懐録編纂委員会編（一九六六）『太田垣士郎氏の追憶』太田垣士郎氏追懐録編纂委員会。

大山朝子（二〇〇五）「方面委員制度の成立と普及」『九州社会福祉学』一、五五－六四。

尾崎直敏（一九八五）『弓は折れず――中村三徳と大阪の社会事業』大阪社会事業史研究会。

歴代知事編纂会（一九八二）『日本の歴代知事』第三巻上、歴代知事編纂会。

六波羅詩朗（一九八四）「旧生活保護法の変容と民生委員の役割」『日本社会事業大学社会事業研究所年報』二〇、一一九－四八。

佐賀朝（一九九五）「一九二〇年代の都市地域支配と社会構造――大阪府方面委員の活動をめぐって」『歴史科学』一四〇・一四一、五六－七六（再録：二〇〇七「第七章　大阪府方面委員の活動と都市地域社会」『近代大阪の都市社会構造』日本経済評論社、二五七－八八）。

済生会（一九三七）『濟生會志』済生会。

堺利彦（一九二六）『堺利彦傳』改造社。

佐久間晃（一九五八）『官界人物譚』日本官界情報社。

佐々木豊（一九七五）「地方改良運動と村是調査（Ⅰ）」『農村研究』四〇、七六－八七。

佐藤信一編（一九五二）『社會福祉と民生委員』中央社会福祉協議会。

佐藤進（一九八〇）『社会福祉の法と行財政』（社会福祉大系二）、勁草書房。

済々黌百年史編集委員会編（一九八二）『済々黌百年史』済々黌百周年記念事業会。

芝村篤樹（一九八三a）「一九二〇年代初頭の大阪市政――大阪市会の動向を中心に」『ヒストリア』一〇〇、七五－九二。

芝村篤樹（一九八三b）「関一とその時代（五）――二五年市会選と関与党の確立」『市政研究』六一、一一〇－七。

芝村篤樹（一九八九）「大阪市会の会派別構成――関市政の社会的・政治的基盤について」『大阪の歴史』二六、二七－五四（再録：一九九八、「第五章　デモクラシー状況と市政」『日本近代都市の成立』松籟社、一三九－六二）。

芝村篤樹（二〇〇一）「〈大大阪〉の時代から受け継ぐもの」『大阪の歴史と文化財』八、七－一三。

柴田敬次郎（一九四〇）『救護法實施促進運動史』巖松堂書店。

柴田紀子（一九九五）「都市社会事業の成立期における社会事業サービスの領域設定とその認識――大阪府方面委員制度を事例として」『（金沢大学文学部）地理学報告』七、四一－五一。

柴田善守（一九六四）『小河滋次郎の社会事業思想』日本生命済生会。

柴田善守（一九七七）『方面事業の精神――主として林市蔵先生と方面委員』民生委員制度創設六〇周年記念昭和五二年度全国民生委員児童委員大会大阪実行委員会。

柴田善守編（一九七八）『大阪市民生事業史』大阪市民生局。

柴田善守（一九八一）「V　社会事業史における人物史の課題」仲村優一他編集代表『講座社会福祉の歴史二　社会福祉の歴史』有斐閣、三四〇－七。

柴田善守（一九八五）『社会福祉の史的発展――その思想を中心として』社会福祉選書⑨、光生館。

柴田善守（一九八八）「林市蔵」仲村優一他編『現代社会福祉事典』改訂新版、全国社会福祉協議会、三八八。

重田信一（一九七七）「第一部V　戦後社会事業の胎動」重田信一・吉田久一編（一九七七）『社会福祉の歩みと牧賢一』（全社協選書八）、全国社会福祉協議会、五八－七五。

重光葵著、伊藤隆・渡邊行男編（一九八六）『重光葵手記』中央公論社。

重光葵著、伊藤隆・渡邊行男編（一九八八）『続重光葵手記』中央公論社。

島田克彦（二〇〇四）「米騒動と都市地域社会――大阪市北区上福島聯合区を素材に」塚田孝編『大阪における都市の発展と構造』山川出版社、二二六－五二。

清水教恵（一九九五）「米騒動と大阪府方面委員制度」『龍谷大學論集』四四六、一七四－九四。

愼英弘（一九八四）『近代朝鮮社会事業史研究――京城における方面委員制度の歴史的展開』緑蔭書房。

新家江里香（一九九九）「ドロシー・デッソーの中国軍政部における活動の検討――民生委員の指導と文化的差異の認識」『同志社大学大学院社会福祉学論集』一三、五三－六六。

新修大阪市史編纂委員会編（一九九四）『新修大阪市史』第六巻、大阪市。

代田剛彦（一九九八）「行政官僚の養成と倫理――明治初期及び文官高等試験導入後の任官と学問的倫理的背景」『政経研究』三四（四）、七一三－三九。

城山三郎（一九七五）『鼠――鈴木商店焼討ち事件』文春文庫。

静岡県編（一九二九）『静岡縣政史話』静岡県。

静岡県姓氏家系大辞典編纂委員会編（一九九五）『静岡県姓氏家系大辞典』（角川日本姓氏歴史人物大辞典二二）角川書店。

しずおか福祉セミナー実行委員会編（一九九三）『跡導《みちしるべ》――静岡の福祉をつくった人々』静岡県社会福祉協議会。

副田義也（二〇〇七）『内務省の社会史』東京大学出版会。

楚水生（一九一四）「東洋拓殖の事業及び新舊首腦者」『實業之日本』一七（三）、四一。

菅沼隆（一九九三）「SCAPPIN七七五の発令」『社会科學研究』四五（二）、一二七－九〇（再録：二〇〇五、『被占領期社会福祉分析』ミネルヴァ書房、「第二章　SCAPPIN七七五の発令」九三－一五一）。

菅沼隆（一九九四）「生活保護法（旧法）の形成過程」『社会科學研究』四五（五）、一五九－二一五（再録：二〇〇五、『被占領期社会福祉分析』ミネルヴァ書房、「第三章　生活保護法（旧法）の形成過程」一五三－九一）。

菅沼隆（一九九六）「占領期の民生委員と地方軍政部――無差別平等の名誉職裁量体制の運命」『社会事業史研究』二四、二九－四九（再録：二〇〇五、第四章第二節　被占領期の民生委員と地方軍政部」『被占領期社会福祉分析』ミネルヴァ書房、二一八－二三六）。

菅沼隆（二〇〇五）「第二章　方面委員制度の存立根拠――日本型奉仕の特質」佐口和郎・中川清編『福祉社会の歴史――伝統と変容』（講座・福祉社会二）ミネルヴァ書房、六五－八八。

杉山博昭（一九九一）「日本基督教会と社会事業」『基督教社会福祉学研究』二三、二九－三七（再録：二〇〇三、「第一章　日本基督協会と社会事業」『キリスト教社会福祉実践の史的展開』大学教育出版、一五－三一）。

鈴木直二（一九六五）『米穀流通組織の研究』柏書房。

鈴木良（一九九七）「『真宗教団批判の展開』――水平社創立をめぐって（その六）」『部落問題研究』一三九、二一－二九（再録：二〇〇五、『水平社創立の研究』部落問題研究所、一五八－九三）。

習學寮史編纂部編（一九三八）『習學寮史』第五高等学校習學寮。

田端光美（一九八二）『日本の農村福祉』勁草書房。

玉井金五（一九九二）『防貧の創造――近代社会政策論研究』啓文社。

田子一民（一九二二）『社會事業』帝国地方行政学会。

高林孝志（一九八五）「明治期における報徳運動について――その脈絡を中心として」『社会事業史研究』一三、四一‐五七。

高木生（一九二四）「銀行評判記――日本信託銀行の巻（上）」『銀行論叢』四（六）、一五三‐七。

高橋佐門（一九七八）『旧制高等学校研究――校風・寮歌論編』昭和出版。

高橋哲夫（一九八八）『ふくしま知事列伝』福島民報社。

高橋雄豺（一九六〇）『明治警察史研究第一巻――明治年代の警察幹部教養』令文社。

髙田眞治（一九九三）『社会福祉混成構造論――社会福祉改革の視座と内発的発展』海声社。

高津勝（一九七九）「昭和恐慌期の農村青年とスポーツ――山口青年団機関誌『山口県青年』の分析を中心に」『一橋大学研究年報　自然科学研究』一九、六七‐一一三。

高森良人（一九六四）『有斐學舍八十年の足跡』有斐學舍。

高澤武司（二〇〇一）「翼賛体制と社会事業の軍事的再編成――戦時厚生事業」右田紀久恵・高澤武司・古川孝順（二〇〇一）『新版　社会福祉の歴史――政策と運動の展開』有斐閣選書六二六、二七五‐九二。

高島進（一九九五）『社会福祉の歴史――慈善事業・救貧法から現代まで』ミネルヴァ書房。

武井群嗣（一九五二）『厚生省小史――私の在勤録から』厚生問題研究会。

玉井金五（一九九二）『防貧の創造――近代社会政策論研究』啓文社。

田中壽（一九九七）「占領期、方面委員・民生委員制度と軍政」『白山社会学研究』五、一一‐二〇（再録：二〇〇五、「V‐三　方面委員／民生委員制度批判」『戦後社会福祉基礎構造改革の原点』筒井書房、一一二‐三二）。

田中和男（一九七八）「『地方改良』理念の一断面：官製『地方改良』運動の周辺」『同志社法學』三〇（一）、一一五‐六〇（再録：二〇〇〇、『近代日本の福祉実践と国民統合――留岡幸助と石井十次の思想と行動』法律文化社、一三一‐五七）。

田中和男（一九八六）「近代日本の『名望家』像――地方改良運動での『篤志家』と民衆」『社会科学』三七号、二五〇‐二八二。

田中和男（一九九八）「明治中期における少年非行への対応」『キリスト教社会問題研究』四六、一三二‐七八（再録：

二〇〇〇、『近代日本の福祉実践と国民統合――留岡幸助と石井十次の思想と行動』法律文化社、一六三―二一二）。

田中重好（一九九〇）「第二章　町内会の歴史と分析視角」倉沢進・秋元律郎編著『町内会と地域集団』（都市社会学研究叢書二）ミネルヴァ書房、二七―六〇。

田中惣五郎（一九五四）『日本官僚政治史』河出書房（日本近代史叢書四）。

大霞会編（一九七一ａ）『内務省史』第一巻、地方財務協会。

大霞会編（一九七一ｂ）『内務省史』第二巻、地方財務協会。

大霞会編（一九七一ｃ）『内務省史』第三巻、地方財務協会。

谷澤弘毅（二〇〇六）「方面委員から民生委員へ――生活保護政策における歴史の分断と継続」『札幌学院商経論集』二三（一）、四七―一二四。

田代国次郎（一九七一）「第一編第二章第二節 日本社会福祉活動の歴史――日本の方面事業の歴史」田代不二男・斉藤吉雄編著『社会福祉と社会変動』誠信書房、六九―一〇〇。

田代国次郎（一九九四）「香川先生を偲んで――偉大なヒロシマ福祉開拓の先駆者」『ふるさとよしうら』三八、三七―四六。

田代国次郎（二〇〇三）「ヒロシマ地域社会福祉史の一断面――呉市社会事業と香川亀人を中心に」『中国四国社会福祉史研究』二、二九―四八。

多々良紀夫著、菅沼隆・古川孝順訳（一九九七）『占領期の福祉改革――福祉行政の再編成と福祉専門職の誕生』筒井書房。

寺西紀元太（一九七二）『濟濟黌物語』西日本新聞社。

寺脇隆夫（一九九五）「解説『社会事業行政』調査について――戦前期における社会事業行政の成立と展開」社会福祉調査研究会編『戦前期社会事業調査資料集成第一〇巻　社会事業行政』勁草書房、二―四四。

寺脇隆夫（二〇〇七ａ）『救護法の成立と施行状況の研究』ドメス出版。

寺脇隆夫編（二〇〇七ｂ）『救護法成立・施行関係資料集成』ドメス出版。

寺脇隆夫（二〇〇九）「民生委員令（方面委員令廃止）、民生委員法制定、その改正問題――木村文書中の民生委員制度関係立案史資料を通して」社会事業史学会第三七回大会自由論題発表資料。

東亜文化研究所編（一九八八）『東亜同文会史』霞山会。

徳富猪一郎編述（一九三三）『公爵山縣有朋傳』山縣有朋公記念事業会。

留岡幸助（一九二七）「民衆の福祉と方面委員制度（上）」『人道』二六五、二－四。

留岡幸助（一九二八）「民衆の福祉と方面委員制度（下の一）」『人道』二六七、二－四。

留岡幸助日記編集委員会編（一九七九）『留岡幸助日記』矯正協会。

冨江直子（二〇〇七）『救貧のなかの日本近代――生存の義務』ミネルヴァ書房。

富田好久（一九八四）「大阪府方面委員と福祉活動（上）――各方面救護取扱を中心に」『（大阪市立大学社会福祉研究会）研究紀要』三、一－二七。

塚崎昌之（二〇〇七）「一九二〇年代、大阪における『内鮮融和』時代の開始と内容の再検討――朝鮮人『救済』と内鮮協和会・方面委員」『在日朝鮮人史研究』三七、二三－五二。

内田守（一九六五）『熊本縣社會事業史稿』熊本社会福祉研究所。

内田守（一九六九）『九州社会福祉事業史』日本生命済生会社会事業局。

右田紀久恵（一九八五）「公私関係の課題を考える」『大阪市社会福祉研究』一〇、三－一七（再録：二〇〇五、「第四章　地域福祉論における公私論の構築」『自治型地域福祉の理論』ミネルヴァ書房、九一－一一一）。

右田紀久恵（一九九三）「Ｉ－一　分権化と地域福祉――地域福祉の規定要件をめぐって」『自治型地域福祉の展開』法律文化社、三－二八（再録：二〇〇五、「第一章一　分権化時代と地域福祉」『自治型地域福祉の理論』ミネルヴァ書房、九－二九）。

右田紀久恵（一九九四）「井上友一研究（その三）」『社會問題研究』四三（二）、一－一九。

植松忠博（一九九六）「内務省の思想と政策――牧民官意識と社会事業行政を中心に」『國民經濟雜誌』一七四（三）、一－一六。

上野谷加代子・松端克文（一九九四）「戦時下大阪府方面委員の活動分析――その活動分野と援助内容」『日本の地域福祉』八、二〇－四〇。

鵜養幸雄（二〇一〇）「政権交代下の地方官人事――戦前知事は『浮き草稼業』だったのか」『政策科学』一八（一）、一－一三。

海野幸德（一九三〇）『社會事業學原理』内外出版印刷。

宇野正道（一九八二）「戦前日本における公的救済立法――『救護法』成立過程の再検討」『季刊社会保障研究』一八（二）、一七二－八三。

宇野東風（一九三一）『我觀熊本教育の變遷』大同館書店。

碓井隆次（一九七〇）「淀屋橋畔の林市藏先生記念像――大阪府方面委員制度の由緒」『社會問題研究』一九（三）、一－二六。

和田善一（一九五五）「文官詮衡制度の変遷（Ⅲ）――文官任用令施行時代　上」『試験研究』一三、五四－六八。

渡辺保男（一九七六）「第四章　日本の公務員制」辻清明編『行政学講座第二巻　行政の歴史』東京大学出版会、一一一－六〇。

山田充郎（二〇〇七）「取引所理事長と『乗取屋』――島徳蔵の二つの顔」『企業家研究』四、八四－九五。

山口県教育会編纂（一九二五）『山口縣教育史』下巻、山口県教育会。

山口正（一九二七）「〈資料〉都市社会事業の経費と財源」『國民経済雜誌』四三（六）、九五－一一三。

山本啓太郎（一九九八）「方面委員の制度・組織はどのように変わったか」大阪方面委員活動史料研究会編『戦時下大阪の方面委員活動――民生委員制度史の空白を埋める』大阪方面委員活動史料研究会、五七－七三。

山本桃州（一九一六）『大阪の公人――附聯合區政の小史』大阪の公人刊行事務所。

山本悠三（一九九〇）「民力涵養運動と社会局」『東北福祉大学紀要』一五、一一五－二八。

山住正己（一九八七）『日本教育小史――近・現代』岩波新書。

楊素霞（二〇〇四）「初期台湾統治における漢族系住民統治と拓殖務省問題――『内地』大手新聞を対象に」神戸大学博士学位論文（甲第三一八七号）。

吉田千之（一九三七）『龍南人物展望』九州新聞社出版部。

吉田久一（一九六〇）『日本社会事業の歴史』勁草書房。

吉田久一・一番ヶ瀬康子・小倉襄二・柴田善守（一九七一）『人物でつづる近代社会事業の歩み』全国社会福祉協議会。

吉田久一・一番ヶ瀬康子（一九七三）「昭和社会事業史の証言二――原泰一氏に聞く」『社会福祉研究』一三、二四－三四（再録：一九八二「救護法の制定を促進して――原泰一氏に聞く」『昭和社会事業史への証言』ドメス出版、四三－七〇）。

吉田久一・一番ヶ瀬康子（一九七四）「昭和社会事業史の証言（四）――葛西嘉資氏に聞く」『社会福祉研究』一五、三三－四二（再録：一九八二、「占領下の厚生行政について――葛西嘉資氏に聞く」『昭和社会事業史への証言』ドメス出版、一〇〇－二二）。

吉田久一（一九八四）「人物史について」『社会事業史研究』一二、ⅱ－ⅲ。

吉田久一（一九九〇）『改訂増補版　現代社会事業史研究』（吉田久一著作集三）、川島書店。

吉田久一（一九九五）『日本社会福祉理論史』勁草書房。

吉田久一（二〇〇四）『新・日本社会事業の歴史』勁草書房。

吉田陞（二〇〇八）『山ヶ野金山物語』高城書房。

吉河光貞（一九三八）『所謂米騒動事件の研究』（思想特別研究員報告書）司法省刑事局。

吉村智博（二〇〇四）「沼田嘉一郎小論――救民論と方面委員とのかかわりで」『ヒストリア』一九一、七九－一〇二（再録：二〇一二「第五章　西浜部落と方面委員」『近代大阪の部落と寄せ場――都市の周辺社会史』明石書店、一五一－八三）。

由井正臣（一九九〇）「近代官僚制の成立過程」由井正臣・大日向純夫『官僚制　警察』岩波書店（日本近代思想体系三）、四二六－六五。

全国社会福祉協議会編（一九六四）『民生委員制度四十年史』全国社会福祉協議会。

全国社会福祉協議会編（一九六八）『民生委員制度五十年史』全国社会福祉協議会。

全国民生委員児童委員協議会編（一九八八）『民生委員制度七十年史』全国社会福祉協議会。

全日本方面委員連盟編（一九四一）『方面事業二十年史』全日本方面委員連盟。

無署名（一八八七）「第五高等中學校入學の概況」『大日本教育會雜誌』七〇、九〇五－九。

無署名（一九三三）『大阪府會史』第三編上巻、大阪府内務部。

無署名（一九八四）「三木正太郎教授略歴及び研究業績」『皇學館大學紀要』二三、三七八－九。

あとがき

一九五一（昭和二六）年暮れに、大阪市内のある区で生活保護受給中の老人と孫の心中があったという。林は、そのことを気にかけ、民生委員の援助がどうであったか、問い合わせてきたという。[1]それからわずか二ヶ月ほどの翌年一月、数年前に一度患った脳溢血が再発し、小康を得たものの、再び発作を起こし、ついに二月二一日に逝去した。その時の様子を女婿である重光葵は次のように描写している。

布施博士は絶望を宣し、二四時間以内と云ふ。懸命の看護に拘らず、次第に衰弱、午後一〇時四五分絶息。兄弟姉妹を集め、父の遺志に従って一致協力して父の徳を損せざることを誓はしむ。（重光 一九八八：五二六）

同日付けで勲二等に叙され、瑞宝章が授けられた。二六日には縁の深い大阪の阿倍野斎場において民生委員葬が行われた。翌年一一月七日には淀屋橋畔に銅像が建立された。さらにその翌年には香川亀人による伝記『民生委員の父――林市藏先生傳』が広島県民生委員連盟から刊行された。一九五八（昭和三三）年には、熊本にも銅像が建立され、一九六四（昭和三九）年には、熊本県功労者とされた。一九八八（昭和六三）年四月には、淀屋橋の記念像が修復され、除幕式が行われた。この序幕式にはご遺族が出席され、記念写真が『大阪市方面委員民生委員七十年史』に掲載されている。

菩提寺の安住山長國寺は日蓮宗で熊本市横手にあるが、神戸市北区の鵯越墓園にも遺族によって墓が建てられている。熊本では、盛大な墓前祭が催されたこともあったようだが、今でも訪れる人がいるとのことで、九州新幹線開業にともなう墓地整理の進む中にも、両親や幼時に亡くなった子どもの墓、先祖代々の墓とともにそのまま残されている。

さて、本書の最後に何を記しておくべきか。書き残したことは数多あるが、その中から幾つかのことを記しておこう。まず林市藏の人物史研究にあたって、資料の制約がひとつの解決すべき課題であったが、それに関連してご遺族のことに触れておく。

資料で解らないことを解く鍵となるのは、ご遺族を探し当てることであった。林は、先述したように一九五二（昭和二七）年の逝去なので、それほど困難なことはないと高を括っていた。ところが手がかりがないのである。社会福祉史研究者、大阪府民生委員児童委員協議会や大阪府民生部の関係者にも問い合わせた。しかし、遺族と連絡を取る手段は見出せなかった。出身地である熊本県の関係部局や出身学校の後身である濟々黌高等学校にも聞き合わせたが、判明しない。

そうしたある日、ネット検索をしていて『熊本日日新聞』に郷土の偉人として林市藏が紹介されている十数年前の記事を見つけた。「ふるさとの人物に見る二〇世紀」の三九回目である（二〇〇〇年一月一〇日、朝刊一一面）。ご遺族にも取材して書かれていた。幸いなことに、その新聞社の記者が一人、旧知の方であった。林市藏が帝国大学の学生時代を過ごした有斐学舎の歴史をまとめる仕事をされていた方である。これもネット検索で見つけたのだが、その『創立百二十周年記念誌』を手に入れるため、すでに何度か連絡を取っていた。早速その方を通じて記事を書いた記者に問い合わせた。ところがもう一〇年近くの時間が経っていたため、記事を書いたご本人は、連絡先を覚えておられなかった。おぼろげな記憶を頼りに、阪神間のある都市に住んでおられるそのご遺族のお住まいまでの、最寄りの鉄道の駅からの大体の道順を教えて下さった。そこでネット検索で地図を調べてみると、おおよその住所がわかった。それから電話番号案内で調べてもらったところ、該当する方の番号がわかった。

この記者に取材を受けたご遺族ご本人はもう亡くなっておられたのだが、電話が名義変更されないまま使用されていたことが幸いした。こうしてそのご遺族のご子息で林市藏の孫にあたる方とお会いできた。ネット検索がなければ、私はまだ林市藏のご遺族にお会いできていなかっただろう。いろいろなデータベースは、その利用方法によって、とてつもない可能性を秘めた宝の山になると実感した出来事であった。

さて林市藏には、六男、四女の子どもがあった。その中で、長男と三男は幼くして亡くなり、二男もまだ林の生前である一九四六（昭和二一）年に夭折しているが、他の七人は長命であった。末子の六男が一九一九（大正八）年生まれであるから、昭和戦前期までに全員成人している。お会いしたのは、六男のご子息（林安隆氏）であった。その方を通じて現在も存命であるご遺族の連絡先を教えていただいた。とりわけ一九一八（大正七）年にお生まれの四女と二〇〇六（平成一八）年にお話しできたことは、忘れられない。といっても面会することは叶わず、電話での短いやり取りだけであったが、林市藏のご息女と直接会話できたのである。

また四男のご子息（林勲男氏）、ご息女（惠津子様）ともお会いできた。本文で触れた林市藏宛て山縣有朋書簡は、このお二人が保管されている。また香川（一九五四：一〇二）で紹介されている林市藏御母堂の肖像画や「母のまこと」として表装された市藏宛ての母からの手紙も現物を見せていただいた。他にも勲章や写真を多数受け継いでおられて、寄贈先を求めておられるのだが、まだそのお役に立てていないのが心残りである。

この林市藏の家族の中で本書の関連で記しておくべきは長女と二女である。一九二三（大正一二）年一〇月一二日、長女喜惠が外務官吏の重光葵（当時、条約局第一課長兼第二課長）と婚姻し、また一九二九（昭和四）年八月一七日、二女美惠が内務官吏の堀田健男（当時、新潟県内務部地方課長事務取扱）に嫁いでいた。重光は言うまでもなく後に小磯内閣外務大臣、戦後は、林の逝去後だが、鳩山内閣副総理等を歴任することになる。また堀田も内務省社会局事務官を経て奈良県知事や国土局長を務め、官選最後の静岡県知事になった。重光葵のご子息である篤氏には、二〇〇七（平成一九）年に湯河原の重光葵記念館でインタビューさせていただいた。堀田健男のご子息である健彦氏にも、二〇〇七（平成一九）年と二〇一一（平成二三）年の二度、ご自宅でインタビューさせていただいた。その際に健彦氏がメモを用意して話された証言は、林の知事退官後の生活について、次に記すように文書資料にはない内容を明らかにするものである。

林市藏の昭和戦前期までの生活はかなり豊かであったようで、兵庫県武庫郡本山村岡本（現・神戸市東灘区岡本）にあった自宅（「百里亭」）は使用人用の離れまである相当の邸宅であるし、この時代に電気冷蔵庫や掃除機もあったという。健彦氏は「祖父が戦前に建てた岡本の家は、立派な家であった。庭も広く畑もあって男衆の人手を使って、いつもきれいに手入れが行き届いていた。門の前の道の反対側に車庫があり、自家用車が入っていた。男子の料理人と、運転手もいたし、看護婦さんも一人いた。女中さんも数人雇っていた。家の外観は白い洋館で、山の南斜面に建っていて規模も大きかったから、東海道線の列車の窓からも祖父の家が見えた」と回顧されている。(2)

一九四三（昭和一八）年三月一五日には、妻の茂が享年六四歳で逝去している。一九〇〇（明治三三）年五月四日に婚姻届出以来ほぼ四三年間の結婚生活だったが、この後の林は一〇年近い鰥夫生活となる。その間一九四五（昭和二〇）年五月から半年余り、「百里亭」と称した岡本の家から空襲を避けて日光なる重光の別荘「鐘漏閣」に疎開している。その疎開生活の様子を重光は、「百里亭主人楊《ママ》舟先生（林のこと—筆者）が約五ヶ月に亘り日光山内の鐘漏閣に滞在せられて起居を同うせられたことは、我々の家族にとっては無上の喜びであった」としている（重光一九八六：五六三）。確かに妻を亡くしている林にとっては、幸福な一時という側面があったかもしれない。疎開から引き揚げた後は、岡本の自宅が空襲で焼失していたため、西宮市夙川に借家して、再び百里亭とし、六男や看護婦、使用人とともに生活していた。(3)その頃の生活費一万円というが、今なら二、三〇〇万円というところだろう。いかにも質素である。

さらに敗戦後も家庭的な心労は続いたようだ。堀田は、一九四五（昭和二〇）年九月一二日、被占領期の官選静岡県知事に任命されたが、翌一九四六（昭和二一）年一月二五日に公職追放となっている。さらにこの年の四月には、二男が四二歳で逝去し、同月二九日に重光がA級戦犯として逮捕・起訴されている。最晩年の林にとって重い出来事が続く年だったに違いない。ただ、一九五〇（昭和二五）年一一月二一日に重光が巣鴨拘置所から仮釈放され、翌年一一月七日に刑期満了となったこと、堀田も民間会社に役職を得たことが、ともに林の生前であったのは、最晩年にせめてもの慰めであったかもしれない。

次に記しておきたいのは、書家、俳人としての林市藏のことである。林は達筆であったらしく、掛軸にしたものが多く残されている。書の場合の号は、「揚舟」である。それに対して俳号は「一象」であり、落款も象形文字風の象である。一九二五（大正一四）年に高島屋呉服店美術部が弘世助太郎（当時、日本生命取締役）を代表に担ぎ出して「名士風流餘技展覧會」なるものを開催しているが、そこにもちゃんと一象の短冊額が出品されている。漢詩の掛軸や俳句の短冊額は現在でも結構出回っているようで、古書店やオークションに出品されている。林は高濱虚子を師としており、したがって「ホトトギス派」の俳人ということになる。敗戦後に虚子の喜寿祝いに陪席したと本人が認めた葉書が堀田健彦氏のもとに遺されていることは、本書第四章注(12)で言及した通りである。

ここでもうひとつ記しておきたいことがある。それは熊本の生家に祭られていた天神の祠のことである。これは香川（一九五四：二）にその写真が掲載されているし、「旧宅のあったところに住んでおられる岩永一夫氏に頼んで毎日供え物を絶やさぬようにしておられる」とされている（香川 一九五四：一一〇）。この祠は個人所有のものとしては立派なもので、後述する球磨工業高等学校の先生によると明治以降の細工であるが、今なら一〇〇〇万円はかかるとのことであった。堀田健彦氏によれば、御母上の美惠様（林市藏二女）が、林家の凶事に際し、占い師の見立てにしたがって、家で見つかった天神の掛け軸を祀ったのが始まりと話されていたとのことである。そういう経緯は事実だろうが、祠そのものはおそらく林市藏が母の逝去後に供養のために拵えさせたのではないだろうかと思っている。

岩永氏は、大正、昭和、平成と親子二代にわたって、その天神を守り続けられたのである。だが二〇〇五（平成一七）年になって、九州新幹線用地確保のため立ち退くことになった。岩永一夫氏の二女である邦子氏は、会社重役として東京在勤中も天神のお祭りを続けられていて、地元企業重役となられた後に引退された。その頃にはすでに林のご遺族から祠を譲り受けられていた。だが、立ち退きによってそれが壊されることは偲びなく、引き受け手を探された。幸い、先述した人吉市なる球磨工高伝統工芸科の先生が教材として利用したいと申し出られたのである。この顛末は地元紙『熊本日日新聞』で報道された（二〇〇五年一〇月三一日、朝刊二一面）。そして、その学校の生徒たちが傷んだ祠を修理して、校内に展示されていた。それからまた月日は流れた。

二〇一一（平成二三）年三月一一日午後二時四六分、東北地方太平洋沖地震が起きた。東日本大震災によって南相馬市でも多くの神社が流失した。だが、それらの神社では社殿をすぐに再建できるはずもなく仮社殿として利用できる祠を譲り受けることになった。その仲立ちには、天草の苓北町なる志岐八幡宮の宮崎國忠宮司が橋渡しとなり、人吉市の青井阿蘇神社を通じて球磨工高に協力が依頼された。こうして人吉から南相馬へ運ばれた祠がその地に安置された。元は林家の庭にあった天神の祠も同じく仮本殿として生き返る予定である。

さて本書は、林市藏についての人物史研究であった。ここで社会福祉史における人物史研究について再度考えておきたい。

次のようなエピソードがある。土井洋一が柴田善守から言われたと告白している。それは「『君ね、人物を描きたければ、その人物をとことん好きになることだよ。それが一番大事なことだと思うね』と言われた。その後の説明がなかったせいだろうか、その一言は筆者のなかにいまも残っている」というものである（土井 二〇〇九：一二二）。これと同様のことは柴田自身の言葉でも書かれていて、石井十次について柴田が書かねばならないと思っていた理由は「私の社会福祉の理論からくる必然性であり、もうひとつは石井に『ほれこんだ』ということである。人物史を研究する人はその個人への愛情がもっとも必要であると思う」（柴田 一九八一：三四七）とする文章である。

つまり、人物史に取り組むには、何よりもまずその人物への感情的傾斜が必要なのであり、それが無いと研究できないという指摘だと思う。だが人物史研究には「社会福祉の理論からくる必然性」も前提とされている。この「理論からくる必然性」は、以下のような吉田久一の指摘として理解できるだろう。吉田は、人物史について「書き手の思想が重要」だとして、次のように説明した。

人物史も社会事業史であるから、史料による歴史的制約がある。史料による「醒めた目」を失っては、人物のリアリティが画けない。しかし同時に社会事業実践と深くかかわり合う人物史には、執筆者自体の従事者像が問われ、この種の感情移入も求められざるを得ない。史料に制約をうけながら、書き手の思想が重要になるということである。（吉田　一九八四：ii）

ここでの示唆は、客観と主観のバランスが重要であり、そのバランスを保つのは、書き手の立ち位置だということであろう。だとすれば、人物史研究の書き手としては、読み手によって立ち位置（思想）を試されるチャレンジングな分野であると言える。さらにこの吉田の指摘からは、新たな史料の発掘によって制約を乗り越えることの重要性も読み取れるが、本書が扱う方面委員に関しては、以下の論文をその典型として例示することができよう。

- 飯田直樹（二〇〇九）「米騒動後の都市地域支配と方面委員の活動」廣川禎秀『近代大阪の地域と社会変動』部落問題研究所、二〇九－二五。
- 向井啓二（二〇一二）「一九三〇年代後半の方面委員活動の実態――大阪府池田市の事例検討」『（種智院大学）仏教福祉学』二〇、二一－三五。

前者は、「田中半治郎」という一委員が書き遺した『方面委員手帳』を含む一次資料を駆使しながら、米騒動後の地域支配を考察したものである。特定個人の方面委員手帳を史料とした研究は、管見の限り他には把握していない。後者は「石田元次郎」という委員が遺した史料を中心に分析したものである。これらは新たな史料の発掘によって制約を乗り越えた人物史研究であろう。

筆者自身も岐阜県加茂郡佐見村（現・白川町下佐見）で民生委員を務めた某が保存用にまとめていたと思われる一九四六（昭和二一）年六月から翌年九月にわたる「方面委員ニ関スル書類綴」を入手している。この時期は、被占領期であり、しかも方面委員令から民生委員令に移行する時期であるとともに旧生活保護法下でもある。したがって、この史料を使えば、一民生委員の人物史から当時の不明な点を明確にできる研究が可能ではないかと考えている。このようにまだまだ未発掘の史料は存在するに違いない。

さて、この吉田の指摘と少し違った表現であるが、遠藤興一も同様の問題に言及している。

> 社会福祉史に携わる書き手と、その対象の関係において、しばしば撞着する問題点のひとつが、ここにあります。「書き手」である自分の立場や能力を「自己義認」（正当化）する、そして「対象」となる人物を「聖化」する誘惑から、いかにして自由となれるか、という課題がつきまとっているように思います。とくに、社会福祉の場合に強く、です。（遠藤一九九一：三）

その実践や思想に共感した人物を「聖化」することの誘惑と闘いつつ、その人物を研究すること、ここにもまたチャレンジングな課題があるということだろう。

さらに室田保夫は、社会福祉史における人物史を次のように説明している。

> 社会福祉史における人物史とは何か、当然これは社会事業家を対象としなければならないことはいうまでもない。ここで

言う「社会事業家」への対象とは「社会事業に関わりをもって人生の全体もしくは一部を生きた人びとを対象」と大まかに定義しておこう。社会福祉史の領域として社会福祉法制史、政策史、教育史、処遇史、施設史、思想史、理論史等が考えられるが、人物史はむしろ上記の分野の関連性を問い、包み込んでいくものである。（室田 一九九八：三五）

つまり、社会事業家たる人物を中心にすえて、その人物を通して社会福祉史を描き出していくのが人物史の意義であるということだろう。だが社会事業家を対象とすることによって、別の意味も生じる。

たとえば社会事業家（社会事業従事者という言葉であるが）を対象として理解する必要性について、吉田らは「外形的には社会事業は急速に整備されているが、従事者論があまりすすまず、ただ『専門家』という抽象的規定が、超歴史的に論じられているだけである。われわれがここで日本社会事業をきずいた人びとの足跡を再検討してみようとするのも、このような欠陥を多少とも埋めたいと思うからである」（吉田・一番ヶ瀬 一九七一：Ⅲ）と指摘した。

これは、社会福祉専門職というような現代的でスマートな概念で社会事業家を説明しても、その使命感を理解し、それを糧にするには不十分だということだろう。そうではなく、社会事業家がなぜそのような事業に従事してきたのか、その社会事業家個々人について知ることで先人への共感的理解を経験することが必要だという指摘ではないか。常に言われるクールヘッドだけではなく、ウォームハートが必要ということだろう。

また別の表現で同様の指摘として、前出の柴田は、以下のようにも言っている。

救貧法から福祉国家への発展はアルムス型の社会福祉であり、民間社会福祉の発展とボランティアの参加はカリタス型の社会福祉といえる。後者を中心として人物史が展開するが、必ずしもひとりの人物史ではなく、ある特定の人びとの活動も当然ふくまれる。セツルメントの中心はボランティアであるし、また方面委員のように行政から委嘱された多数の人びとの

歴史もいれてよいであろう。（柴田　一九八一：三四二）

人物史はカリタス型の社会福祉において展開される、つまりその人物において具現化された人類愛を描くということであろう。だが、それは「多数の人びとの歴史もいれてよい」という。こうなると、人物史とは特定の個人を扱うものというイメージとは異なった様相を示すものになりそうだが、単に匿名の人物集団ではなく、個人を特定できる集団であれば、複合的な人物史に違いないし、そう解釈しないと混乱する。先の引用では、柴田は方面委員を例として言及しているが、その方面委員の研究に関連させれば、次のような具体的な論稿によって、柴田の指摘をイメージすることができると思う。

- 島田克彦（二〇〇四）「米騒動と都市地域社会――大阪市北区上福島聯合区を素材に」塚田孝編『大阪における都市の発展と構造』山川出版社、二二六－五二。
- 佐賀朝（一九九五）「一九二〇年代の都市地域支配と社会構造――大阪府方面委員の活動をめぐって」『歴史科学』一四〇・一四一合併号、五六－七六（再録：二〇〇七、「第七章　大阪府方面委員の活動と都市地域社会」『近代大阪の都市社会構造』日本経済評論社、二五七－八八）。

前者は、聯合区運営の担い手を「主役」とし、個々人を固有名詞で特定できる団体を扱って書かれたものであり、後者は、複数の具体的な方面委員を固有名詞で登場させている研究である。

また長谷川匡俊の以下の指摘も、参考になる。それは「人物史研究の課題」として、人物の社会事業的側面の特質をその全体像との関連でどのように描き出すかということ、人物史における系譜研究（縦の系譜と横の交流や影響関係）が必要であることを強調するものである（長谷川 一九九三：ii－iii）。ここで指摘された「全体像との関連」とは、ある人物の多様な側面に注意を払うということだけではなく、社会福祉史や地域史、全体史との関連にも目を向けるということであろう。また系譜研究とは、直接的な人間関係に基づく影響の有無だけを言っているのではなく、思想的な影響等も含めていると思う。人物を扱う場合に「広がり」を意識しておくことの重要性を指摘しているのであろう。

筆者は今後も社会福祉における人物史研究の取り組みたいと考えているが、その際に参考にしたい有益な見解の数々である。

「あとがき」がずいぶん長くなってしまった。最後に感謝とともにお名前を記しておきたい方は多数おられるがすべての方を挙げる事はお許しいただきたい。だが、慶應義塾大学の小野修三先生との出会いと筆者の勤務先である京都光華女子大学の柴田周二先生のことだけは外せない。

小野先生は、社会行政史が専門で小河滋次郎の研究をされている。十数年前に筆者がまだ前任校にいた頃、やっと個人研究室に支給され始めたパソコンで早速ネット・サーフィンしていて、小野先生のホームページに辿りつき、連絡を差し上げた。その後、先生の主催されている「国家と社会」研究会に誘っていただいたり、文部科学省科学研究費による研究の分担者にしていただいたりした。

柴田先生は、生活研究を専門にされている。その視点から、自身のご著書で岡村重夫についても言及されていて、社会福祉理論にも通じておられる。同じ職場の気安さから、草稿とも言えないような下書きの段階から目を通していただいて、数多の有益なご指摘をいただいた。

もちろん、本書の至らない点をお二人のせいにするのではないが、多少とも社会福祉界に貢献できる成果があるとすれば、それはお二人に負うところが少なくない。

二〇一一（平成二三）年度は、本書をまとめるにあたって幸福な年であった。勤務先から一年間の国内研究を許されて、母校である関西学院大学大学院人間福祉研究科の室田保夫先生に受託研究員として受け入れていただく機会を得たからである。室田先生だけではなく、七七歳を筆頭に院生・研究員の全員が社会人経験者もしくは社会人という水準の高い室田ゼミでの議論は、おそらく他では得難い貴重な経験であったに違いない。

研究期間に入る直前に起こった東北地方太平洋沖地震による被害に対して直接的な対応をしないまま、悠長な研究に取り組むことに常に落ち着かない気分を感じていた。ところが、この時期にどういうわけか「天神の祠」が気になって熊本に再調査に訪れた。そして偶然にも先述したその祠の顛末に、岩永さんを通して多少の関わりを持った。その祠によって南相馬市の方にわずかでも癒しがあったとすれば、林市藏にとっても幸いなことであると思うし、研究余話として落ち着かない気分を少しは和らげてくれる気もする。この研究期間後、成果の出版化に向けて準備し、同時に学位請求したが、二〇一二（平成二四）年一一月一四日に関西学院大学より博士（人間福祉）の学位を授与されることが決定した。読みにくさも厭わず原稿段階で審査して下さった室田保夫先生（主査）および同大学の牧里毎治先生、杉野昭博先生、そして日本福祉大学の永岡正己先生にはお礼の言葉が見つからない。

最後に本書の刊行に際しては、京都光華女子大学学術刊行物出版助成を受けている。また関西学院大学出版会の田中直哉さんと松下道子さんにお世話になった。ともに記して感謝したい。

注

（1）このエピソードの根拠は不明であるが、柴田（一九七七：九四）に紹介されている。
（2）二〇〇七（平成一九）年一月二四日、堀田健彦氏に行なったインタビューに際しての準備書面による。堀田氏は、川西能勢口（兵庫県川西市）にあるご尊父健男氏の持ち家から阪急宝塚線で隣駅にある旧制中学（大阪府池田市）に通っておられた。そのため神戸の岡本なる、「祖父」つまり林市藏の家は、阪急電車で気軽に出かけられる距離であり、度々訪れておられたということである。なお、この家の写真は、香川（一九五四：四八）に掲載されている。
（3）この家の写真は香川（一九五四：一五四）に掲載されている。

ま

や

ら

た

な

は

事項索引

人名索引

著者略歴

小笠原 慶彰（おがさわら　よしあき）

1954（昭和 29）年生まれ。

関西学院大学社会学部卒業。

関西学院大学大学院社会学研究科社会福祉学専攻博士後期課程満期退学。

聖和大学短期大学部助教授、四天王寺国際仏教大学助教授を経て、2003（平成 15）年より京都光華女子大学教授。博士（人間福祉・関西学院大学）。

著書：共編著『福祉社会の再構築 ── 人と組織と地域を結んで』（ミネルヴァ書房・2008 年)、共編著『社会福祉と内発的発展 ── 髙田眞治の思想から学ぶ』（関西学院大学出版会・2008 年)、共著『自発的社会福祉と地域福祉』（ミネルヴァ書房・2012 年）他。

林市藏の研究
方面委員制度との関わりを中心として

2013 年 2 月 25 日初版第一刷発行

著　者　小笠原慶彰

発行者　田中きく代
発行所　関西学院大学出版会
所在地　〒 662-0891
兵庫県西宮市上ケ原一番町 1-155
電　話　0798-53-7002

印　刷　株式会社クイックス

Printed in Japan by Kwansei Gakuin University Press
ISBN 978-4-86283-128-6

http://www.kwansei.ac.jp/press